하나님의 선교 vs 우리의 선교

# 인투미션

## in2Mission

최원진 지음

# 머리말

한국교회 선교의 문제는 열심熱心이 없어서가 아니라 핵심核心이 없어서이다. 선교한다고 열정만 가지고 덤벼들었다가 어느 순간부터 핵심을 놓치고 말았다. 그렇기 때문에 목사, 교사, 리더, 지역교회, 사역을 준비하는 학생 등 모든 그리스도인은 먼저 하나님을 알아야 한다. 하나님 아버지의 마음을 이해해야 한다. 선교를 배워야 한다. 열정만 가지고도 복음을 전할 수는 있다. 그러나 하나님 앞에서 더 성숙하고 온전한 모습으로 사역하기 위해서는 하나님의 말씀을 알아야 한다. 그 분의 계획과 뜻, 그리고 그 분의 선교Mission를 배워야 한다.

선교는 하나님의 사역이다. 태초부터 하나님께서 시작하셨고, 지금도 열방 가운데서 역사하고 계신다. 하나님은 계속해서 그 분의 사역자를 부르시고 보내신다. 그리고 지금도 여전히 찾고 계신다. 19세기까지는 주로 서구에서 선교사가 나왔다. 이제는 비서구권 선교사의 숫자가 더 많아졌다. 특별히 한국교회는 비서구권 국가 중에서 가장 많은 선교사를 파송한 나라다. 그런데 지난 수십 년간 선교에 쏟았던 그 뜨거운 열정이 모두 식어 버렸다. 이 책은 그 꺼져가는 선교의 불씨를 다시 살려보고자 하는 소망을 가지고 집필되었다.

'인투미션'in2Mission이라는 제목은 침례신학대학교 세계선교훈련원World Missions Training Center, 이하 WMTC에서 진행하고 있는 선교학교의 명칭이다. WMTC는 2009년부터 지역교회와 신학생을 대상으로 이 선교학교를 진행하고 있다. '인투미션'in2Mission

은 지역교회와 평신도를 '선교mission에 빠지게 하다,' '선교에 잠기게 하다' 혹은 '선교 속으로' 동원한다는 의미이다. 숫자 '2'는 지역교회와 선교(선교현장), 지역교회와 선교사를 의미한다. 즉 'in2Mission' 선교학교는 이 둘을 연결하는 고리 역할을 한다는 의미에서 만들어졌다.

책 제목을 '인투미션'이라고 한 이유는 몇 가지가 있다. 첫째, 이 책은 신학생과 평신도로 하여금 선교에 적극 동참하도록 독려하기 위한 것이다. 그런데 '인투미션' 선교학교의 목적이 그것과 동일하다. 즉 이 책의 집필목적과 '인투미션' 선교학교의 목적이 모두 올바른 선교교육을 통한 동원이기 때문이다. 둘째, 선교는 그리스도인 모두가 해야 하는 주님의 명령이다. 그렇기 때문에 이 땅 가운데 사는 모든 그리스도인을 선교에 동참하도록 해야 한다는 점에서 '인투'into라는 표현이 너무나 좋아서이다. 마지막으로 교단 내에서 진행하고 있는 '인투미션' 선교학교의 강의용 교재로 사용하기 위해서이다. 특별히 본서는 현장에서 오랜 시간동안 선교사역을 하고 있는 선교사의 이야기와 케이스 스터디Case Study를 포함하고 있다. 현장에서의 진솔한 목소리와 사례가 선교에 관심이 있는 학생과 성도에게 더 큰 감동과 도전을 준다.

선교학 개론서가 일반적으로 선교에 대한 성서적, 역사적, 문화적, 전략적 관점을 개괄적으로 다룬다. 이 책은 모든 그리스도인이 현대선교의 제반 문제와 가능성을 올바르게 인식하고 세상을 품은 그리스도인으로서 세계선교에 동참하도록 도전하는 것이 목적이다. 그래서 다른 개론서처럼 선교학 관련 주제를 골

고루 다루었다. 단, 너무 지나치게 전문적이거나 학문적인 책이 되지 않도록 최대한 노력했다. 선교학 공부는 단순히 개인의 학문적 욕구충족이나 선교학 지식의 축적에 그쳐서는 안 된다. 선교를 공부한다는 것은 하나님을 알아가는 것이자 하나님 아버지의 마음을 깨달아 가는 것이다. 그렇기 때문에 이 책은 선교학적 전문지식을 전달하기 위한 것이 아니다. 오히려 열방을 향해 눈물 흘리시는 하나님 아버지의 심장과 눈물을 이해하기 위한 것이다.

전 세계복음화는 성취 가능한 과업이다. 그러나 그 일이 이루어지기까지는 누군가의 희생과 대가지불이 있어야만 한다. 우리를 사랑하셔서 독생자 아들 예수 그리스도를 이 땅에 보내신 그 하나님 아버지의 마음을 온전히 깨닫고, 이 땅 가운데서 그분의 사명을 맡을 "충성된 사자"가 필요하다. 윌리엄 캐리는 200여 년 전에 "하나님으로부터 위대한 일을 기대하고, 하나님을 위해 위대한 일을 시도하라"Expect Great Things from God, Attempt Great Things for God고 외쳤다. 지금 이 시대에도 하나님을 위해 위대한 일을 시도하는 그 '한 사람'이 절실히 필요하다.

이 책의 모든 독자는 세상을 품은 그리스도인으로 살아가야 한다. 그런 의미에서 다음의 몇 가지 전제를 가지고 이 책을 읽기를 부탁한다. 첫째, 예수 그리스도께서 **모든 제자에게** 땅 끝까지 이르러 내 증인이 되라는 지상대위임령을 주셨다는 것이다. 이 땅의 모든 교회는 **주님 다시 오실 때까지 이 지상명령에 순종**해야만 한다. 둘째, 모든 그리스도인은 먼저 **제자가 되어**(Being a Disciple) **제자 만드는**(Making Disciples) 사역을 감당해야 한다. 주님의 제자는 재생산을 해야 한다. 모든 그리스도인은 다른 사람에게 성경말씀을 가르쳐서 그 안에 기록된 대로 지키며 살도록 해야 한다. 그러기 위해서는 먼저 본인이 그렇게 살아야 한다. 셋째, 우리가 **선교를 해야 하는 기초가 바로 성경**이라는 것이다. 성경이 선교를 명령하고 있다. 성경이 우리가 전할 메시지를 담고 있다. 성경이 우리가 어떻게 선교해야 하는지를 보여준다. 그리고 성경말씀 자체가 선교의 능력이다. 이제 우리는 다시 말씀으로 돌아가야 한다. 그리고 그 말씀대로 이 땅 가운데서 거룩한 삶을 날마다 살아내야 한다.

2018년 12월 어느 날<br>
열방을 향한 아버지의 마음으로<br>
최원진 교수

# 목 차

**┃머리말**

## 제1부 선교이해 ················································· 11
　제1장 선교Mission란 무엇인가? ······················· 13
　제2장 에큐메니칼과 복음주의의 선교 이해 ······· 28
　제3장 교회Church와 선교Missions ···················· 35
　제4장 선교와 선교사 ······································· 41

## 제2부 세계선교의 현황과 흐름 ······················· 53
　제1장 세계선교 현황 ······································· 55
　제2장 21세기 선교현황과 선교현장의 변화들 ···· 62
　제3장 세계선교의 흐름 ··································· 82

## 제3부 선교의 성서적 기초 ······························· 87
　제1장 왜 선교가 성경에 기초해야 하는가? ······· 89
　제2장 성경과 선교 ·········································· 95

## 제4부 기독교 선교역사 ··································· 113
　제1장 선교역사 이해 ······································ 115
　제2장 초대교회의 선교AD 30-500 ··················· 120
　제3장 중세시대의 선교500-1500 ····················· 129
　제4장 종교개혁기의 선교1500-1792 ················ 144
　제5장 근대 개신교 선교1972- ·························· 150
　제6장 한국교회의 선교역사 ···························· 157

## 제5부 선교와 문화 ·········· 173
### 제1장 문화를 알면 선교가 보인다 ·········· 175
### 제2장 문화를 이해하지 못하면 어떻게 되는가? ·········· 184
### 제3장 타문화 커뮤니케이션 ·········· 194
### 제4장 교회, 복음, 세상 ·········· 207

## 제6부 선교 전략 ·········· 213
### 제1장 전략의 이해 ·········· 215
### 제2장 기독교 역사 속의 대표적인 선교전략 ·········· 224

## 제7부 변화하는 세상, 다양한 선교사 ·········· 245
### 제1장 선교사의 개념 변화 ·········· 247
### 제2장 선교사의 자질 ·········· 255

## 제8부 Mission Possible ·········· 265
### 제1장 지역교회와 선교 ·········· 268
### 제2장 지역교회와 단기선교여행 ·········· 272
### 제3장 지역교회와 선교사 파송 ·········· 281

## 제9부 선교동원 ·········· 287
### 제1장 선교동원의 역사 ·········· 289
### 제2장 한국교회의 선교동원 사역 ·········· 294

## 제10부 한국의 이슬람, 어떻게 바라보아야 하는가? ·········· 315
### 제1장 이슬람은 어떤 종교인가? ·········· 317
### 제2장 이슬람과 기독교의 차이 ·········· 331
### 제3장 한국의 이슬람과 한국교회의 전략적 대응 ·········· 335

## 제11부 통일한국을 향한 한국교회의 역할 ······ 343
　제1장 탈북민의 증가와 한국교회의 통일선교 ········· 345
　제2장 남북통일을 위한 한국교회의 역할 ··················· 352

## 제12부 문밖의 선교시대 ···················· 363
　제1장 이주민 선교Migrant Missions 시대 ······················ 365
　제2장 이주민 선교의 필요 ··················· 373
　제3장 한국교회 이주민 선교의 방향성 ···················· 383

## 제13부 결　론 ···················· 395

# 제1부
# 선교이해

제1장 선교Mission란 무엇인가?
제2장 에큐메니칼과 복음주의의 선교 이해
제3장 교회Church와 선교Missions
제4장 선교와 선교사

# 제1부

# 선교이해

## 제1장 선교Mission란 무엇인가?

선교Mission를 한 마디로 정의하기는 쉽지 않다. 선교가 성경에 등장하는 용어가 아니기 때문이다. 게다가 학자들의 신학적 성향에 따라 각기 다르게 정의되기도 한다. 선교를 광의廣義적 차원에서 정의하느냐 협의狹義적 차원에서 정의하느냐에 따라서도 차이가 난다. 넓은 의미에서 선교를 정의하다 보면 스티븐 니일Steven Neil이 "모든 것이 선교면 아무것도 선교가 아니다"If everything is mission, nothing is mission라고 지적한 것처럼 자가당착自家撞着에 빠지게 된다. 좁은 의미의 선교 정의는 너무나도 지나치게 인간적인 잣대로 선교를 제한하게 된다.

일반적으로 선교는 해외에 나가서 복음을 전하는 것이고 전도는 자국 내에서 복음을 전하는 것으로 정의되었다. 그러나 그리스도인이 외국에 나가서 하는 모든 일을 선교라고 말할 수는 없다. 그리고 국내에서 하는 사역 모두를 전도라고 말하기도 어렵다. 그렇기 때문에 '선교가 무엇인가'에 대한 성경적이면서도 균형 있는 정의를 내리는 것은 선교를 공부하거나 선교사역을 감당하는 사람에게 매우 중요하다.

## 1. 선교에 대한 오해들

선교를 올바르게 이해하기 위해서는 선교에 대한 몇 가지 오해부터 살펴볼 필요가 있다.

### 1) 교회의 여러 사역 중 하나 or 특별히 영적인 사람만 할 수 있는 사역

선교라는 말을 들을 때 사람들의 반응은 크게 두 가지이다. 하나는 선교를 교회가 감당해야 하는 사역의 한 부분이라고 생각하는 것이다. 많은 사람이 선교는 교회가 감당해야 하는 사역이라고 알고 있다. 그런데 선교는 교회의 전부가 아니라 여러 사역 가운데 하나라고 생각한다. 그래서 지금은 교회가 바쁘고 상황이 어려우니 다른 사역부터 하자고 말한다. 그들은 교회에 여유가 생기면 하겠다고 말하면서 자연스레 선교를 뒤로 미뤄 놓는다. 그러다 보니 그리스도인의 상당수가 교회가 선교를 해야 한다는 것은 알지만 지금 당장 그 일에 뛰어들지는 않는다.

또 하나의 반응은 선교는 매우 영적이고 특별한 소명을 가진 소수의 사람만이 감당할 수 있는 사역으로 간주하는 것이다. 사람들은 자기에게 그런 대단한 헌신과 소명이 없다고 생각하며 선교에 직접 참여하지 않는다. 이런 사람은 선교라는 말을 듣는 것만으로도 왠지 모르게 부담스러워 한다. 어떻게든 그 상황을 모면하려 하거나 그 일을 차일피일此日彼日 미룬다. 자신은 국내에서 기도하고, 후원하고, 사람을 동원하는 것만으로도 충분히 할일을 했다고 생각한다. 그리고 자기가 할 수 있는 최소한의 것을 하면서 아주 소극적으로 선교에 동참한다.

　위의 두 가지 반응은 선교에 대한 잘못된 인식에서 비롯된다. 첫 번째 반응은 일면一面 맞는 것 같지만 사실은 선교를 잘못 이해하고 있는 것이다. 선교는 교회의 여러 사역 가운데 하나가 아니다. 선교는 교회의 존재목적이며 교회의 본질이다. 교회가 선교를 소유하는Church has mission 것이 아니라 교회 자체가 선교Church is mission인 것이다. 선교는 선택이나 옵션option이 아니다. 선교는 그리스도인이라면 무조건적으로 감당해야 하는 절대적 사명이다. 그렇기 때문에 다소 부담되고 힘들더라도 마땅히 감당해야 한다.

　두 번째 반응도 마찬가지다. 선교는 특별한 소수의 사람에게만 주어진 사역이 아니다. 그 모양과 형태는 조금씩 다를지라도 그리스도인 모두에게 주어진 사명使命이다. 사람들은 일반적으로 선교를 하나의 형태로 정형화해서 그것만이 선교라고 생각한다. 그래서 선교는 특별한 소명을 받고 헌신한 사람이 목숨을 걸고 먼 오지나 밀림지역에 가는 것이라고 생각한다. 그리고 그곳에서 복음을 전하다가 순교하는 것이 진짜 위대한 선교라고 믿는다. 이러한 개념으로 인식된 선교는 뭔가 좀 힘들게 느껴지고 선뜻 동참하기도 어렵다. 한 마디로 가까이 하기엔 너무 부담스러운 사역이 되어버린 것이다.

　우리는 이러한 편협한 생각이나 선입관에서 벗어나야 한다. 선교는 주님께서 우리에게 주신 명령이고 소명을 받은 사람이라면 누구나 감당해야 하는 사명이다. 하나님께서는 미련한 자, 연약한 자, 천하고 멸시받는 자라 할지라도 들어 쓰신다(고전 1:26-31). 그 분은 자신을 온전히 신뢰하고 순종하는 보통의 사람들을 통해 구속사역을 완성해 가실 것이다. 그러기에 선교는 어느 특정한 교회나 개인에게만 주어진 것이 아니라 우리 모두에게 주어진 명령이다.

## 2) 사명 vs 소명

　사명Mission과 소명Calling은 서로 연관되어 있지만 다른 개념이다. 우리는 교회에게 주신 선교 사명을 특별한 소명을 받은 사람만 감당할 수 있다고 믿는다. 이것은 사명과 소명에 대한 잘못된 이해 때문이다. 또한 이것은 하나님의 명령에 순종하지 않으려는 변명이다. 주님의 지상대위임령The Great Commission은 소명이 아니라 사명이다. 그렇기 때문에 우리는 땅 끝까지 가서 복음을 전하고 모든 민족을 제자삼아야 한다. 주님의 지상명령에 따라 복음을 전하고 제자 삼는 사역의 현장은 다양할 수 있다. 국경과 문화를 넘어 타문화권에 가서 사역하는 사람이 있는가 하면, 어떤 이들은 자신이 서 있는 그곳에서 주님의 명령에 따라 순종하며 살아간다. 분명한 것은 이 땅에 있는 모든 그리스도인은 'Anyone'(누구든), 'Anywhere'(어디든), 'Anytime'(언제든) 주님의 명령에 순종해야 한다는 것이다.

　바울은 "너는 말씀을 전파하라 때를 얻든지 못 얻든지 항상 힘쓰라"고 권면한다(딤후 4:2). 우리 모두는 언제, 어디서든 말씀을 전파해야 한다. "이 천국 복음이 모든 민족에게 증언되기 위하여 온 세상에 전파되어야" 한다(마 24:14). 그것을 위해서는 모든 그리스도인은 언제, 어디서든 온 세상에 복음을 전파하는 "A팀A Team"이 되어야 한다.

　마태복음 28장 19-20절을 보면, "그러므로 너희는 가서 모든 민족을 제자로 삼아 아버지와 아들과 성령의 이름으로 침례를 베풀고 내가 너희에게 분부한 모든 것을 가르쳐 지키게 하라 볼지어다 내가 세상 끝 날까지 너희와 항상 함께 있으리라 하시니라"고 말씀한다. 여기서 "너희는"이라는 복수가 사용되었다. 그리고 주님께서는 "내가 세상 끝 날까지 너희와 항상 함께 있으리라"고 말씀하셨다. 이 말은 주님께서 말씀하신 지상위임 명령이 주님이 승천하시는 자리에 있던 제자들에게만 주어진 명령이 아니라 우리 모두에게 주어진 것임을 잘 보여준다. 만약 "세상 끝날까지"라는 말씀이 없었다면, "너희는"을 단순히 주님께서 하늘로 올라가시는 그 현장에 있었던 사람들만 지칭하는 것으로 볼 수도 있다. 그렇다면 뒤에 문구도 그저 "내가 너희와 항상 함께 있으리라"고 말씀하시면 된다. 그러나 주님께서는 "세상 끝 날까지"라는 단서를 붙이셨다. 이것은 이 지상대위임령이 지금 주님 앞에 서있는 제자들뿐만 아니라, 이 후 모든 그리스도인에게 주어진 명령이라는 사실을 명확하게 보여주는 것이다.

### 3) 아버지의 마음 vs 우리의 마음

선교가 주님의 지상 위임명령이기 때문에 우리는 그 명령에 순종해야 한다. 그리고 그것을 위해서는 선교를 배워야 한다. 하나님 아버지의 마음을 정확히 알아야 한다. 누가복음 15장 29절에 등장하는 '돌아온 탕자'의 비유에서, 형은 "아버지께 대답하여 가로되 내가 여러 해 아버지를 섬겨 명을 어김이 없거늘 내게는 염소새끼라도 주어 나와 내 벗으로 즐기게 하신 일이 없더니"라고 항변한다. 그런데 여기서 우리가 주목해 볼 것은 이 형이 정말로 아버지의 명을 어긴 적이 없을까 하는 것이다. 사랑하는 아들이 집을 나갔을 때, 만약 정상적인 아버지라면 무엇보다도 먼저 큰아들에게 "동생을 찾아오라"고 했을 것이다. 그러나 지금 형은 동생을 찾지도 않았고 찾으려고 하지도 않았다. 아버지는 지금 둘째 아들은 잃었다가 찾은 것이 너무나 기뻤다. 좋은 옷을 입히고 손에 가락지를 끼우고 발에 신을 신긴다. 그리고 커다란 잔치를 배설했다. 그런데 밭에서 일하다가 돌아온 형은 마음이 불편해졌다. 형은 아버지를 향하여 "내가 여러 해 아버지를 섬겨 명을 어김이 없었습니다"라고 따진다. 오히려 그동안 자신이 한 일과 수고만을 생각했다. 아버지가 자기도 좀 봐주고 인정해 주기를 원했다. 이 아들은 지금 아들을 잃고 밤을 지새우는 그 처절한 아버지의 심정을 전혀 이해하지 못한다. 어떤 면에서는 관심이 없어 보인다.

하나님은 전 세계를 한 번에 구원하실 수도 있다. 그러나 하나님께서는 그 일을 우리에게 위임하셨다. 그 이유는 바로 우리를 온전케 하시기 위해서이다. 우리를 축복의 통로로 삼으시려는 하나님의 계획 때문이다. 그렇기 때문에 우리의 수고와 헌신, 전통과 관습, 교회의 관행과 경험보다 더 중요한 것은, 하나님께서 진정으로 기뻐하시는 일이 무엇인가 하는 것이어야 한다. 때로는 우리가 하고 있는 일들 중에 어떤 일은 과감히 포기하거나 바꾸어야 한다. 만약 우리가 선교에 대해 잘못된 이해를 하고 있거나 선입견이 있다면 과감하게 버려야 한다. 그러기 위해서는 선교를 배워야 한다. 선교는 하나님 아버지의 마음을 아는 것에서부터 시작해야 한다. 선교는 내 뜻과 내 마음에 합한 일을 하는 것이 아니라 하나님 아버지가 원하시는 일, 그 분이 기뻐하시는 일, 그 분이 부탁하신 일을 하는 것이기 때문이다.

## 2. 선교의 정의

선교를 정의하는데 있어서 가장 좋은 방법은 성경에서 선교를 어떻게 정의하는가를 살펴보는 것이다. 선교는 사실 성경의 용어가 아니지만, 성경말씀과 여러 학자의 의견을 토대로 선교를 정확히 정의해 볼 필요가 있다. 그렇다면 '선교'란 무엇인가?

### 1) 하나님이 불러서 시키신 일이다

사도행전 13장 2절을 보면 "성령이 이르시되 내가 불러 시키는 일을 위하여 바나바와 사울을 따로 세우라"고 말씀한다. 이 본문에서 우리는 중요한 몇 가지를 발견하게 된다. 우선, 성령님께서 '안디옥교회'를 부르시고, 그 교회에 선교를 명령하셨다는 것이다. 이방인 선교를 위해 바나바와 사울을 직접 부르신 것이 아니라 안디옥교회를 부르셨다. 그리고 아직 개척된 지 몇 년 되지도 않은 안디옥교회는 "금식하며 기도"한 후에 교회의 담임목사와 수석 부목사 역할을 하던 "두 사람(사울과 바나바)에게 안수하여" 보낸다(행 13:3). 그런데 4절에서는 "두 사람이 성령의 보내심을 받아 실루기아에 내려가 거기서 배를 타고 구브로에 갔다"라고 말한다. 놀랍지 않는가? 앞 절에서는 분명히 안디옥교회가 기도하고 안수하여 보냈는데, 그들은 갑자기 성령의 보내심을 받았다는 것이다. 이렇게 볼 때, 선교는 하나님께서 불러서 시키신 일이다.

### 2) 보내는 것이다

선교를 정의하면서 우리가 주의 깊게 보아야 할 단어는 '부르다'calling와 '보내다'sending이다. 하나님께서는 세상으로부터 하나님의 백성을 불러내신다. 그리고 그들을 다시 세상으로 보내신다. 여기서 하나님께서 세상으로부터 불러 낸 사람들의 모임이 바로 '교회'이다. 그리고 하나님은 이 교회를 향하여 다시 세상으로 가라고 말씀하신다. 그렇기 때문에 하나님으로부터 부름을 받고 보냄 받아서 감당하게 하신 사역이 바로 '선교'이다.

여기서 우리는 선교의 어원을 살펴볼 필요가 있다. 우선 선교는 성경의 용어가 아니다. 선교mission, 宣敎는 라틴어 '미시오'Missio, act of sending, '미토' Mitto, to send에서 유래한 단어이다. 의미적으로 보면 '보내다'이다. 그렇기 때문에 선교는 보내는 것이다. 성경을 연구해 보면 '부르심,' '보내심'이라는 의미를 갖는 '펨페인'πεμπειν,' '아포스텔레인'αποστελλειν이라는 단어가 신약성경에 206회 등장한다. 사도(보냄을 받은 자)를 의미하는 '아포스톨로스'απόστολος가 79회, '사도의 사역' 혹은 '선교'를 의미하는 '아포스톨레'αποστολε라는 단어가 4회 나온다.[1]

선교란 이처럼 하나님께서 세상 가운데서 특별한 목적을 가지고 불러낸 하나님의 백성들에게 주신 사명이다. 이것은 하나님의 뜻을 행하는 것이며, 절대자의 명령으로 보냄 받은 자의 활동이다. 예수님은 자신이 성부 하나님의 파송을 받아 보내심을 받은 선교사로 사역(요 17:18; 20:21)하셨고, 12제자를 부르시고 훈련시키셨다. 그리고 그들에게 능력과 권세를 주시고 "이스라엘 집의 잃어버린 양"에게로 파송(마 10:6)하셨다. 예수님은 또한 70인의 전도단을 조직하여 이스라엘의 각 처에 파송하셨다(눅 10:1-20). 그리고 마지막 부활 승천하시면서 "아버지께서 나를 보내신 것 같이 나도 너희를 보내노라"고(요 20:21) 하시면서 선교사명을 주셨다. 존 스토트John R. W. Stott 역시 "하나님께서 하나님의 백성을 이 땅 가운데 보내셔서 하도록 한 모든 행위"를 선교라고 정의한다.[2] 이렇게 볼 때, 우리 모두는 이 땅 가운데 보냄을 받은 선교사인 셈이다.

---

1) 채수일, "평화, 대화, 섬김으로서의 선교," 「무례한 복음」, 김경재 외 4인 (서울: 산 책자, 2007), 231.

2) John R. W. Stott, *Christian Mission in the Modern World* (Downers Grove, IL: InterVarsity Press, 1975), 35.

(1) 누가 보내는가?

선교는 '보낸다'는 의미를 가지고 있다. 그렇다면 과연 누가 보내는가 하는 의문이 생긴다. 다른 말로 말하면 선교의 주체가 누구인가 하는 것이다. 우선 성경에 나타난 보냄의 주체를 찾아보면 대부분 하나님이다. 히브리어로 '샬라흐'שׁלח는 '보내다', '내보내다', '풀어주다'라는 뜻이다. 이 단어가 구약에서만 약 800회 이상 사용되었는데, 200회 이상 그 주어가 하나님이다.3) 구약의 헬라어 번역인 70인역七十人譯, Septuagint에 사용된 '보낸다'를 뜻하는 헬라어 동사와 그 합성어는 용례의 75퍼센트가 하나님을 주어로 삼고 있다.4) 이렇게 볼 때, 선교의 주체는 재론의 여지없이 하나님이시다.

'하나님의 선교'missio Dei에 대해서는 에큐메니칼Eccumenical 진영과 복음주의의 신학적 입장이 서로 달라 다소 오해의 소지가 있지만, 보냄의 주체가 하나님이라는 사실에는 복음주의자들도 동의한다. 하나님께서는 당신의 선교Mission를 위하여 사람을missionaries 선택하시고, 그들을 보내셔서 그들의 방법missions으로 당신의 계획을 성취해 가시는데, 이 모든 활동과 움직임movement이 선교이다.5) 선교현장에서 일어나는 사역과 열매도 하나님께서 선교사를 통해 이루어 가시는 것이다. 교회가 선교사를 파송하는 것도 하나님께서 교회를 통해 파송하시는 것이다. 하나님께서는 당신의 교회와 사람을 통해서 일하신다. 후원교회와 개인이 선교사에게 재정을 후원하고 기도로 동역해야만 선교가 이루어진다. 그러나 교회나 후원자가 선교의 주체가 될 수는 없

---

3) 하경택, "아브라함과 선교: 구약성서에 나타난 선교의 모델 연구," 「선교와 신학」 29집 (2012): 165.
4) Ibid.
5) 김철웅, 「추적 음악선교는 가능한가?」 (서울: 예영커뮤니케이션, 2012), 82.

다. 오로지 보냄의 주체는 하나님이시다.

① 성부 하나님이 보내신다.

성부 하나님은 세상을 창조하시고 자신의 피조물들이 하나님께 영광 돌리기를 원하셨다. 그러나 아담과 하와가 범죄 함으로 모든 사람은 죽을 수밖에 없었다. 하나님은 인류를 구원하시기 위해 자신의 독생자 아들 예수 그리스도를 이 땅에 구원자로 보내셨다. 요한복음 3장 17절에서 예수님께서는 "하나님이 그 아들을 세상에 보내신 것은 세상을 심판하려 하심이 아니요 그로 말미암아 세상이 구원을 받게 하려 하심이라"고 하시면서 성부 하나님께서 자신을 보내셨다는 것과, 그 보내심의 목적이 무엇인지에 대해서 분명하게 말씀하신다. 이 외에도 요한복음의 많은 성경구절에서 이 사실을 언급한다(요 5:30, 34; 36-37; 요 6:29, 39, 57; 8:29, 42; 요 11:42; 요 13:20; 요 17:8, 18, 21-23).

② 예수님이 보내신다.

예수님은 성부 하나님의 보내심을 받고 이 땅에 오셔서 인류 구원의 대과업을 성취하셨다. 십자가의 대속을 통해 하나님께서 자신을 보내신 목적을 다 이루셨다. 그리고 십자가의 죽음에서 약속하신 대로 3일 만에 부활하셨다. 예수님은 마지막 승천하시면서 제자들에게 "아버지께서 나를 세상에 보내신 것 같이 나도 그들을 세상에 보내었다"고 말씀하셨다(요 17:18; 20:21). 이처럼 보내심을 받은 예수님께서는 자신의 제자를 다시 세상으로 보내셨고, 보혜사 성령님도 보내주시겠다고 약속하셨다. "볼지어다 내가 내 아버지께서 약속하신 것을 너희에게 보내리니 너희는 위로부터 능력으로 입혀질 때까지 이 성에 머물라 하시니라"(눅 24:49). 또한 보혜사 성령님의 오심을 위해서는 자신이 떠나는 것이 유익이라고도 말씀하셨다. "그러나 내가 너희에게 실상을 말하노니 내가 떠나가는 것이 너희에게 유익이라 내가 떠나가지 아니하면 보혜사가 너희에게로 오시지 아니할 것이요 가면 내가 그를 너희에게로 보내리니"(요 16:7).

③ 성령이 보내신다.
성령님께서도 역시 보혜사로서 보내는 사역을 지속적으로 하신다. 사도행전 13장 4절에 "두 사람이 성령의 보내심을 받아 실루기아에 내려가 거기서 배 타고 구브로에 가서"라고 기록한다. 사울과 바나바는 안디옥교회의 파송을 받지만 역시 사울과 바나바를 보낸 것은 성령님이셨다. 그렇기 때문에 주님께서는 보혜사 성령을 기다리라고 말씀하신 것이다.

선교는 보내는 것이다. 그리고 보냄의 주체는 하나님이시다. 즉 하나님이 예수님을 이 땅에 보내셨고 하나님의 구속사역을 이루셨다. 그리고 예수님은 자신의 제자들을 보내시면서 땅 끝까지 이르러 내 증인이 되라고 명령하셨다. 예수님께서는 제자들에게 성령을 보내주실 것을 약속하셨고, 성령이 임하면서 복음은 확산되어 갔다.
결국, 선교는 하나님의 보내심과 인간의 순종이 만나는 곳에서 시작된다. 그렇기 때문에 선교는 보내는 것이며, 동시에 보내는 이의 뜻을 행하는 것이다. 이런 의미에서 선교사는 보냄을 받은 자이다. 즉 특별한 목적과 임무를 받고 보냄을 받은 사도使徒 혹은 사자使者를 의미한다. 하나님은 그 분은 계획을 이루기 위해 자신의 종을 선택하여 부르시고 보내신다. 그렇기 때문에 선교가 이루어지면 부름 받은 교회가 세워지고, 그 교회가 다시 세상으로 보내지면서 선교가 지속된다. 그렇기 때문에 "선교 없는 교회 없고, 교회 없이는 선교도 있을 수 없다."

## 3) 가는 것이다

선교는 어원적으로 '보낸다'는 의미를 가지고 있다. 그래서 이것은 소명과도 연관이 있다. 그런데 선교의 또 다른 의미는 '가는 것'이다. 이것은 사명과 연관이 있다. 선교를 영어로 '미션'mission이라고 하는데 이 단어는 '임무,' '직무,' '사명'이라는 의미를 갖고 있다. 부름 받고 가는 것이라면 보내는 분의 의도에 맞게 가서 해야 하는 사역이 있을 것이다. 그렇기 때문에 선교는 '그 일'을 하는 것이다. 즉 선교란 보냄 받은 자가 가서 보내신 분의 뜻에 따라 수행해야 하는 사역이다. 쉽게 말하면 선교는 하나님의 뜻을 행하는 것이며, 보냄 받은 자의 활동이다. 선교가 부르시고 사명을 주신 분의 뜻을 따라 그 분이 원하는 사역을 하는 것이라면, 그 분이 원하는 것은 무엇이며, 왜 가야 하는가?

### (1) 복음을 전하기 위해 가야 한다

복음서에서 계속 강조하는 것은 "가서 제자 삼으라"는 선교명령이다(마 28:19-20; 막 16:15-16; 눅 24:47-48; 요 20:21). 예수님께서도 아버지께서 자신을 보낸 것처럼 제자들을 보내셨다. 보냄을 받은 제자들은 핍박 가운데서도 하나님 나라를 선포하고 부활하신 주님을 전했다. 왜냐하면 예수 그리스도가 구원의 유일한 길이기 때문이다. 사도행전 4장 12절에서 "다른 이로써는 구원을 받을 수 없나니 천하사람 중에 구원을 받을 만한 다른 이름을 우리에게 주신 일이 없음이라"고 분명하게 말씀한다. 주님께서도 "내가 곧 길이요 진리요 생명이니 나로 말미암지 않고는 아버지께로 올 자가 없느니라"고 말씀하셨다(요 14:6). 그렇기 때문에 우리가 가서 십자가와 부활의 복음을 전해야 한다. 그리고 복음을 전하기 위해서 누군가는 반드시 가야 한다. 누군가 가서 전파하지 않으면 아무도 들을 수가 없기 때문이다(롬 10: 14).

### (2) 교회를 세우기 위해 가는 것이다

주님께서는 이 땅 가운데 주님의 교회를 세우셨다. 주님께서는 "내가 이 반석 위에 내 교회를 세우리니 음부의 권세가 이기지 못하리라"고 하셨다(마 16:18). 교회는 목사나 선교사가 세우는 것이 아니라 주님께서 세우신다. 그런데 교회의 머리이신 예수 그리스도가 온 열방에 선포되어 지고 전해지기 위해서는 몸된 교회가 가야 한다. 교회의 지체가 가야 한다. 즉 하나님으로부터 부름 받은 자가 가야 한다. 가서 그리스도의 몸된 교회를 세워야 한다.

### (3) 제자를 삼기 위해 가는 것이다

제자가 되기 위해서는 최소한 두 가지가 필요하다. 바로 '순종'과 '재생산'이다. 제자는 하나님의 말씀에 순종해야 한다. 이 순종 때문에 주님의 제자는 보냄 받은 곳으로 가는 것이다. 선교는 선교사가 선교지에 가서 그곳 사람들에게 복음을 전하는 것이다. 그리고 그들을 제자 삼아 주님께서 분부한 모든 것을 가르쳐 지키게 해야 한다. 하나님의 말씀에 순종하는 제자가 되도록 훈련해야 한다. 그리고 그들이 가서 또 다시 복음을 전하고 제자를 만드는 사역을 하게 해야 한다. 그렇기 때문에 우리는 주님 오실 때까지 지속적으로 제자 삼는 일을 해야 한다. 주님께서 우리에게 "가서 제자 삼으라"고 하신 그 명령에 순종해야 한다(마 28:19).

### (4) 하나님께서 영광 받으시도록 하기 위해 가야 한다

하나님께서는 "이 백성은 내가 나를 위하여 지었나니 나를 찬송하게 하려 함이니라"고 말씀하셨다(사 43:21). 또한 "내 영광을 위하여 창조한 자를 오게 하라 그를 내가 지었고 그를 내가 만들었느니라"고 하셨다(사 43:7). 하나님께서는 당신의 영광을 위해 세상과 인간을 창조하신 것이다. 그래서 바울도 "먹든지 마시든지 무엇을 하든지 다 하나님의 영광을 위하여 하라"고 했던 것이다. 하나님께서는 온 세상을 창조하셨고, 하나님의 영광을 보이셨으며, 모든 열방이 그 분께 영광을 돌리기 원하신다(시 96:3-7).

선교는 궁극적으로 온 세상 사람이 하나님의 하나님 되심을 인정하고 그 분을 높이 올려드리도록 하는 것이다. 하나님의 영광을 선포하고, 그 영광을 본 사람들이 하나님께 영광 돌리도록 만들어야 한다. 이런 차원에서 볼 때, "교회의 궁극적인 목적은 선교가 아니라 예배"이다. 이 예배가 없기 때문에 우리는 열방이 하나님을 예배하도록 선교해야 한다. 모든 피조물이 창조주이신 하나님께 영광 돌리고 예배하도록 해야 하는데, 세상에는 아직도 그 분을 예배하지 않는 수많은 영혼이 있기 때문이다.

시편 100편은 선교의 결과가 무엇인지를 잘 보여준다. "온 땅이여 여호와께 즐거운 찬송을 부를지어다 기쁨으로 여호와를 섬기며 노래하면서 그의 앞에 나아갈지어다 여호와가 우리 하나님이신 줄 너희는 알지어다 그는 우리를 지으신 이요 우리는 그의 것이니 그의 백성이요 그의 기르시는 양이로다 감사함으로 그의 문에 들어가며 찬송함으로 그의 궁정에 들어가서 그에게 감사하며 그의 이름을 송축할지어다 여호와는 선하시니 그의 인자하심이 영원하고 그의 성실하심이 대대에 이르리로다." 예수님께서도 "아버지께서 내게 하라고 주신 일을 내가 이루어 아버지를 이 세상에서 영화롭게 하였사오니"라고 말씀하셨다 (요 17:4).

## 3. 정리하기

선교는 하나님이 불러서 시키신 일이다. 선교의 시작은 하나님이시다. 그렇기 때문에 선교를 위해서는 몇 가지가 필요하다. 첫째, 하나님의 부르심이 있어야 한다. 부름 받지도 않은 사람이 자기 멋대로 가서 선교할 수는 없다. 간혹 부르심에 대한 분명한 확신도 없이 선교지로 가는 사람이 있다. 그러나 치열한 영적전쟁터인 선교지에 하나님으로부터의 부르심도 없는 사람이 가서 선교사역을 감당할 수는 없다. 자발적으로 가서 자칭 선교사라고 자처하면서 선교하는 사람도 있다. 하지만 그것은 온전한 의미에서의 선교사는 아니다.

둘째, 부름 받은 누군가가 가야 한다. 땅 끝까지 복음이 전파되기 위해서는 부름 받은 누군가가 그 복음을 들고 가야 한다. 이것이 없이 세상의 구원은 불가능하다. 예수님께서 성육신 하신 것도 같은 맥락이다. 참 하나님이셨던 예수 그리스도께서 이 땅 가운데 오지 않으셨다면 우리는 결코 구원받을 수 없었다. 하나님께서는 지금도 "내가 누구를 보내며 누가 우리를 위하여 갈꼬"라고 하시면서, 그 누군가를 계속해서 찾고 계신다. 누군가가 가서 복음을 전하지 않으면 세상 저편의 수많은 사람은 결코 구원받을 수 없다(롬 10:14).

마지막으로 부름 받은 자가 가서 부르신 분이 원하시는 사역을 해야 한다. 구원받은 그리스도인은 하나님이 원하시는 일을 하나님이 원하시는 곳에서 하나님의 원하시는 방법으로 해야 한다. 그런데 많은 경우 하나님이 원하시는 일을 하나님이 원하시는 곳에서 자기가 가진 가치관, 습관, 경험을 가지고 일하는 사람이 많다. 그러나 이것은 결코 올바른 선교가 아니다. 부르시고 보내신 분이 하나님이라면 보냄 받은 사람은 보낸 분의 뜻과 계획대로 일해야 한다. 그것이 올바른 선교이다.

## 제2장 에큐메니칼과 복음주의의 선교 이해

2,000여 년의 시간 동안 하나님의 선교는 계속되어 왔다. 그러나 시대별로 선교를 어떻게 정의하느냐에 따라 선교의 내용과 방향은 달랐다. 특별히 20세기 들어서면서 복음주의와 에큐메니칼 진영의 선교에 대한 정의가 크게 달라졌다. 물론 최근에는 복음주의와 에큐메니칼의 간격이 약간은 좁혀지는 듯하다. 양 진영이 첨예하게 대립하기보다 서로를 보완하려고 한다는 점에서는 매우 고무적이다. 그러나 두 진영 간의 신학적 견해와 성경해석의 차이는 아직도 해결해야 할 부분이 많이 있다.

### 1. 전통적인 선교 정의

선교는 하나님의 부르심을 받고 보냄 받아 하나님이 원하시는 사역을 하는 것이다. 그렇다면 과연 선교의 내용은 무엇일까? 일반적으로 선교는 예수 그리스도의 복음을 전하고 선포하는 것이었다. 그래서 예수 그리스도를 믿지 않는 사람을 그리스도인이 되도록 돕는 사역과 관련되어 있었다. 특별히 선교는 지리적, 문화적, 언어적 장벽을 넘어 예수 그리스도의 십자가와 부활의 복음을 전파하는 것이다.

전도와 선교를 구분할 때 전도는 국내에서 복음을 전하는 행위이고,

선교는 타他 문화권에서 복음을 전하는 것이었다. 존 마크 테리John Mark Terry는 "모든 참 선교가 전도를 포함하지만, 전도는 선교를 포함하지는 않는다"고 말하면서, 전도Evangelism는 성령의 능력으로 예수 그리스도를 전해 사람들을 제자로 만드는 것이라고 정의한다. 이처럼 전통적으로 선교Mission는 복음전파Evangelism와 동일시했다. 즉 복음의 구두적 선포가 선교이고, 그 이외의 것은 소극적인 활동, 혹은 선교의 전초적前哨的 활동이라고 보았다. 무디D. L. Moody, 로버트 와일더Robert Wilder, 로버트 스피어Robert Speer, 존 모트John Mott. 학생자원운동Student Volunteer Movement이 대표적으로 이런 입장을 취한다.

이것은 1910년 에딘버러Edinburg 세계선교 대회 이전에 제시되어 1960년대 초까지 꾸준히 받아들여졌다. 그러나 1961년 국제 선교협의회International Missionary Council가 세계교회협의회World Council of Churches와 합병되면서 선교에 대한 다양한 견해가 쏟아지기 시작했다. 그래서 풀러 신학교Fuller Theological Seminary의 아서 글래서Arthur Glasser는 이때를 "복음주의 선교신학의 출발점"이라고 주장한다. 사실 19세기까지는 복음전도와 사회참여를 거의 구분하지 않았다.[6] 선교는 전도와 부흥을 통해 교회로 모인 신자가 교회 밖으로 나가 금주, 금연, 노예제 폐지, 문맹퇴치, 가난 구제, 노동환경 개선 등에 참여하는 그야말로 통전적이고 총체적인 개념이었다.[7]

---

6) 이재근, 「세계 복음주의 지형도」 (서울: 복있는 사람, 2015), 32-3.
7) Ibid., 33.

## 2. 에큐메니칼Ecumenical의 선교정의: 하나님의 선교Missio Dei

에큐메니칼은 '오이코우메네'οικουμενε라는 헬라어에서 유래한 단어이다. 이것은 '집'을 의미하는 '오이코스'οικος와 '거하다'는 뜻을 가진 '메노'μενω의 합성어이다. 문자적으로는 '한 집,' '한 세상'을 의미한다. 하지만 궁극적으로는 '함께 사는 세상과 인간'이라는 뜻으로, 조화와 일치를 강조한다. 오늘날은 전 세계 교회가 하나가 되자는 교회일치 운동Ecumenical을 뜻하는 말이다.

1952년 빌링겐Willingen 대회에서 휘체돔George F. Vicedom은 선교의 주체가 교회가 아니라 삼위일체 하나님이라는 '하나님의 선교'Missio Dei 개념을 소개했다. 선교는 성부 하나님이 계획하시고 시작하신 일이며, 성자 예수님께서 십자가의 구속을 통해 수행하셨고, 성령 하나님께서 지금도 수행해 가시는 사역이라는 것이다. 에큐메니칼 진영에서는 세계복음화를 하루 빨리 이루기 위해서는 교회연합이나 일치가 이루어져야 한다고 결론을 내린다. 그리고 이 '하나님의 선교' 개념을 발전시켰다.

1968년에 열린 WCCWorld Council of Churches의 웁살라Uppsala 총회가 중요한 전환점이 되었다. 선교는 하나님께서 세상가운데 직접 행하시며 교회는 하나님께서 이 세상 가운데서 행하시는 선교 사역의 협력자라고 해석한 것이다. 그래서 기존의 '하나님-교회-세상'의 도식을 '하나님-세상-교회'로 바꾸어 놓았다. 즉 교회는 선교의 주체가 아니라 하나님께서 이 세상 가운데서 직접 행하시는 선교사역의 조력자라는 것이다. 그리고 하나님께서 이 세상에서 이루고자 하시는 일은 바로 '샬롬'(שלום)이라는 것을 강조한다. 그래서 선교의 목적은 '샬롬'이며, 이 샬롬은 시대와 상황에 따라 다르다고 주장했다.

당시 이 시대의 샬롬은 인종 차별의 철폐, 산업화와 관련된 인간성의 훼손에 대한 관심, 지방 개발 계획, 경제 및 직업윤리에 대한 질문, 인간의 존엄성 및 지적 양심에 대한 관심 등에서 평화를 이루는 것이라고 믿었다. 즉 경제적 빈곤, 정치적 부패, 인종차별과 같은 이 땅의 구조적 모순을 해결하고 인간을 인간답게 살도록 만드는 것이 교회의 사명이라고 본 것이다. 그리고 이를 위해 "포로 된 자에게 자유를, 눈 먼 자에게 다시 보게 함을 전파하며 눌린 자를 자유롭게 하고 주의 은혜의 해를 전파하게 하려 하심이라"(눅 4:18-19)는 성경말씀을 자주 인용하였다. 즉 선교란 이 세상에서 역사役事하시는 하나님의 일을 발견하고, 이를 지적해 주고 동참하는 일이라고 본 것이다.

사실 1945년 2차 세계대전이 끝나고 서구 식민주의가 종결되면서 선교에 있어서 많은 지각변화가 일어났다. 특별히 선교를 정의하는데 있어서 '성경말씀'Text보다는 '상황'Context을 더 강조하는 분위기가 고조되었다. 그러나 구속사적 관점에서 볼 때 하나님께서는 당신의 교회를 통해서 역사하신다. 그럼에도 불구하고 에큐메니칼 진영에서는 교회의 역할을 지나치게 축소시키고, 그것을 단지 하나님의 선교사역을 위한 도구로만 간주했던 것이다. 또한 샬롬에 대해서도 잘못된 성경해석을 했다. 성경에 나타난 대부분의 샬롬은 죄로 인해 단절된 하나님과 인간의 화목이라는 영적이고 종교적인 의미이다. 그러나 이들은 샬롬을 지나치게 사회 정치적 의미로만 바라보면서 성경해석의 오류를 범한다. 이런 차이가 결국은 에큐메니칼과 복음주의 진영이 선교에 있어서 전혀 다른 해석을 하도록 만들었다.

## 3. 복음주의Evangelical의 선교 정의: 로잔Lausanne

　전통적인 선교의 개념은 복음을 구두로 선포하는 것이었다. 복음을 전하는 것만이 선교이고, 그 이외의 활동은 부수적이고 소극적인 활동으로 간주되었다. 그런데 1970년대에 복음주의 진영의 선교 개념에 변화가 생긴다. 이는 존 스토트가 성경을 재해석하면서 지상대위임령을 언급하고 있는 다섯개 성경구절 가운데 가장 핵심이 되는 것은 마태복음 28장 19-20절이 아니라 요한복음 20장 21절이라고 주장하면서 부터이다. 그는 1974년 스위스에서 열린 로잔대회에서 선교는 복음전파 뿐만 아니라 그리스도인의 사회적 책임까지도 포함한다고 주장하였다.

　스토트는 예수님의 사역을 연구하면서, 주님의 사역은 가르침 보다는 섬김의 사역에 초점이 맞추어져 있음을 발견한다. 만약 주님이 가르치는 사역을 하기 원하셨다면 12제자를 데리고 산에 올라가셔서 3년간 집중적으로 신학공부나 말씀연구를 시키셨을 것이다. 그러나 주님은 몸소 섬김과 행함의 사역을 보여주셨다. 예수님이 사역이 섬기는 사역이었다면 그 사역을 위임받은 교회도 섬기는 일을 해야 한다. 주님으로부터 보내심을 받은 우리는 그 분이 가르치시고 보여주신 것처럼 가서 복음을 전하고, 그리스도인으로서의 사회적 책임을 감당해야 한다. 물론, 복음전파가 사회적 책임보다는 우선시 되어야 한다. 왜냐하면 복음전파는 인간의 영적인 문제를 다루는 반면, 사회적 책임은 이 땅에서의 일시적이고 육적인 문제를 다루는 것이기 때문이다. 로잔대회 이후 복음주의 진영에서는 선교가 복음의 구두적 선포와 함께 그리스도인의 사회적 책임까지도 포함한다고 보았다.

## 4. 선교에 대한 다양한 이해

선교의 개념은 어떤 신학적 성향을 가지고 있느냐에 따라 다르게 정의되었다. 이것을 도표로 그려보면 다음과 같다.

〈도표 1〉 그룹별 선교의 정의

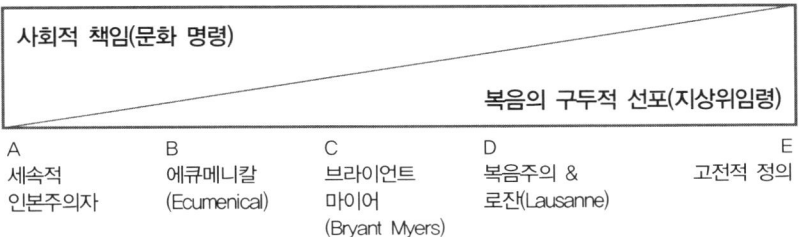

에큐메니칼에서는 복음주의 진영 쪽으로, 복음주의 진영에서는 사회적 책임에 대해 관심을 갖기 시작하면서, 점차 양 진영의 극단적 입장이 다소 모호해지는 경향이 있다. 다행인 것은 에큐메니칼 그룹은 '복음전파'를, 복음주의자들은 교회의 '사회적 책임'을 예전보다 더 강조하면서 서로를 보완해 가고 있다는 것이다. 그러나 우리가 정말로 지향해야 하는 선교는 하나님이 계획하시고 수행하시며 원하시는 선교여야 한다. 그렇기 때문에 양 진영의 신학적 담론보다 더 중요한 것은 우리가 철저히 하나님 아버지의 마음으로 돌아가야 한다는 것이다. 하나님이 과연 우리를 통해 이루고자 하는 선교는 어떤 것일까?

그것은 총체적인 선교여야 한다. 복음전파를 통한 영혼구원과 함께 사회적 책임도 동반되어야 한다. 물론 육적이고 물질적인 필요보다 영적인 필요가 더 우선시 되어야 한다. 그렇다고 해서 우리가 선교를 영적인 영역에만 국한시킬 필요는 없다. 아프리카 속담에 "배고픈 사람은 들을 귀가 없다"는 말이 있다. 지금 굶어 죽어가고 있는 사람에게 우리의 선교는 복음을 전하는 것이 목적이니 그들이 배고프고 병들어 신음하고 있는 것은 아랑곳 하지 않은 채 복음만을 전하는 것이 올바른 선교라고 말할 수 없다. 우리는 먼저 그들에게 가서 먹을 빵을 나누어 주고 병을 치료해 주어야 한다. 그들의 육적이고 실제적인 필요를 채워야 한다. 그렇기 때문에 이 둘을 극단적으로 구분해서, 이것은 선교영역이고 저것은 그 선교를 위한 수단이나 도구라고 생각하는 것은 잘못이다.

## 5. 바람직한 선교이해

하나님은 이 땅의 모든 영혼이 구원 받기를 원하신다. 그렇기 때문에 하나님으로부터 부름 받고 보냄 받은 자는 복음이 전해지지 않은 곳에 가서 복음을 전해야만 한다. 복음을 전한 결과물로서의 교회가 세워져야 한다. 그리고 그 교회는 그리스도인의 사회적 책임과 세상의 소금과 빛으로서의 역할을 감당해야 한다. 선교사 역시 복음이 전해지지 않는 곳에 가서 죽어가는 영혼에게 복음을 전해야 한다. 그리고 그 땅 가운데 교회가 세워지면 그 교회는 하나님께서 분부하신 모든 사역을 감당해야 한다. 그 사역 안에는 다양한 것이 포함 될 수 있다. 가장 중요한 한 영혼을 주님께로 인도하는 것이다. 그리고 하나님께서 세상을 사랑하셨던 것처럼 우리도 세상을 사랑하고 그들을 돌봐야 한다. 그래서 이 땅 가운데 하나님의 공의가 세워지고 그 분의 뜻이 이루어지도록 해야 한다.

## 제3장 교회Church와 선교Missions

오늘날 많은 사람이 '교회'Church를 단순히 건물로 이해하는 경향이 있다. 그러나 교회는 헬라어 '에크'ἐκ, ~로부터와 '칼레오'καλεω, 부르다의 합성어인 '에클레시아'ἐκκλησια에서 유래했다. 이 용어는 '회중,' '공동체,' '모임' 또는 "부르심을 받은 자들"이라는 의미이다. 마태복음 16장 18절에서 예수님께서는 직접 '교회'를 언급하셨다. "내가 이 반석 위에 내 교회를 세우리니 음부의 권세가 이기지 못하리라." 예수님께서는 "주는 그리스도시요 살아계신 하나님의 아들이시니이다"(마 16:16)라는 베드로의 신앙고백 위에 주님의 교회를 세우시겠다고 말씀하셨다. 이후 신약성경에는 이 '교회'라는 말이 114회 사용되었다.

교회는 그리스도의 몸이며, 구원받은 백성들의 모임이다. 조지 피터스G.W.Peters는 교회를 "세상으로부터 하나님의 부르심을 입었고, 또 특별한 사명을 부여 받았으며, 그 사명을 위하여 세상을 향하여 보냄을 받은 사람들의 모임"이라고 정의한다.[8] 에베소서 1장 22-23절은 "또 만물을 그의 발 아래에 복종하게 하시고 그를 만물 위에 교회의 머리로 삼으셨느니라 교회는 그의 몸이니 만물 안에서 만물을 충만하게 하시는 이의 충만함이니라"고 말씀한다. 이처럼 그리스도가 교회의 머리 되시며, 예수 그리스도를 주로 고백하는 자들의 모임이 바로 교회이다.

---

8) George W. Peters, *A Biblical Theology of Missions* (Chicago: Moody Press, 1972), 200.

## 1. 교회와 선교의 관계

예수님께서 세상에 이 '교회'를 세우시고, 교회에 선교 사명을 주셨다. 요한네스 블라우Johannes Blauw는 "세상으로 보냄 받지 않는 교회는 교회가 아니며, 그리스도의 교회의 선교가 아니면 선교가 아니다"라고 하면서 교회의 선교적 사명을 강조한다.9) 교회는 "하나님의 구속사를 완성하기 위해 세상으로부터 부름 받고, 다시 세상으로 보냄 받은 구원받은 자들의 공동체"이다. 하나님께서 이 땅에 교회를 허락하신 목적과 교회의 본질이 바로 '선교'인 것이다.

선교가 이루어지려면 일반적으로 '선교에 헌신적인 교회'Missionary Church, '선교사'Missionary, '재정'Money, '선교단체'Mission Agency가 필요하다. 이것을 선교의 '4M'이라고 한다. 이 중에서 가장 중요한 것은 '선교에 헌신적인 교회'이다.10) 교회 자체가 '선교사를 보내는 기관'a sending agency이기 이전에 이미 "보냄 받은 존재"the being sent이다. 세상에 보냄을 받는 교회가 정책적으로 선교를 장려하고 선교에 동참하지 않으면 선교는 이루어질 수 없다. 선교는 교회로 인해 승리할 수도 패배할 수도 있다.

## 2. 교회가 왜 선교를 해야 하는가?

교회가 선교해야 하는 이유는 첫째, 그것이 하나님의 뜻과 계획 때

---

9) Johannes Blauw, *The Missionary Nature of the Church: A Survey of the Biblical Theology of Mission* (New York: McGraw-Hill Book Company, 1962), 121.
10) '선교에 헌신적인 교회'는 일반적으로 '선교적 교회'(Missional Church)라고도 할 수 있지만, 최근 '선교적 교회'에 대한 정의가 다양하고 이견이 많아 혼선을 피하기 위해 필자가 붙인 이름이다.

문이다. 갈라디아서 1장 4절은 "그리스도께서 하나님 곧 우리 아버지의 뜻을 따라 이 악한 세대에서 우리를 건지시려고 우리 죄를 대속하기 위하여 자기 몸을 주셨다"고 말씀한다. "하나님은 모든 사람이 구원을 받으며 진리를 아는 데에 이르기를 원하신다"(딤전 2:4). 이처럼 성경은 열방을 구원하고자 하시는 하나님의 뜻과 계획에 대해서 수없이 언급한다(창 1:28; 12:3; 시 2:8; 67:4; 사 45:22; 52:10; 55:5; 렘 16:19; 말 1:11 등).

둘째, 선교는 그리스도의 지상명령至上命令: The Great Commission이다. 마태복음 28장 19-20절 '가서 모든 민족을 제자로 삼으라,' 마가복음 16장 15절 '온 천하에 다니며 만민에게 복음을 전파하라,' 누가복음 24장 47-48절 '모든 족속에게 너희는 이 모든 일의 증인이라,' 요한복음 20장 21절 '아버지께서 나를 보낸 것처럼 나도 너희를 보낸다,' 사도행전 1장 8절 '땅 끝까지 이르러 내 증인이 되라'고 말씀하셨다. 이 다섯 개 위임명령의 공통점은 바로 '가라'이다. 이것이 구약에서는 '와서 보라'는 구심적 선교 개념으로, 그리고 신약에서는 "가서 전하라"는 원심적 선교개념으로 드러난다.

셋째, 교회가 선교해야 하는 이유는 바로 성령 하나님께서 선교의 원동력이시기 때문이다. 구약의 하나님은 선교계획을 수립하시고, 그 계획을 펼치셨다. 성자 예수님은 성육신과 십자가, 그리고 부활과 승천을 통하여 그 계획을 수행하셨다. 그의 사역은 마지막 재림을 통해 완성될 것이다. 그 때까지 이 선교를 수행해 나가시는 분은 바로 보혜사 성령님이시다. 레슬리 뉴비긴Lesslie Newbigin도 "선교의 중심은 성령"임을 강조한다.[11] 사도행전은 예수 그리스도의 복음이 초대교회 당시

---

11) Lesslie Newbigin, *The Open Secret: Sketches for a Missionary Theology* (Grand Rapids, MI: William B. Eerdmans Publishing Company, 1978), 65.

어떻게 빠르게 확산되어 갔는지를 보여준다. 누가는 이 사도행전을 주님의 명령으로 시작한다. 그런데 예수님은 제자들에게 "땅 끝까지 이르러 내 증인이 되라"고 말씀하시기 전에 "예루살렘을 떠나지 말고 내게서 들은 바 아버지께서 약속하신 것을 기다리라"고 하셨다(행 1:4). 여기서 "아버지께서 약속하신 것"은 구약에서 이미 여러 차례 예언되었고(욜 2:28-29; 사 32:15; 겔 36:27), 예수님께서 다섯 차례 언급하신(요 14:16, 26; 15:26; 16:7, 13) '보혜사 성령의 부어주심'이다.12) 이런 각도에서 본다면, 사도행전은 교회가 성령의 임재 가운데 복음을 어떻게 전파해 나갔는지를 보여주는 책이다. 그래서 사도행전使徒行傳을 성령행전聖靈行傳이라고 부른다.

이처럼 교회가 선교해야 하는 필연적인 이유는 인간을 구원하시기 위한 하나님의 계획하심과 요청 때문이다. 그리스도의 지상명령이기 때문이다. 그리고 은혜를 입은 자들에게서 구령의 열정이 흘러나오도록 역사하시는 성령님의 인도하심 때문이다. 그리스도를 구주로 고백한 자들은 성부 하나님과 성자 예수님의 명령에 순종해야 한다. 그리고 선교의 원동력 되시는 성령의 능력과 인도함을 힘입어 하나님의 선교 사역을 완수해야 할 책임을 부여받았음을 잊지 말아야 한다.

교회는 모이는 기능과 흩어지는 기능을 모두 감당해야 한다. 그러나 한국교회는 '균형을 잃은 치우친 교회론'의 문제를 안고 있다. 한국교회는 그동안 모이는 기능에서는 탁월했다. 단순히 탁월했다고 말하기보다는 모이는 기능에만 집중했다고 표현하는 것이 맞을 것이다. 그러나 반대로 흩어지는 기능에는 완전히 실패했다. 흩지도 않았고 흩어지려고 하지도 않았다. 주일학교 때 했던 익숙한 찬양처럼 "나 구원 받았

---

12) 방동섭, 「선교없이 교회 없습니다」 (서울: 생명의말씀사, 2010), 290-1.

네, 너 구원 받았네, 우리 구원 받았네" 만을 외쳤다. 그러나 그리스도인은 하늘과 세상 두 개의 시민권을 가지고 있는 사람이다. 교회가 흩어지는 기능을 제대로 감당하지 못하면 선교는 올바르게 일어날 수 없다. 그렇기 때문에 교회는 다시 세상으로 나가야 한다.

## 3. 교회의 책무

　선교란 복음이 아직 알려지지 않았거나 충분히 알려지지 않은 사람에게 복음을 선포하는 것이다. 하나님께서는 이 땅 가운데 교회를 허락하시고 이 선교를 명령하셨다. 그렇기 때문에 교회는 여러 책무를 수행해야 한다. 그 중에 위로 향하는 책무가 있다. 바로 예배이다. 안으로 향하는 책무가 있는데 그것은 교육과 교제이다. 그리고 밖으로 향하는 책무를 전도와 선교라고 한다. 그런데 이 책무들 중 다른 모든 것은 주님이 이 땅 가운데 다시 오시더라도 감당할 수 있는 것이다. 그러나 밖으로 향하는 책무는 주님이 이 땅에 다시 오시면 영원히 기회는 사라지게 된다. 그렇기 때문에 모든 그리스도인이 무엇보다도 우선적으로 감당해야 할 책무가 바로 이 선교와 전도이다. 그것은 명령하시는 하나님 편에서 보면 최고 명령권자의 명령이다. 명령을 받은 우리 입장에서는 최고 명령권자의 명령이기 때문에 무엇보다도 우선적으로 감당해야 하는 책무이다. 또한 시기적으로 정황적으로 볼 때, 주님께서 언제 오실지 우리가 그 "때와 시간"을 알 수 없기 때문에 한 시라도 긴급하게 감당해야 하는 책무이다.

## 4. 보냄 받은 공동체로서의 교회

우리는 흔히 선교에 관심이 있거나 선교에 열심인 교회를 '선교하는' Mission-Focused, '선교 지향적인' Mission-Oriented, '선교 중심적인' Mission-Centered 교회라고 말한다. 하지만 교회의 존재목적이나 DNA 자체가 선교인 교회를 향하여 '선교적 교회' Missional Church 라고 지칭한다. 상당수의 교회가 선교를 여러 책무나 기능 중의 하나로 간주한다. 그래서 교회가 감당해도 되고 안 해도 되는 사역이라고 생각한다. 그러다 보니 교회 사역의 우선순위에서 종종 뒤로 밀리는 경우가 많다. 선교가 돈으로만 할 수 있는 사역은 아니지만 돈이 필요한 사역이기에 다소 부담스러워 한다.

그러나 선교는 교회가 감당해야 하는 여러 사역 중의 하나가 아니라 교회의 존재 자체이고 본질이다. 하나님께서는 교회를 부르시고 그 교회를 향하여 다시 세상으로 가라고 명령하셨다. 교회는 세상 속에 존재하지만 부름 받아 구별된 공동체이다. 교회는 또한 세상 속으로 보냄을 받은 공동체이다. 성경은 이렇게 말한다.

> "나는 세상에 더 있지 아니하오나 그들은 세상에 있사옵고"(요 17:11).
> "내가 아버지의 말씀을 그들에게 주었사오매 세상이 그들을 미워하였사오니 이는 내가 세상에 속하지 아니함 같이 그들도 세상에 속하지 아니함으로 인함이니이다"(요 17:14-16).
> "아버지께서 나를 세상에 보내신 것 같이 나도 그들을 세상에 보내었고"(요 17:18).

그렇기 때문에 이 땅의 모든 교회는 아직도 교회가 세워지지 않은 땅 끝에 가서 복음을 전하고 교회를 세워야 한다.

## 제4장 선교와 선교사

앞에서 장황하게 선교를 정의했는데 그렇다면 직접 선교사역을 감당하는 선교사는 어떤 사람인가?

## 1. 선교사란?

우리는 흔히 아직까지 복음이 전해지지 않은 곳에 가서 복음을 전하고 교회를 세우는 사람, 사람들을 제자로 만들어 하나님께 영광 돌리도록 하는 사람을 선교사라고 부른다. 그러나 앞에서 정의한 선교의 개념에 맞춰 선교사를 다시 정의해 보면 다음과 같다.

### 1) 부름 받은 사람이다

선교는 하나님이 불러서 시키신 일이기 때문에 선교는 당연히 하나님으로부터 부름 받는 것에서부터 시작해야 한다. 즉 하나님으로부터 특별한 목적을 위해 부름 받은 사람이 선교사이다.

### 2) 보냄 받은 사람이다

바나바와 사울이 성령의 보내심을 받고 가는 것처럼 선교사는 보냄을 받은 사람이다. 하나님께서는 하나님의 사람을 부르시고 그들을 세상과 열방 가운데로 보내신다.

### 3) 보냄 받은 곳에서 하나님의 일을 하는 사람이다

선교사가 보냄을 받은 사람이라면, 그 사람은 마땅히 보낸 사람의 의도를 알고 그 의도대로 행해야 한다.

여기서 공통적으로 발견하는 것이 있다. 바로 그 출발점이 하나님이라는 것이다. 선교는 철저히 하나님으로부터 시작되고, 하나님을 통해서 이루어지며, 하나님께서 수행해 가시는 사역이다. 우리가 소명을 이야기 할 때 흔히 출발점을 자신에게 두는 경우가 있다. 그러나 올바른 소명은 하나님의 필요에서 시작된다. 하나님의 필요가 있어야 한다. 그렇기 때문에 소명을 받았다고 하는 사람이 자신의 필요에 따라 움직이면서 그것을 소명이라고 생각하는 것은 잘못이다. 왜냐하면 소명은 부름 받는 것이기 때문이다. 여기서 부름 받는다는 것은 누군가 부르는 주체가 있다는 말이다. 그리고 누군가가 어떤 사람을 불렀다면 그 부름의 원인과 이유, 그리고 필요가 있어야 한다. 선교사가 선교현장에서 연약한 중에도 사역할 수 있는 것은 능력이 있어서가 아니라 하나님께서 친히 부르셨기 때문이다.

## 2. 선교사는 '3D 업종' 종사자

우리 사회는 흔히 '3D 업종'을 꺼리는 경향이 있다. 사람들은 모두 더럽고Dirty, 위험하고Dangerous, 힘든Difficult 일을 싫어한다. 그런데 선교는 세상적인 관점에서 볼 때, 이 '3D 업종'에 해당되는 일이다. 그리고 그런 일을 하는 사람이 선교사이다. 선교는 사실 더러운 일은 아니지만, 쉽지 않은 일이고 때로는 위험을 감수해야 한다. 그래서 '3D'를 등에 메고 사는 사람이 바로 선교사이다. 그러나 세상 사람들이 말하는 '3D'를 영적인 의미의 '3D'로 바꾼다면 다음과 같다.

첫째, 선교사는 복음의 전달자Deliverer이다. 선교사는 복음의 전하는 사람이요, 영원한 생명의 전달자이다. 디모데전서 4장 2절에 "너는 말씀을 전파하라 때를 얻든지 못 얻든지 항상 힘쓰라"고 격려한다. 바울은 디모데에게 무시로 말씀을 전하라고 말하고 있는 것이다. 선교사는 그야말로 말씀을 전하는 자이다. 저 멀리 타他문화권에 가서 부활의 복음을 모든 영혼에게 전달하는 사람이 바로 선교사이다. 그렇기 때문에 선교사는 말씀 전하는 일에 목숨을 걸어야만 한다.

그런데 여기서 전달자라는 것은 선교사가 지켜야 할 위치에 대해 잘 말해 준다. 전달자는 전달하는 내용물을 전달하면 그 임무가 끝나게 된다. 우편배달부가 편지를 전달하면 그 임무가 마쳐지듯 선교사도 복음을 전달하면 그 임무가 마쳐지는 것이다. 선교사가 선교지에서 군림해서는 안 된다. 그 편지를 전달한 것 때문에 대접을 받거나 주인노릇을 해서도 안 된다. 그야말로 '선교의 안락사'Euthanasia of a Mission를 실천해야 한다.

둘째, 선교사는 제자Disciple이다. 선교사는 하나님으로부터 부름 받고 보냄 받아서 하나님이 원하시는 사역을 하는 사람이다. 그렇기 때문에 선교사가 주님께서 맡겨주신 사역을 충성되게 감당하기 위해서는 먼저 제자가 되어야 한다Being a Disciple. 자신이 제자가 되어야 비로소 제자를 만들 수 있다Making a Disciple. 제자는 가르쳐서 되는 것이 아니라 보고 배우는 것이기 때문이다. 예수님께서 친히 그런 삶을 보여주셨다. 우리가 먼저 주님의 제자가 될 때, 제자를 만드는 일도 가능해진다. 그렇기 때문에 선교사는 먼저 주님의 제자가 되어야 한다.

셋째, 선교사는 하나님과 교회에게 얼음냉수Drink와 같은 존재가 되어야 한다. 잠언 25장 13절에 "충성된 사자는 그를 보낸 이에게 마치 추수하는 날에 얼음냉수 같아서 능히 그 주인의 마음을 시원하게 하느니라"고 말씀한다. 여기서 얼음냉수를 'snow-cooled drink'라고 표현한다. 이것은 무더운 날에 우리가 마시는 수박화채나 빙수처럼 시원한 물을 의미한다. 우리는 무더운 한 여름의 추수 때에 시원한 얼음물이 주는 쾌감을 안다. 선교사는 자신을 보낸 하나님과 교회에 그런 기쁨을 주어야 한다. 사역의 열매 때문이 아니라 하나님께서 영광 받으시는 그 모습으로 인해 그 분의 마음을 시원케 하고, 교회와 담임목회자의 마음 또한 시원하게 만들 수 있어야 한다.

선교사가 전달하는 복음은 선교지의 영혼들을 영원히 죽지 않도록 만드는 '생명수'이다. 요한복음 6장 35절에 예수님께서 "나는 생명의 떡이니 내게 오는 자는 결코 주리지 아니할 터이요 나를 믿는 자는 영원히 목마르지 아니하리라"고 말씀한다. 선교사는 복음을 들고 선교지에 가서 진정한 제자의 삶을 살아가야 한다. 그 땅의 수많은 영혼을 주님의 제자로 만들어야 한다. 그리고 그들이 하나님의 영광을 드러내도록 해야 한다. 선교사는 또한 하나님과 파송교회, 그리고 현지의 수많은 영혼에게도 얼음냉수와 같은 존재가 되어야 한다.

## 3. 선교사의 소명은 어떻게 확인하는가?

어떤 사람이 인도 선교사로 부름을 받았다고 가정해 보자. 인도에는 수많은 언어가 존재한다. 최소 1,652개의 언어가 사용된다. 인도는 힌두교, 불교, 자이나교, 시크교의 발상지일 뿐만 아니라 수많은 종교가 하나라고 믿는 종교다원주의 나라이다. 이처럼 언어와 인종, 문화가 다양한 나라에 선교사 소명을 받는다면, 그 이후에 더 많은 질문이 생길 것이다. 인도선교사로서의 소명을 어떻게 확신할 수 있는가? 어떤 민족을 대상으로 사역해야 하는가? 사역언어는 무엇을 사용할 것인가? 선교사로서 사는 동안 이런 질문은 계속된다. 어디서 살아야 하는가? 사역의 초점은 어디에 두어야 하는가? 선교지에서 언제 떠날 것인가? 언제 누구에게 리더십을 이양할 것인가? 선교사는 이런 다양한 질문에 답을 해야 한다. 그렇다면, 그런 질문 앞에서 어떻게 하나님의 뜻을 분별해야 하는가?

### 1) 하나님을 알아야 한다

하나님의 뜻을 알기위해서는 먼저 그 분을 알아야 한다. 잠언 1장 7절은 "여호와를 경외하는 것이 지식의 근본"이라고 말한다. 하나님으로부터 온 지혜가 우리를 그 분의 뜻에 합당한 길로 인도할 것이다. 그렇기 때문에 "누구든지 지혜가 부족하거든 모든 사람에게 후히 주시고 꾸짖지 아니하시는 하나님께 구해야" 한다(약 1:5). 세상을 향한 하나님의 뜻을 물어야 한다. 당신이 그 뜻에 얼마나 부합하고 있는지 질문해야 한다. 우리가 하나님께 구하면 그 분께서 기쁜 마음으로 응답하실 것이다.

### 2) 하나님의 말씀을 알아야 한다

하나님을 뜻을 분별하기 위해서는 그 분의 말씀을 알아야 한다. 하나님은 말씀을 통해 사람들에게 말씀하신다. 사람들을 그 분의 뜻에 합당하게 인도해 가신다. "사람이 마음으로 자기의 길을 계획할지라도 그의 걸음을 인도하시는 이는 여호와"이시다(잠 16:9). 그렇기 때문에 우리는 "마음을 다하여 여호와를 신뢰"해야 한다. 그러면 우리의 "길을 지도하실" 것이다(잠 3:6-7). "모든 성경은 하나님의 감동으로 된 것으로 교훈과 책망과 바르게 함과 의로 교육하기에 유익"하다(딤후 3:16). 하나님은 우리에게 약속하셨다. "내가 네 갈 길을 가르쳐 보이고 너를 주목하여 훈계하리로다"(시 32:8).

### 3) 기도해야 한다

우리가 하나님의 뜻을 구하기 위해 기도해야 하는 이유에 대해서는 성경이 분명하게 이야기하고 있다.

> "너희가 내게 부르짖으며 내게 와서 기도하면 내가 너희들의 기도를 들을 것이요"(렘 29:12).
> "너는 내게 부르짖으라 내가 네게 응답하겠고 네가 알지 못하는 크고 은밀한 일을 네게 보이리라"(렘 33:3).
> "구하라 그리하면 너희에게 주실 것이요 찾으라 그리하면 찾아낼 것이요 문을 두드리라 그리하면 너희에게 열릴 것이니"(마 7:7).
> "아무 것도 염려하지 말고 다만 모든 일에 기도와 간구로, 너희 구할 것을 감사함으로 하나님께 아뢰라 그리하면 모든 지각에 뛰어난 하나님의 평강이 그리스도 예수 안에서 너희 마음과 생각을 지키시리라"(빌 4:6-7).
> "너희 중에 누구든지 지혜가 부족하거든 모든 사람에게 후히 주시고 꾸짖지 아니하시는 하나님께 구하라 그리하면 주시리라"(약 1:5).

그렇기 때문에 하나님께서 말씀을 통해, 다른 사람을 통해, 그리고 당신의 마음을 통해 역사하시면서 그 분의 뜻을 보여주시도록 기도해야 한다.

### 4) 주변 사람에게 물어보라

당신이 지금 하나님의 뜻을 찾고 있다면 하나님과 그 분의 말씀을 묵상하며 기도해야 한다. 그리고 영적인 지도자나 말씀을 잘 아는 성숙한 그리스도인과 당신의 문제를 상의할 필요가 있다. 그리고 실제로 자신이 선교사로서의 소명이 있는지를 교회의 담임목회자나 주변 사람을 통해서 확인하고 검증받아야 한다. 성경은 이렇게 조언한다.

> "지략이(지도자가) 없으면 백성이 망하여도 지략이(참모가) 많으면 평안을 누리느니라"(잠 11:14).
> "사람의 마음에 있는 모략은 깊은 물 같으니라 그럴지라도 명철한 사람은 그것을 길어 내느니라"(잠 20:5).
> "너는 전략으로 싸우라 승리는 지략이 많음에 있느니라"(잠 24:6).

영적인 지도자나 말씀을 잘 아는 사람의 조언은 하나님의 뜻을 분별하기 위한 귀중한 통찰력을 제공해 준다. 그렇기 때문에 지혜로운 지도자나 영적인 멘토에게 묻는 것이 중요하다.

### 5) 자신의 경험을 통해 점검하라

하나님은 우리의 생각과 경험을 통해서도 일하신다. 타문화에 대한 경험도 없고 선교에 대해서 전혀 모르면서 소명을 받았다고 말할 수는 없다. 물론 소명을 받고 나서 선교를 좀 더 체계적으로 알아갈 수는 있다. 하지만 그런 경우에도 시간과 준비과정을 거쳐야 한다. 그것이 분명한 하나님의 뜻인지 분별하는 작업과 확인이 필요하다. 기도하다가 갑자기 온 한 순간의 감동을 소명이라고 착각해서는 안 된다.

### 6) 주변 환경을 고려하라

하나님께서는 모든 것의 주관자이시다. 그렇기 때문에 우리의 모든 환경까지도 주관하신다. 하나님은 우리 주변의 환경이나 교회(믿음의 공동체)를 통해서도 말씀하신다. 그렇기 때문에 선교사 소명은 주변 환경을 통해서도 확인할 수 있다. 선교사로 소명을 받은 사람은 자신의 삶과 사역의 현장에서 선교사로서의 소명이 확인되어지고 검증되어야 한다. 자신은 소명 받았다고 하는데 주변 사람이 아니라고 한다면 다시 말씀으로 돌아가 기도해 보아야 한다. 그리고 하나님께 구하고 그 분의 뜻을 물어야 한다. 자신의 소명이 하나님으로부터 온 것인지 분별해야 한다. 이런 점검과 준비작업이 있어야만 선교사가 영적전쟁터인 현장에서 온전하게 사역을 감당할 수 있다. 하나님께서는 궁극적으로 소명자의 주변 환경까지도 가장 순적한 방법으로 이끌어 가실 것이다.

하나님은 그 분의 사역을 위해 하나님의 사람들을 부르신다. 하나님은 다양한 방법으로 선교사를 부르시기 때문에 어느 한 가지 방법만으로 소명을 확인할 수는 없다. 한 가지 분명한 것은 소명 받은 사람은 지속적으로, 그리고 성경적인 성령의 열매로 그것을 확인해야 한다는 것이다. 선교는 하나님께서 가장 기뻐하시는 일이다. 그렇기 때문에 그 분이 기뻐하시는 방법으로 해야 한다. 소명의 확인도 마찬가지이다.

## 4. 보냄 받은 자의 사명이 선교다

　에크하르트 슈나벨Echkard Schnabel은 선교는 "의도성"과 "이동성"을 갖는다고 말한다. 선교는 하나님의 계획과 목적에서 출발한다. 하나님은 그 분의 구속사역을 위해 사람을 부르신다. 또한 세상에서 불러내어 구원받은 자들의 모임인 교회에 사명을 주셨다. 너희는 '가라.' 주님께서 교회에게 주신 사명, 이것이 바로 선교이다. 그래서 선교는 하나님의 부르심과 보내심에 대한 확고한 믿음에 근거해야 한다.

　예수 그리스도가 이 땅에 성육신 하신 것도 마찬가지이다. 예수님은 "나는 처음부터 너희에게 말하여 온 자니라. 내가 너희에게 대하여 말하고 판단할 것이 많으나 나를 보내신 이가 참되시매 내가 그에게 들은 그것을 세상에 말하노라…… 너희가 인자를 든 후에 내가 그인 줄을 알고 또 내가 스스로 아무 것도 하지 아니하고 오직 아버지께서 가르치신 대로 이런 것을 말하는 줄도 알리라"고 말씀하셨다(요 8:25-26, 28). 또한 "나를 보내신 이가 나와 함께 하시도다 나는 항상 그가 기뻐하시는 일을 행하므로 나를 혼자 두지 아니하셨다"고 하셨다(요 8:29). 예수님은 보냄 받은 자로서의 분명한 정체성을 가지고 계셨다. 예수님은 하나님 아버지로부터 자신이 보냄 받았다는 것을 확신했다. 그리고 그 보내신 분이 기뻐하시는 일만을 행했다. 예수님은 보냄 받은 자The Sent One였고, 또한 보내는 자The Sender였다. 예수님은 자신의 제자를 부르시고 그들을 세상으로 보내셨다. 그들도 주님처럼 선교사co-missioners가 되라고 하셨다. 우리는 주님의 이 명령에 순종해야 한다. 성경은 분명하게 우리를 창조하신 목적이 바로 그 분의 영광을 위해서라고 말한다.

　선교는 선택이 아니라 필수이다. 에스겔 3장 18-20절에는 "가령 내가 악인에게 말하기를 너는 꼭 죽으리라 할 때에 네가 깨우치지 아니하거나 말로 악인에게 일러서 그의 악한 길을 떠나 생명을 구원하게 하지 아니하면 그 악인은 그의 죄악 중에서 죽으려니와 내가 그의 피 값을 네 손에서 찾을 것이고 네가 악인을 깨우치되 그가 그의 악한 마음과 악한 행위에서 돌이키지 아니하면 그는 그의 죄악 중에서 죽으려니와 너는 네 생명을 보존하리라 또 의인이 그의 공의에서 돌이켜 악을 행할 때에는 이미 행한 그의 공의는 기억할 바 아니라 내가 그 앞에 거치는 것을 두면 그가 죽을지니 이는 네가 그를 깨우치지 않음이니라 그는 그의 죄 중에서 죽으려니와 그의 피 값은 내가 네 손에서 찾으리라"고 경고한다.

그러나 선교는 단순히 하나님을 위해 일하는work for God 것만이 아니라 하나님과 함께 일하는work with God 것이다.13) 선교사는 하나님과 함께 동역하고co-working,14) 함께 고난 받으며co-suffering,15) 함께 증언하는co-witnessing16) 사람이다. 선교사로의 부름이 있는 사람은 동정녀 마리아처럼 말해야 한다. "주의 여(남)종이오니 말씀대로 내게 이루어지이다"(눅 1:38).

특별히 우리는 하나님나라 확장을 위해 하나가 되어야 한다. 성경은 "몸이 하나요 성령도 한 분이시니 이와 같이 너희가 부르심의 한 소망 안에서 부르심을 받았느니라"고 말씀한다(엡 4:4). 예수님은 제자들을 떠나시기 전 제자들을 향하여 "나는 세상에 더 있지 아니하오나 그들은 세상에 있사옵고 나는 아버지께로 가옵나니 거룩하신 아버지여

---

13) Roger S. Greenway, *Go and Make Disciples!: Introduction to Christian Missions* (Phillipsburg, NJ: P&R Publishing, 1999), 12.
14) 고전 3:9, 고후 6:1.
15) 골 1:24-5.
16) 요 15:25-7.

내게 주신 아버지의 이름으로 그들을 보전하사 우리와 같이 그들도 하나가 되게 하옵소서"라고 기도하셨다(요 17:11). "또 십자가로 이 둘을 한 몸으로 하나님과 화목하게 하려 하심이라"고 하셨다(엡 2: 16). 몸의 지체가 서로 유기적으로 연결되어 있는 것처럼, 그리스도의 몸인 교회도 서로 하나가 되어야 한다. 바울도 "너희가 부르심을 받은 일에 합당하게 행하여 모든 겸손과 온유로 하고 오래 참음으로 사랑 가운데서 서로 용납하고 평안의 매는 줄로 성령이 하나 되게 하신 것을 힘써 지키라"고 말한다. 주님은 우리가 그 분의 사역을 위해 먼저 하나 되기를 원하셨다. 하나님께서 우리에게 주신 가장 첫째 되는 계명과 둘째 계명, 그리고 주님께서 우리에게 명령하신 지상대위임령 사이에는 이 '하나 됨'의 명령이 있다. 성경은 우리가 이 하나 됨을 힘써 지키면 세상이 예수 그리스도를 믿게 될 것이라고 분명하게 말씀하고 있다(요 17:21). 그렇기 때문에 건강하게 선교가 이루어지기 위해서는 하나님께서 우리에게 주신 가장 큰 두 개의 계명(마 22:34-40), 하나 됨의 명령(요 17:21-26), 그리고 지상대위임령(마 28:19-20)이 순차적으로 이루어져야 한다. 이것을 도식화하면 다음과 같다.

〈그림 1〉 세 가지 명령

## 적용과 실천을 위한 토론

1. 선교는 선교사들에게만 주어진 사역인가? 만약 그렇지 않다고 생각한다면 그 이유는 무엇인가?

2. 선교는 기독교의 문화를 전파하는 것인가? 복음을 전하는 것과 기독교 문화를 전하는 것의 차이는 무엇인가?

3. 선교는 복음을 전하는 것만으로 끝나는 것인가? 그렇지 않다면, 복음을 전하는 것 이외에 어떤 사역을 더 해야 하는가?

4. 선교의 결과(열매)는 당장에 나타나지 않을 수도 있다. 왜 그럴까? 고전 3:6절을 근거로 이야기해 보라.

5. 선교와 전도를 단순히 해외와 국내로 구분할 수 있는가? 만약 그렇지 않다면 왜 그런지 이유를 설명해 보라.

# 제 2 부
# 세계선교의 현황과 흐름

제1장 세계선교 현황
제2장 21세기 선교현황과 선교현장의 변화들
제3장 세계선교의 흐름

## 제2부

# 세계선교의 현황과 흐름

## 제1장  세계선교 현황

### 1. 전 세계 복음화 현황

지난 2,000여 년 동안 주님의 지상명령에 순종한 수많은 사람이 열방 가운데서 복음을 전했다. 그 결과 지금까지 얼마나 많은 사람이 복음화 되었을까?

2023년 1월 IBMR(International Bulletin of Mission Research)의 통계에 따르면, 전 세계 인구는 약 8,045,311,000명이다. 그 가운데 기독교인은 약 26억 명, 무슬림은 20억 명, 힌두인은 11억 명, 그리고 불교도가 약 5.4억 명이다. 〈도표 1〉은 전 세계 종교현황을 보여준다.

〈도표 1〉 전 세계 종교 현황17)

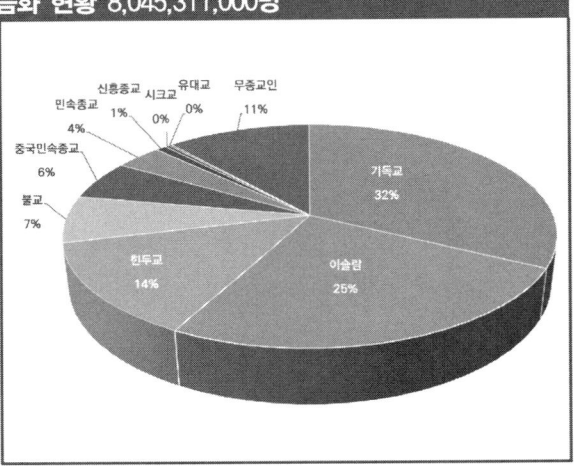

| 종교 | 신도수 |
|---|---|
| 기독교 | 2,604,381,000 |
| 이슬람 | 2,007,352,000 |
| 힌두교 | 1,090,304,000 |
| 불교 | 535,545,000 |
| 중국민속종교 | 458,580,000 |
| 민속종교 | 288,866,000 |
| 신흥종교 | 66,484,000 |
| 시크교 | 28,756,000 |
| 유대교 | 15,210,000 |
| 무종교인 | 897,412,000 |

전 세계 복음화 현황 8,045,311,000명

위 통계를 보면, 기독교인의 숫자가 전 세계 인구의 약 32%로 가장 많다. 그러나 전 세계 인구의 삼분의 일에 해당하는 26억 명의 인구 중 복음주의 그리스도인의 숫자는 겨우 4.5억 명에 불과하다. 전체 기독교인에서 가톨릭의 숫자만 빼더라도 전 세계에서 가장 큰 종교는 기독교가 아니라 이슬람이 된다. 아래의 〈도표 2〉가 그것을 보여준다.

---

17) Gina A. Zurlo, Todd M. Johnson, and Peter F. Crossing, "World Christianity 2023: A Gendered Approach," *International Bulletin of Mission Research*, Vol. 47(1) (January 2023): 71-80.

〈도표 2〉 전 세계 기독교 현황[18]

| 분파별 기독교 | 신도수 |
|---|---|
| 천주교 | 1,268,858,000 |
| 개신교 | 615,676,000 |
| 독립교회 | 414,526,000 |
| 정교회 | 290,594,000 |
| 기타 | 121,400,000 |

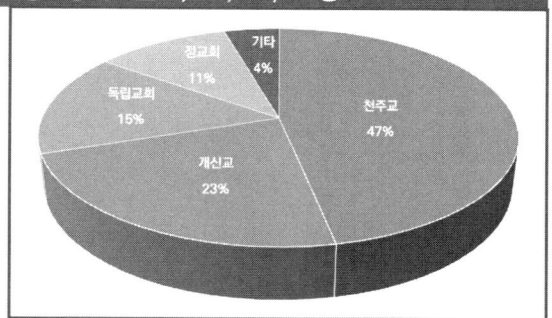

세계 기독교 분파별 현황: 등록교인 2,482,982,000명

전 세계에는 420만 개의 예배처소(교파 47,300개), 1,360만 명의 기독교 사역자가 있다. 이 중에 해외 파송 선교사는 약 440,000명 정도이다. 해외 선교비 총액은 약 550억 달러 규모이다. 매년 1,060만 권의 기독교 관련서적이 출판되고, 9,500만 권의 성경이 새롭게 인쇄된다. 이렇게 엄청난 양의 인적, 물적 자원이 전 세계복음화를 위해 사용되는데, 전 세계 인구의 약 2,250,856,000명(28%) 정도는 여전히 미전도 종족이다.

## 2. 미전도 종족 Unreached People

'종족'People이란 "동일한 문화, 언어, 풍습을 가진 사람들의 집단"이다. 전 세계 종족의 숫자는 학자들 마다 조금씩 다르지만 일반적으로 약 12,000개 정도의 종족이 있는 것으로 파악된다. '미전도 종족'은 '아주 적은 사람에게 복음이 전해진'Least Reached, '숨겨진'Hidden, '잊혀진'Forgotten, '무시되어진'by-passed, 혹은 '복음화 되지 않은'Unevangelized

---

18) Ibid.

종족을 뜻한다. 즉 "타문화권의 도움 없이는 자기 스스로가 복음화 될 수 없는 종족"집단이다. 이들은 복음을 듣거나 그것에 응답해 본 적이 없다. 교회, 예배, 가르침, 전도를 위한 정기적인 모임을 갖거나, 모국어로 번역된 성경을 갖고 있지도 않다. '미전도 종족'의 개념에 대한 학자들의 견해가 서로 달라 최근에는 주로 '복음화 되지 못한 지역'Unevangelized과 '복음화 된 지역'Evangelized으로 구분하는 경향이 있다. 이 '미전도 종족'은 주로 위도 10도와 40도 사이의 '10/40 창문'10/40 Window 지역에 집중적으로 분포되어 있다.

### 1) 10/40창 10/40 Window

'10/40 창문'은 1989년 마닐라에서 열린 제2차 로잔대회에서 루이스 부쉬Luis Bush가 처음 주장한 개념으로, 전 세계에서 비非 그리스도인의 인구가 가장 많고 자생력 있는 교회가 적은 지역을 일컫는 말이다. 이것은 위도 10도에서 40도까지 서아프리카에서 아시아까지 걸쳐져 있는 지역이다. 이 창문 지역에 세계에서 가장 미복음화 되고 가장 가난한 나라들이 모여 산다. 특별히 전 세계 주요종교인 이슬람, 힌두교, 불교가 모두 이 지역에서 태동되었다.

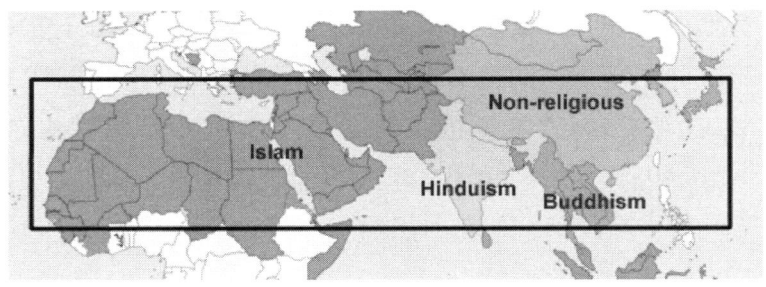

〈그림 1〉 10/40창문 Global Mapping International

## 2) 35/45 터키창문지역 35/45 Turkic Window Belt

1억 4천 5백만 인구의 약 90%에 해당하는 인구가 북위 35도에서 45도 사이의 실크로드 지역에 거주하고 있다. 이곳은 강력한 이슬람 세력이 진을 형성하고 있다.

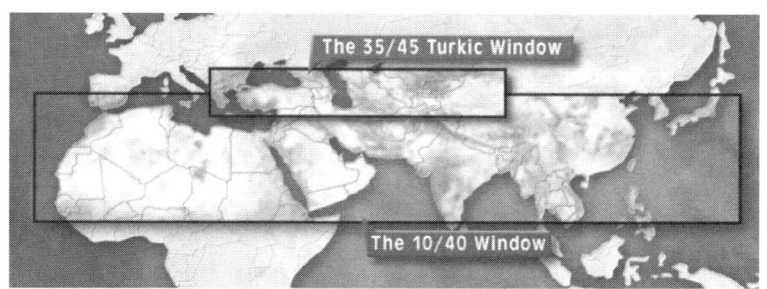

〈그림 2〉 35/45 창문 Joshua Project 2000

## 3) 4/14 창문 (4/14 Window)

전 세계 인구의 거의 절반에 해당하는 숫자가 20세 미만의 어린아이다. 그들은 전 세계에서 가장 미복음화 된 미전도 그룹이다. 루이스 부쉬는 4세부터 14세에 이르는 영·유아, 청소년 세대의 아이들을 교회가 복음으로 구해내자는 취지로 '4/14 창문' 4/14 Window 이라는 용어를 사용한다. '4/14'는 기독 NGO 단체인 컴패션 Compassion 과 청소년 선교기관 어와나 AWANA 에서 어린이의 중요성을 강조하면서 사용하던 용어였다. 루이스 부쉬가 이를 차용해 새로운 선교전략의 대상으로 제시한 것이다.

'10/40 창'은 북위 10-40도 사이의 지역에 초점을 맞춘 개념이지만, 이 '4/14 창'은 지역이 아니라 연령에 초점을 맞춘 새로운 선교타겟 그룹이다. 부쉬는 4세에서 14세까지 세대들이 가장 감수성이 예민하고 열린 마음을 가진 세대일 뿐만 아니라 복음에 대한 수용성도 크다고 주장한다. 이들은 또한 세상을 변혁시키는 능력과 가치를 가진 사람들로 무한한 가능성과 잠재력이 있음을 강조한다.

### 4) 60/70 창문 60/70 Window

이 지역은 종족으로는 유럽계 백인의 후손이 아닌, 알라스카인들, 이누이트족Inuit들이며, 지리적으로는 알라스카와 캐나다 북부, 그리고 그린랜드 지역에 해당한다. 북아메리카의 미전도 지역인데, 주로 캐나다 북부지역으로 추위가 심한 오지라서 선교사가 가기도 어렵기 때문에 상대적으로 미복음화 된 지역이다.

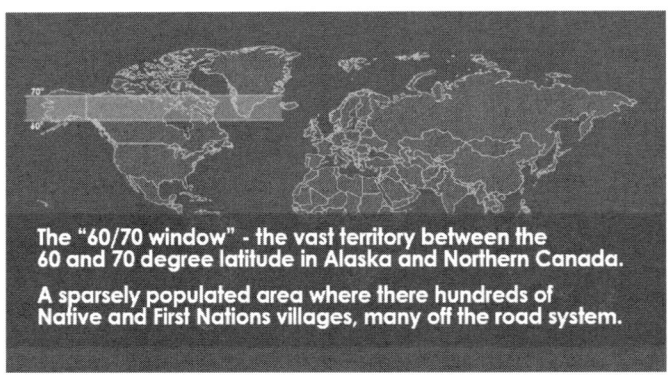

〈그림 3〉 60/70 창문 SEND International[19]

---

19) "Jesus in the 60/70 Window" [온라인 자료] https://www.send.org/story/jesus-in-the-60-70-window, 2018년 12월 12일 접속.

### 5) 비접촉 미전도종족 Unengaged Unreached People Group

미전도종족 복음화의 남은 과업 완수를 위해 2004년부터 FTT운동 Finishing the Task Movement, 이하 FTT이 시작되었다. FTT운동은 빌리 그래함 Billy Graham 복음전도협회 주관으로 '암스테르담 2000' 대회에서 발족되었다. 선교대회 중 국제 CCC 총재 스티브 더글러스 Steve Douglass, Walk Thru the Bible 총재 브루스 윌킨슨 Bruce Wilkins, YWAM의 마크 앤더슨 Mark Anderson, 미남침례교 국제부 International Mission Board 총재 등 8명의 선교지도자가 71번 테이블에 앉아 있었다. 이들 8명의 선교지도자는 2,000년이 지난 지금까지 복음을 단 한 번도 접하지 못한 '비접촉 미전도종족' Unengaged Unreached People Group, 이하 UUPG에게 복음을 전하고 교회를 세우는 일에 함께 동역하기로 결정한다. 그 이후 매년 세 차례 모임을 갖고, 인구 10만 이상의 도시가운데 639개 도시에는 아직도 교회가 없고 선교사가 한 명도 들어가지 않았다는 것을 발견한다. 이들은 그 도시들 가운데 우선적으로 선교사를 보내 교회를 개척한다는 목표를 세웠다.

〈그림 4〉 비접촉미전도종족 지도 International Mission Board

전 세계에는 아직도 복음을 들어 보지 못했거나 들을 기회도 갖지 못한 미전도 종족이 많다. 우리의 과제는 어떻게 이들이 복음을 듣도록 만들 것인가이다.

## 제2장  21세기 선교현황과 선교현장의 변화들

세계 선교 현황은 한 마디로 '위기危機 상황'이다. 위기라는 말은 '위험'Danger과 '기회'Chance가 공존한다는 말이다. 위기가 곧 기회라는 말도 있다. 우리는 지금 빠르게 변화하는 세상 속에 살아가고 있고, 그 변화에 적응하지 못하면 세상으로부터 도태되거나 세상 속에서 제 기능을 발휘하지 못하는 사회부적응자로 전락하게 될 것이다. 이제 우리 그리스도인과 교회도 이러한 사회의 변화에 능동적으로 대처해 나가야 한다.

바울은 고린도전서 16장 9절에서 "내게 광대하고 유효한 문이 열렸으나 대적하는 자가 많음이라"고 말한다. 이 본문을 「새번역」 성경은 "나에게 큰 문이 활짝 열려서, 일을 많이 할 수 있는 기회가 왔습니다. 그러나 방해를 하는 사람도 많이 있습니다"라고 번역하였다. 우리에게 많은 기회가 있지만 어려움과 위험, 그리고 장애물이 많다는 것이다. 그러나 우리는 우리에게 주어진 상황을 기회로 만들어야 한다. 그렇다면 우리가 사는 세상은 어떤 모습인가? 과연 무엇이 전 세계 복음화에 영향을 미치는가?

## 1. 세계화Globalization

전 세계의 세계화는 선교에 커다란 영향을 미친다. 사실 '세계화'란 개념은 처음에 세계 경제를 이해하는 관점으로 사용하기 시작했다. 그러나 요즘은 세계의 모든 현상을 세계화라는 관점으로 바라본다. 선교학에서도 선교의 개념, 방식, 대상, 그리고 전략이 모두 이 세계화라는 관점에서 재정의 되고 있다.

1990년대 들어서면서 인터넷의 발달과 시장경제의 변화, 그리고 IT 산업의 발전과 현대화로 인해 세계화는 더욱 가속화되었다. 이러한 세계화 현상이 선교환경과 흐름에도 영향을 미치고 있다. 선교의 방향도 '모든 곳에서 모든 곳으로'from everywhere to everywhere가 되었다. 세계화의 물결에 따라 자본과 노동(이주 노동자)이 자유롭게 이동하면서 선교의 개념이 '어디로 가느냐'에서 '누구에게로 가느냐'로 바뀐 것이다. 선교는 이제 '해외'에서 진행되는 사역이 아니라 '타문화'와 관련된 사역이다. 과거에는 해외와 타문화를 동일하게 보았다. 그래서 타문화권에 간다는 것은 배나 비행기를 타고 국경을 넘는 것이어야만 했다. 그러나 지금은 그렇지 않다. 구태여 국경을 넘을 필요 없이 이태원과 안산만 가더라도 타문화권에서 온 사람을 쉽게 만날 수 있다. 그야말로 문 밖의 선교시대가 열린 것이다. 이제는 '속지주의'屬地主義가 아니라 '속인주의'屬人主義 선교시대가 열렸다.

한국교회사를 보면 초기에 이 속인주의 선교방식을 통해 선교사역이 이루어졌다. 존 로스John Ross 선교사가 대표적인 인물이다. 그는 조선 땅에 대한 부담이 있었지만 조선에 올 수가 없었다. 로스는 조선에 입국하지는 않았지만 중국에 온 한국 청년을 대상으로 성경번역 사역을 시작했다. 처음에 소규모 무역상인이었던 이응찬, 백홍준, 김진기,

서상륜 등이 경제적 이득을 얻기 위해 성경번역에 참여했다. 그런데 이들이 복음의 능력에 의해 변화 받는다. 그리고 자신들의 고향인 의주와 평안도 일대에서 권서勸書 전도자로 활동하였다. 그 결과 한국 최초의 개신교회인 '소래교회'가 바로 이들에 의해 개척되었다.

당시 미국 선교사들은 '속지주의'적인 방식으로 조선에 입국해 학교와 병원을 세우고 교회 개척사역을 했다. 그러나 한국은 처음부터 '속인주의'와 '속지주의' 선교가 동시에 일어났다. 물론 초기 복음전도가 우리나라에 들어 온 타문화권 사람들에게 진행된 것은 아니다. 그러나 해외에 나가 복음을 들었던 한국인 그리스도인이 직접 고국에 들어와 오지를 찾아다니며 복음을 전하기 시작했다. 그리고 그들에 의해 교회가 세워졌다. 요즘은 전 세계가 선교사의 비자를 제한한다. 그러나 이제 전 세계가 세계화되는 현상은 더 이상 피할 수 없는 현실이 되었다. 이런 세상의 변화를 고려할 때, 이제는 속지주의 선교방식과 함께 속인주의 선교방식을 통한 복음전도 전략이 모색되어야 한다.

## 2. 디아스포라

속인주의 선교방식이 가능한 이유 중에 하나는 바로 '디아스포라'Diaspora이다. '디아스포라'는 '흩뿌리거나 퍼트리는 것'을 뜻하는 그리스어 '디아스포라'διασπορά에서 유래한 용어로, 특정 인종ethnic 집단이 자의적이든지 타의적이든지 기존에 살던 땅을 떠나 다른 지역으로 이동하는 현상을 말한다. 처음에는 팔레스타인 밖에 살면서 유대교적 종교규범과 생활관습을 유지해온 '이산離散 유대인'을 지칭했다. 하지만 최근에는 이민이나 민족적 국제이주, 망명, 이주노동자 등 매우 포괄적인 개념으로 사용된다.

전 세계에는 수많은 디아스포라가 있다. 한인 디아스포라만 해도 180여 개국에 800만 명 정도이다. 이 디아스포라의 원인은 다양하다. 좋은 직장과 윤택한 삶을 위한 자발적 디아스포라가 있는가 하면, 전쟁, 자연재해, 정치적 이유로 인한 비자발적 디아스포라도 있다. 그런데 이유가 어떻든 간에 이 디아스포라는 선교에 직, 간접적으로 중요한 역할을 한다. 대표적인 예가 중앙아시아의 고려인高麗人이다. 이들은 옛 소비에트 연방 붕괴 이후 독립 국가 연합 전체에 거주하는 한민족으로, 흔히 '까레이스키'라고 불린다. 1937년에 소련의 스탈린은 36,422가구, 171,782명의 고려인을 124개의 기차에 태워져 강제로 이주시켰다. 이들은 기독교인이 아니었지만 한민족이라는 이유로 초기 한국 선교사들의 정착과 사역을 도왔다. 한국교회가 중앙아시아에서 성공적인 사역을 감당할 수 있었던 것은 바로 이들 고려인 디아스포라의 도움이 있었기 때문이다.

게다가 전 세계에 흩어져 있는 디아스포라가 선교동력화 된다면 전 세계 복음화에 지대한 영향을 미칠 것이다. 이들은 이미 언어와 문화에 익숙한 사람들이다. 한국 선교사가 선교지에 나가서 제2의 언어를 배우고 문화를 배우는 것보다 디아스포라 교회의 젊은 자원이 선교에 대한 사명감을 가지고 헌신한다면 매우 효율적으로 사역할 수 있다. 근대 개신교 선교운동을 크게 해안선 선교시대, 내지선교시대, 미전도 종족 선교시대로 구분하는데, 지금은 바야흐로 선교의 네 번째 시기, 이주민/디아스포라 선교시대이다.

## 3. 세속화 Secularization

'세속'secular이라는 말은 라틴어 '새쿨룸' *saeculum*에서 유래한 단어로,

'현 시대'를 의미한다. 즉 한 사회가 전통적인 종교에서 벗어나 영적으로 타락하고 비신앙화 되는 것을 말한다. 서구사회에서 '세속화'世俗化, secularization는 주로 탈脫기독교화를 뜻한다. 17,18세기 계몽주의가 등장하기 이전에는 진리와 가치를 구분하지 않았다. 기독교의 영향력이 막강했던 그 시대에는 기독교는 진리였다. 그래서 종교는 가치가 있었다. 그러나 계몽주의의 영향으로 인간의 합리적 이성과 과학기술이 발달하면서 진리와 가치를 구분하기 시작했다. 거기에 기독교가 힘을 잃어가면서 교회와 성경적 세계관은 붕괴되기 시작했다.

사람들은 점차 신앙을 버리고 교회를 떠나기 시작했다. 교회가 교회답지 못하고 세상의 소금과 빛이 되기보다 이제는 오히려 세상을 닮아가고 있다. 마태복음 5장 13절은 "너희는 세상의 소금이니 소금이 만일 그 맛을 잃으면 무엇으로 짜게 하리요 후에는 아무 쓸 데 없어 다만 밖에 버려져 사람에게 밟힐 뿐 이니라"고 경고한다. 교회의 분명한 정체성을 말하고 있는 것이다. 그런데 세상은 점점 세속화 되고, 교회는 제 기능과 역할을 발휘하지 못하고 있다. 하나님의 거룩함을 드러내며 세상을 구원해야 할 교회가 그 본질적 사명을 다하지 못하고 복음의 가시적 능력을 상실하였다. 죄로 물든 인간 세상은 하나님을 멀리하고 더 큰 죄악을 탐닉한다.

세상이 이렇게 세속화 되어가면서 사회는 점차 문화의 다원화 내지는 종교다원주의로 치닫고 있다. 사회학자인 피터 버거Peter L. Berger도 현대사회가 세속화secularization, 사사화privatization, 다원화pluralization의 흐름으로 전환되고 있다고 말한다. 사회의 세속화와 함께 믿음이 개인적인 영역에만 국한되는 사사화로 인해 기독교의 영향력은 점차 축소되고 있다. 또한 사회가 다원화 되면서 기독교 구원의 절대성조차 그 힘을 잃어가고 있다.

## 4. 인구변화

선교에 영향을 미치는 요소 중에 하나는 바로 인구변화이다. 전 세계 인구는 그동안 폭발적으로 증가했다. 2000년 전 예수님 활동 당시 전 세계 인구는 약 2억 명 정도였다. 그런데 현재 전 세계 인구는 76억 명을 넘어섰다. 1960년에 30억 명이었던 인구가 1999년 중반에 60억 명이 되었다. 불과 39년 만에 전 세계 인구가 두 배로 성장한 것이다. 이 인구는 꾸준히 증가하여 2050년경에는 90억을 돌파할 것으로 예상한다.

이 인구증가는 기독교 선교와 매우 밀접한 관계가 있다. 인구증가와 불신자의 증가가 서로 비례하기 때문이다. 그동안 급성장 하던 전 세계 인구는 1970년부터 핵가족화로 인해 속도가 점점 둔화되는 추세이다. 그러나 문제는 비기독교 국가에서는 여전히 인구가 폭발적으로 증가하는 반면, 기독교 국가였던 서구 유럽의 인구성장 속도는 정체되거나 오히려 감소하고 있다는 점이다. 기독교 국가의 인구증가가 전 세계 복음화 비율을 높이는 것은 아니다. 하지만 기독교에 대해 적대적이거나 선교가 어려운 지역에서의 인구증가는 전 세계 복음화에 지대한 영향을 미칠 수밖에 없다. 2050년에 인구성장은 주로 무슬림 지역이나 아프리카에서 일어날 것이며, 2100년까지 아프리카와 아시아의 무슬림국가 인구가 급격히 성장할 것이다.[20] 무슬림 인구의 성장은 주로 높은 출산율과 이민에 의한 것이다. 그럼에도 불구하고 이슬람의 성장은 21세기 정치, 경제, 사회는 물론 영적으로도 기독교 선교에 가장 큰 도전이 될 것이다.

---

[20] Patrick Johnstone, 「세계교회의 미래: 세계 복음화의 역사와 동향, 새로운 도약의 가능성」 (서울: IVP, 2013), 17. 2050년이 되면 유럽 인구의 17%는 무슬림이 될 것이다.

〈도표 3〉 세계인구 증가(1950-2050)[21]

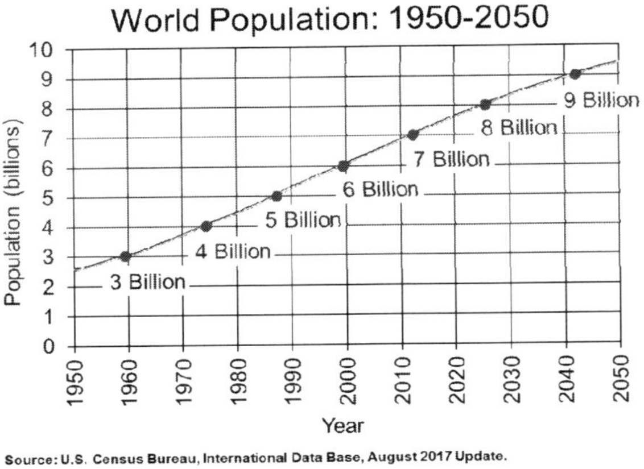

World Population: 1950-2050

〈도표 4〉 세계인구 변화[22]

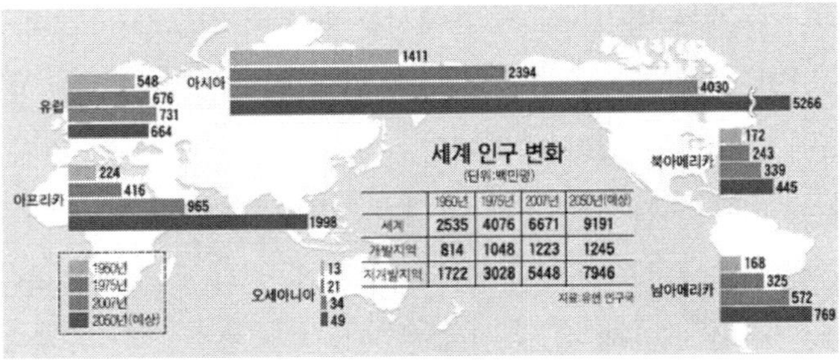

## 1) 도시화

UN은 100-500만의 인구를 가진 도시를 메가시티maga-city, 500-

---

21) "World Population: 1950-2050" [온라인 자료] https://www.researchgate.net/figure/Projected-global-population-growth-through-to-2050-source-Us-census-Bureau_fig1_320681575, 2018년 12월 12일 접속.

22) "유엔 '2050년엔 세계 인구 92억 명,'" [온라인 자료] https://news.joins.com/article/2662246, 2018년 12월 11일 접속.

1000만은 슈퍼시티super-city, 1,000만-2,000만은 슈퍼자이언트시티super-giant city, 2,000만 명 이상을 메타시티meta-city로 구분한다. 그런데 최근 이 메타시티가 점점 증가하고 있다. 1950년까지 전 세계에서 1,000만 이상의 인구를 가진 도시는 뉴욕과 도쿄 두 개 뿐이었다. 그러나 1980년에는 10개, 2000년에는 19개로 증가하더니, 이제는 인구 2000만이 넘는 거대도시들이 들어서기 시작했다. 중국에 100만 명 이상의 도시가 40여 개나 된다. 전 세계가 이렇게 도시화 되면서, 전 세계의 미전도 종족들이 점차 도시로 몰려들고 있다.

1800년에 약 3% 정도였던 도시인구가 2007-2008년에는 과반을 넘어섰고, 2100년도에는 90%를 넘어설 것이다.[23] 1950년대 도시인구 비율은 30%(7억 4,600만 명) 정도였는데, 지금은 전 세계 인구의 약 55%가 도시에 산다. 2030년에는 그 비중이 60%를 차지할 것이다. 이처럼 늘어나는 도시 인구의 90%는 아시아와 아프리카 도시들, 특히 인도는 4억 400만 명, 중국은 2억 9,200만 명, 나이지리아는 2억 1,200만 명이 늘어날 것으로 예상한다. 이러한 도시화 현상으로 인해 사회는 점점 세속화되고, 사람들은 영적공황과 가치관의 혼돈을 경험하고 있다. 아래의 도표가 전 세계의 도시화 현상을 보여준다.

〈도표 5〉 도시유형[24]

| 도시유형 | 2000년 | 2025년 | 2050년 |
| --- | --- | --- | --- |
| 메타시티(meta-city) | 1 | 9 | 23 |
| 슈퍼자이언트시티(super-giant city) | 20 | 24 | 46 |
| 슈퍼 시티(super-city) | 26 | 50 | 91 |
| 메가시티(mega-city) | 357 | 521 | 805 |

23) Johnstone, 「세계교회의 미래」, 20.
24) Ibid.

〈도표 6〉 도시 인구의 증가(International Bulletin of Mission Research)

| 구분/년도 | 1800 | 1900 | 1970 | mid-2000 | 2018 | 2025 |
|---|---|---|---|---|---|---|
| Metropolises(10만 이상) | 40 | 300 | 2,400 | 4,050 | | 6,500 |
| Megacities(100만 이상) | 1 | 20 | 144 | 361 | 533 | 616 |
| 도시거주자 | 3,600만 | 2.32억 | 13.5억 | 28.6억 | 42.2억 | 47.2억 |
| 빈민굴 거주자 | | 2,000만 | 2.6억 | 7억 | 12.7억 | 16억 |
| 도시화율(%) | 4 | 14.4 | 36.6 | 46.6 | 55.5 | 58 |

### 2) 고령화

유엔UN은 65세 이상 인구가 전체 인구의 7% 이상이면 '고령화 사회,' 14% 이상은 '고령사회,' 20% 이상을 '초고령사회'로 분류한다. 그리고 2025년이 되면 전 세계인구 80억 명의 11.3%가 고령층에 해당할 것이라고 예측한다.

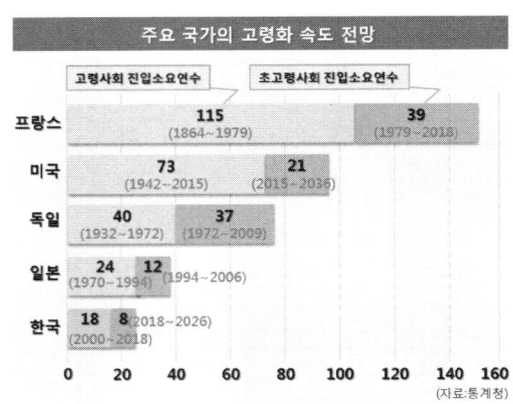

한국은 고령화 사회로 진입하는 시점은 늦었지만 고령화 속도는 가장 빠른 나라이다. 2000년도에 노인인구가 7%를 넘어서면서 고령화 사회로 진입했는데, 불과 18년 만에 고령사회가 되었다. 옆의 도표는 세계 주요국가의 고령화 속도를 보여준다.

〈도표 7〉 주요 국가의 고령화 속도 전망[25]

---

25) 고령화 친화산업지원센터, "(100세시대) 초고속 고령화. '재앙'이 몰려온다" [온라인 자료] https://www.khidi.or.kr/board/view?linkId=125949&menuId= MENU00291, 2018년 12월 17일 접속.

위의 표가 보여 주듯이 한국은 프랑스, 미국, 독일, 일본에 비해 엄청나게 빠르게 고령화 되고 있다. 전 세계의 고령화를 부추기는 가장 큰 이유는 바로 출산율이다. 그동안 기독교 국가였던 북미 유럽의 인구가 출산율의 하락으로 급격히 감소하였다. 이것은 전 세계적인 현상이다. 특별히 최근 사회적 이슈가 되고 있는 동성애 문제 역시 전 세계의 인구감소를 부추길 것이다.

## 5. 경제적 요인

1930년대에 시작된 세계 경제위기 이후로 많은 변화가 일어났다. 북아메리카, 유럽, 아시아의 부유한 나라가 전 세계 자산의 약 87%를 차지하고, 나머지 나라의 자산은 전체의 약 13% 밖에 되지 않는다. 세계에서 부유한 10%의 인구가 전 세계 총 자산의 85%를 차지하고 있는데, 그 중에서도 상위 5%가 전체의 50%에 달하는 자산을 소유하고 있다. 그에 반해, 전 세계에서 가장 가난한 50% 인구의 자산은 겨우 1% 정도이다. 세계화의 물결이 전 세계 부(富)의 흐름을 아시아의 신흥 산업국으로 급속히 흘려보내고 있다.[26]

이러한 상황 속에서도 극심한 '빈익빈 부익부'貧益貧 富益富 현상을 보이면서 빈민의 인구는 급속한 속도로 증가한다. 2018년 IBMR의 통계에 따르면, 전 세계에 약 24억 2천만 명의 도시 빈민이 살고 있다. 그들의 상당수는 절대빈곤층이다. 절대빈곤층은 하루 1.25달러, 매달 38달러로 살아가는 사람으로 연령대로 보면 어린아이가 가장 많고, 지역별로는 아프리카, 남아시아, 동아시아 순으로 북미 유럽은 다소 적은 편이

---

26) Patrick Johnstone, 「세계교회의 미래: 세계 복음화의 역사와 동향, 새로운 도약의 가능성」, 26.

다. 이런 빈곤의 문제와 경제상황은 선교의 방향과 내용을 정하는데 매우 중요한 요인이 된다. 이들 대부분이 미전도 종족이고, 질병, 빈곤, 기아 등으로 복음을 들을 수 없는 상황에 처해 있기 때문이다.

## 6. 사회 환경적 요인

### 1) 대형 자연재해

최근 몇 년간 발생한 지진, 허리케인, 홍수, 가뭄, 산사태 등의 자연재해로 인해 전 세계적으로 엄청난 인적·경제적 손실이 발생했다. 벨기에 루뱅Louvain 대학의 재난역학연구센터Center for Research on the Epidemiology of Disasters는 2017년에 전 세계 122개국에서 318건의 자연재해가 발생해 9,503명이 사망하고 9,600만 명에게 영향을 미쳤으며, 이로 인한 재산피해는 3,140억 달러(약 3,360조원)에 달한다고 보고했다.[27] 이 통계에 따르면, 2007년부터 2016년까지 평균 354건의 자연재해가 발생해, 68,302명이 사망하고 2억 1,000만 명에게 영향을 미쳤으며, 재산 피해는 1,530억 달러였다. 특별히 전 세계 자연재해의 43퍼센트는 아시아에서 발생했으며, 그중에서도 중국이 가장 큰 피해를 입은 것으로 나타났다.[28] 이런 자연재해는 도시화와 세계화의 과정에서 더욱 증가할 것이다.

---

27) UCL, "'Natural disasters in 2017: Lower Mortality, Higher Cost'," *Cred Crunch*, vol. 50 (March 2018), 1. [온라인 자료] http://www.cred.be/publications, 2018년 5월 25일 접속.

28) Ibid.

## 2) HIV/AIDS 및 질병

유니세프UNICEF의 보고에 따르면, 전 세계 HIVHuman Immunodeficiency Virus, 인체면역결핍 감염자는 3,650만 명이며, 그 중에서 15세 미만의 어린이는 210만 명이다. 2016년에만 전 세계에서 약 12만 명의 어린이들이 에이즈Acquired Immune Deficiency Syndrome, 면역결핍증후군 관련 질병으로 사망했다. 그런데도 15세 미만은 16만 명, 15세에서 19세까지의 청소년 중에서는 26만 명이 새롭게 HIV에 감염되고 있다. 이 에이즈는 아프리카 청소년들의 가장 큰 사망원인이며, 전 세계 청소년의 사망원인 2위이다.29) 2016년 기준, 18세 미만 어린이 1,650만 명이 에이즈로 한 명 이상의 부모를 잃었으며, HIV에 감염된 임산부는 전 세계 140만 명이었다.30)

세계보건기구WHO가 분류하는 전염병의 등급은 총 6단계이다. 1단계인 감염성 질환부터 6단계인 판데믹Pandemic, 범 유행 단계까지 있다. 최근 의학이 발전하고 백신 기술이 발전하고는 있지만 원인을 알 수 없는 전염병이나 변종 바이러스는 전 세계적으로 엄청난 공포로 다가온다. 게다가 교통과 통신의 발달로 인해 이러한 전염병의 전파속도는 과거에 비해 엄청나게 빨라졌다. 그래서 세계보건기구는 21세기를 '전염병의 시대'라고 규정하기도 했다.

유엔 에이즈UNAIDS의 발표에 따르면, 부모 중 어느 한쪽을 잃은 18세 미만의 아동이 약 1억 5,300만이라고 한다.31) 대륙별로는 아시아 7,140

---

29) "에이즈," [온라인 자료] http://www.unicef.or.kr/active/business_hiv.asp, 2018년 7월 14일 접속.
30) Ibid.
31) Department of Economic and Social Affairs, "International Migration Report 2017," [온라인 자료] http://www.un.org/en/development/desa/

만 명, 아프리카 5,900만 명, 라틴 아메리카 980만 명 등이다.32) 고아가 발생하는 주요 원인은 바로 전쟁, 내전, 자연재해, 질병 등이다.

### 3) 이민과 난민의 증가

2017년 국제 이주자는 2억 5,800만 명이었다.33) '국제 이주자'란 출생국이 아닌 다른 나라를 거주하고 있는 사람이다. 2017년 기준 전 세계 60% 이상이 아시아(8,000만 명)와 유럽(7,800만 명)에 살고 있고, 그 다음으로 미국에 5,800만 명, 아프리카에 2,500만 명, 라틴 아메리카와 카리브해에 1,000만 명, 오세아니아에 800만 명이 살고 있다. 국제 이민자의 삼분의 이에 해당하는 67퍼센트가 20개국에 거주하는데, 가장 많은 이민자가 사는 나라는 미국으로 약 5,000만 명에 이른다.

국제 이민의 원인은 여러 가지가 있을 수 있다. 가장 커다란 원인 중의 하나는 정치, 경제적인 이유이고, 다른 하나는 종교적인 이유이다. 전 세계가 세계화 되면서 사람들은 더 좋은 삶을 위해 자신들의 고향과 터전을 자발적으로 떠난다. 모든 이민이 자발적으로 이루어지는 것은 아니다. 때로는 정치적, 종교적 탄압과 핍박을 피해 어쩔 수 없이 자신들의 나라와 고향을 떠나야 하는 경우도 있다. 이러한 현상은 기독교 선교의 입장에서 볼 때 매우 중요한 기회이다. 이들이 거주

---

population/migration/publications/migrationreport/docs/MigrationReport2017_Highlights.pdf, 2018년 7월 14일 접속.
32) 세계고아의 날, "세계고아현황" [온라인 자료] http://www.iwod.org/sub/sub02_02.asp, 2018년 5월 25일 접속.
33) United Nations, "International Migration Report 2017: Highlights," *Department of Economic and Social Affairs* (2017): 4.

하고 있는 해외가 선교 사역과 선교기지화의 장(場)이 될 수 있기 때문이다.

그러나 한편으로 국제이민이 기독교 선교에 꼭 긍정적인 것만은 아니다. 왜냐하면 이런 선교의 기회가 타종교인에게도 동일하게 주어지기 때문이다. 힌두나 무슬림 디아스포라는 물론이고 전 세계에 퍼져 있는 중국 화교들과 피난민들은 21세기에 기독교 선교의 기회이면서, 또 하나의 도전이다. 이들이 가는 곳에는 그들의 문화와 더불어 종교도 함께 따라가기 때문이다. 우리나라에도 약 220만 명에 달하는 이주민이 산다. 2050년이면 국내 디아스포라의 인구는 800만 명 내지는 1천만 명에 달한다고 예상한다. 이들은 한국교회의 선교에 있어서 커다란 기회이다. 그러나 거꾸로 한국교회가 수행하는 전 세계 복음화에 커다란 위협과 장애가 되기도 한다. 한국교회는 한인디아스포라 뿐만 아니라 국내 이주자들에 대한 체계적이고 효율적인 선교전략을 모색해야 한다.

## 7. 정치적인 요소

케네쓰 스콧 라토렛Kenneth Scott Latourette은 19세기를 "위대한 진보의 시기"라고 칭했다. 기독교 선교는 서구 제국주의의 팽창과 함께 진행되었다. 그러나 제2차 세계대전의 종식과 함께 서구 제국주의가 종결되면서 선교에 있어서도 커다란 변화가 일어났다. 냉전 종식과 함께 전 세계가 다극화되고 예측 불가능해졌기 때문이다. 특별히 공산주의가 붕괴되고 여러 민족이 독립투쟁을 일으키면서 선교의 문이 열리는 긍정적 역할을 한 것이 사실이다. 그러나 반대로 미래에 대한 불확실성으로 인해 전 세계의 선교현황을 예측하기 어렵게 만들었다. 또한 기독교권, 이슬람권, 중화권 등의 문명 간 충돌이 심화되고, 경제적 신자유주의, 정치적 신보수주의, 종교적 근본주의, 그리고 국수적 민족주의가 등장하면서 선교에 커다란 영향을 미치고 있다. 1989년 통계에서는 119개 국가가 선교사의 입국을 금하거나 제한하였는데, 2000년에는 139개국, 그리고 2020년에는 170개국으로 늘어날 것으로 전망한다.

### 1) 민족주의의 부상과 종교적 박해

일반적으로 한 사회가 오랜 시간 축적해 온 전통적 신념과 가치가 위협을 받게 되면 자신들의 종교적 헌신을 강화하는 경향이 있다.[34] 종교적 근본주의는 서구 주도의 세계화에 대한 정면도전이다. 이들은 세계화가 서방세계로 하여금 세계경제를 주도하게 만들 것이며, 기독교와 계몽주의 철학에 근거한 서구문명은 거룩한 땅 아시아에 세속주의를 확산시켜나갈 것이라고 주장한다. 전 세계적으로 대두되고 있는 종교적 근본주의와 세속주의 정치권력의 대립은 기독교 선교에 커다란 영향을 미칠 것이다.

전 세계에서 일어나고 있는 민족주의의 부흥은 기독교에 대한 박해로 이어졌다. 지금까지 239개 국가에서 약 7,100만 명이 기독교의 복음을 위해 순교했다. 그리고 2018년 기준 지난 10년간 약 900,000명이 순교했다. 이 기독교 박해는 75개 국가에서 발생하고 있으며, 이 외에도 151개 국가는 기독교에 대해 적대적이다. 대표적인 박해국가로는 북한, 아프카니스탄, 소말리아, 수단, 파키스탄, 에리트리아, 리비아, 이라크, 예멘, 이란 순이다. 1위부터 10위까지의 박해순위 국가를 보면 북한을 제외한 모든 나라가 이슬람 국가이다. 현재 약 8억 명의 그리스도

---

[34] Jean-Paul Carvalho, "A Theory of the Islamic Revival," *Department of Economics Discussion Paper Series*, no. 424 (March 2009): 11.

인들이 박해를 경험하고 있으며, 2억 1천 5백만 명은 높은 수준의 박해를 경험하고 있다. 2007년에 그 인구가 1억 명이었다는 것을 고려해 볼 때, 기독교 박해는 이후에도 지속될 것으로 예상된다.

### 2) 분쟁과 전쟁

한국위기관리재단에 따르면 2017년에만 58개국에서 1,978건의 테러가 일어나 8,299명이 사망했다고 한다. 이처럼 최근 들어 전쟁과 테러로 인한 민족적, 종교적 갈등이 심해지고 있다. 과거에도 테러가 없었던 것은 아니다. 하지만 21세기 들어서면서 테러는 범세계적인 이슈가 되었다. 인류가 지난 5,500여 년간 치룬 작은 규모의 전쟁은 1만 4,500여 번이며, 사망자 수만 36억 명이 넘는다. 1900년에서 1941년 사이에 24번의 국제적 전쟁과 내전이 있었다. 1945-1969년에는 100여 차례 전쟁이 발생했고, 2000-2008년 사이에는 74개의 전쟁과 전투가 있었다. 특별히, 1815년과 1976년 사이에 827건의 분쟁이 있었는데, 그 중에 21건은 19세기에, 610건은 20세기에 일어났다. 주요 분쟁지역은 1960년에 10곳에서 2000년에 38곳으로 증가하였고, 2014년도에는 105곳이 되었다. 2차 세계대전 이후 150-200여 회의 분쟁이 있었고, 이로 인해 군인 사망자는 720만 명, 민간인까지 합치면 1차 대전 당시 사망한 840만을 넘어선다. 분쟁으로 인한 사망자의 90%가 민간인이며, 그 중 77%는 아프리카에서 발생했다.

## 8. 종교적인 요인

세계화로 인해 신자유주의와 같은 공통적 가치와 규범이 확산되고,

종교의 사회적 영향력은 점차로 커졌다.35) 19세기 말까지 종교는 쇠퇴하고 과학이 그것을 대치할 것이라는 예견과는 달리 세계는 과거 어느 때보다 더 종교에 대한 필요를 느끼게 되었다.36) 세계화로 인해 사람들이 문화의 다양성을 인식한 것까지는 좋았지만, 한걸음 더 나아가 종교다원주의가 되어버린 것은 심각한 문제가 아닐 수 없다.

### 1) 타 종교의 성장

21세기에 접어들면서 사람들은 과거 어느 때보다 더 깊은 영적인 갈증을 느끼게 되었다. 사람들은 이런 갈증을 해소하기 위하여 기독교 이외에도 여러 가지 종교를 찾게 되었다. 따라서 21세기에는 과거 어느 때보다도 더 강력한 기독교 선교의 라이벌이 존재하게 된 것이다. 엎친 데 덮친 격으로 사람들은 자신의 문제를 해결해줄 수만 있다면 어떤 종교든지 상관이 없다는 생각을 받아들였다. 절대적 권위를 인정하지 않는 포스트모더니즘이 사람들로 하여금 이런 다원주의적 사고를 하게 만든 것이다. 진리는 하나가 아니라 여러 개라는 것이다. 이런 다원주의 사상은 사람들로 하여금 초월적인 윤리나 진리의 추구보다는 종교성만을 강조하게 만들었다. 그 결과 세계의 주요종교는 계속해서 성장해 갔다. 지난 100년간 각 종교의 성장추세는 다음과 같다.

---

35) 김성건, "세계화와 이슬람 근본주의 및 부흥운동," 「한국종교학회」, 제31집 (2003년 6월): 119.

36) Robert N. Bellah, *Beyond Belief: Essays on Religion in a Post-Traditional World* (New York: Harper & Row, 1970), 238.

〈도표 8〉 세계 종교인구 변화

(단위: 억)

| 종교/년도 | 1900 | 1990 | 2000 | 2018 | 1990-2000 | 1900-2000 |
|---|---|---|---|---|---|---|
| 기독교 | 5.58 | 17.47 | 19.99 | 25.07 | 14.5% | 358.4% |
| 이슬람 | 1.99 | 9.62 | 11.88 | 18.2 | 23.5% | 594.0% |
| 힌두교 | 2.03 | 6.86 | 8.11 | 10.43 | 18.2% | 399.5% |
| 불교 | 1.27 | 3.23 | 3.59 | 5.32 | 11.5% | 283.5% |
| 무교 | 0.03 | 7.07 | 7.64 | 8.38 | 8.1% | 25,366% |

지난 100동안 전 세계 인구 성장률은 376.0%였는데, 위의 도표에서 보는 것처럼 이슬람의 성장률은 600%에 육박한다. 게다가 이슬람의 배가시간doubling time이 기독교의 2배가량 빠르다. 무슬림의 인구는 100년 전에 전 세계인구의 12.3%에 불과했지만, 20세기에는 21.1%로 급성장했다. 이슬람이 이렇게 성장한 원인은 1970년대 시작된 이슬람의 르네상스, 호메이니의 이슬람혁명, 근본주의 이슬람의 성장 등 여러 가지이다. 그러나 이슬람 성장의 가장 큰 이유는 출산에 의한 자연증가와 이민에 의한 성장이다.

최근에는 이슬람뿐만 아니라 전 세계 주요종교에 지각변동이 일어나고 있다. 불교나 힌두교의 인구도 적극적인 포교활동을 통해 빠른 속도로 성장하고 있는 것이다. 이전에는 힌두교는 인도와 스리랑카에, 이슬람은 인도네시아, 중동, 아시아, 북아프리카에, 그리고 불교는 태국, 스리랑카, 미얀마, 베트남 등에만 주로 분포되어 있었다. 그러나 제2차 세계대전 이후 종교의 세계화가 도시 분포의 판도를 바꾸어 놓았다. 구소련의 해체로 인한 중앙아시아 국가의 독립, 이민과 난민의 증가, 디아스포라 등으로 인해 이제 이들 종교는 한 지역이나 나라만의 종교가 아니다. 이렇게 세계가 종교시장화 되면서, 이제는 모든 종교가 모든 나라에서 각축을 벌이며 성장하고 있다.

## 2) 서구 교회의 급격한 쇠퇴와 선교의 후퇴

전 세계 모든 나라에서 모든 종교가 성장을 하고 있는 반면, 기존의 기독교 국가였던 서구교회는 급격히 쇠퇴하고 있다. 지난 50년간 유럽 내 교회가 지속적으로 몰락하고, 기독교 인구는 급격히 고령화되었다.[37] 유럽의 많은 교회가 술집이나 스케이트보드 연습장, 슈퍼마켓, 서점, 체육관, 꽃가게 등 상업 용도로 전환되거나 모스크 혹은 불교사원으로 매각되고 있다. 유명 개혁주의 신학자를 많이 배출한 네덜란드의 경우 지금까지 1,000여 개 이상의 교회가 문을 닫았으며, 덴마크나 독일도 상황은 마찬가지이다.[38] 프랑스는 이미 무슬림 인구가 전체 인구의 10%를 넘어섰다. 이처럼 대부분의 유럽 국가에서 이슬람 인구가 급증하고 있다. 전 세계에서 가장 선교사를 많이 파송한 미국도 예외는 아니다. 통계에 따르면, 2000년에서 2010년 사이에 미국 내에서 5천 개의 교회가 새롭게 세워졌지만 교회 출석수는 3%가 감소했다.[39] 이런 추세가 지속된다면, 2032년에는 서구 교회가 모두 문을 닫게 될 것이다.[40]

## 3) 종교 다원주의와 포스트모더니즘

---

[37] "유럽 교회 붕괴 가속도… '남의 일 아니다'." 「중앙일보」, 2015년 1월 14일 [온라인 자료] https://news.joins.com/article/16927254, 2018년 9월 25일 접속.

[38] Ibid.

[39] Ibid. 미국은 매년 4000개 교회가 문을 닫는다고 한다. kurios M, "종교개혁 500주년, '유럽교회 쇠퇴사'를 배우자!" [온라인 자료] http://www.kuriosm.com/news/articleView.html?idxno=366, 2018년 9월 25일 접속.

[40] John and Sylvia Ronsvalle, "The End of Benevolence? Alarming Trends in Church Giving," *Christian Century* (October 23, 1996): 1012.

21세기 교회가 당면한 가장 큰 문제 중의 하나는 바로 종교다원주의이다. 이것은 기독교가 구원의 유일한 길이 아니며, 모든 종교가 가는 길은 다르지만 동일한 목적지를 향하고 있다고 주장한다. 예수 그리스도 외에는 구원이 없다고 주장하는 복음주의적 기독교를 전면 부인한다. 이런 종교다원주의 사회에서는 어떤 종교도 자기 절대성이나 우월성을 주장할 수 없다. 17, 18세기 까지만 해도 전혀 문제가 되지 않던 것이 계몽주의로 인해 이성이 발전하면서 종교는 더 이상 절대적 진리가 아니라 개인의 가치로 전락해 버렸기 때문이다. 이것이 상대성의 원리와 만나면서 종교다원주의가 되었다.

〈그림 1〉 스와미 비베카난다Swami Vivekananda

종교다원주의 사상에 지대한 영향을 미친 사람은 바로 인도의 스와미 비베카난다Swami Vivekananda다. 그는 1893년 9월 11일 시카고 세계종교회의에서 실천적 베다의 가르침에 대해 연설하였다. 그는 모든 종교를 선善으로 보고 종교적 보편성과 관용성을 강조하였다. 이후 그는 미국과 영국을 순회하면서 종교다원주의 사상을 소개한다. 이 종교다원주의 사상이 현대의 '포스트모더니즘'과 만나면서 기독교 선교는 점점 더 어려워졌다.

## 9. 정보 통신기술의 발달

1990년대에 들어서면서 인터넷과 IT산업의 발달이 선교에도 지대한 영향을 미쳤다. 이제는 소셜 네트워크SNS나 인공위성을 통한 대중전도 및 선교방송이 가능해졌다. 이러한 정보통신기술의 발달과 최근 4차 산업혁명으로 인해 등장한 인공지능의 활용은 선교에 있어서 많은 변화를 가능하게 만들었다.

# 제3장 세계선교의 흐름

## 1. 기독교 구심점의 변화

지난 2천 년 동안 기독교는 전 세계인의 종교가 아니라 서구 백인들의 종교였다. 숫자적으로 보더라도 전 세계 기독교인의 대다수는 서구에 있었다. 그러나 20세기 들어서면서 서서히 변화가 일어났다.

20세기 기독교계에 있어서 가장 큰 변화 중의 하나는 바로 기독교의 중심축이 북반부(서구)에서 남반부(비서구)로 이동했다는 것이다. 1900년도에 전 세계 인구의 10% 정도였던 비서구권의 그리스도인이 지금은 약 2/3로 성장했다. 서구 교회는 지난 30년간 18% 성장했지만, 비서구 교회는 131% 성장했다. 지구촌에 12명의 복음주의 그리스도인이 산다고 가정했을 때, 북미주에 2명, 중남미에 2명, 아프리카에 3명, 아시아에 3명, 그리고 유럽과 태평양에 각각 1명이 살고 있는 셈이다. 다음의 도표는 1800년부터 2000년까지 200년 동안 그리스도인의 비율을 비교한 것이다.

〈도표 9〉 서구/비서구의 성도 수

(단위: 명)

|  | 1800 | 1900 | 1960 | 1970 | 1980 | 1985 | 1995 | 2000 |
|---|---|---|---|---|---|---|---|---|
| 서구 | 99% | 92% | 68% | 64% | 50% | 34% | 28% | 20% |
| 2/3세계 | 1% | 8% | 32% | 36% | 50% | 66% | 72% | 80% |

 기독교의 구심점이 바뀌면서 기독교인의 숫자뿐만 아니라 선교사의 숫자에도 변화가 생긴다. 이제는 비서구권에서 파송된 선교사의 숫자가 서구 선교사보다도 많다. 지난 수백 년 동안 피선교지였던 나라가 이제는 적극적으로 선교사를 파송하기 시작한 것이다.

〈도표 10〉 서구/비서구의 선교사 파송 수

(단위: 명)

|  | 1988 | 1995 | 2000 |
|---|---|---|---|
| 서구 | 85,000 | 111,854 | 136,088 |
| 2/3세계 | 32,924 | 86,490 | 162,360 |

## 2. 역선교Reverse Mission

 한국은 아시아에서 가장 늦게 복음이 전파된 나라 중의 하나이다. 그런 한국에서 교회성장과 선교의 부흥이 일어났다. 2018년까지 한국교회는 170개국에 27,436명의 선교사를 파송하였다. 한국은 이제 미국 다음으로 많은 선교사를 파송한 나라이며, 아시아 국가 중에서는 가장 많은 선교사를 파송한 나라가 되었다.

 그동안 한국선교사는 전략도 없이 무댓뽀로 사역을 했다. 지금도 여전히 구체적인 전략이나 계획 없이 선교하는 경향이 있지만, 특이한 것은 한국 선교사가 들어가면 어떤 모양으로든 교회가 개척되고 성장

한다는 것이다. 한국은 교회나 선교가 부흥할 수 있는 조건이 많지 않지만 하나님께서 강권적으로 성령의 역사를 일으키셨다. 그리고 부족하고 연약한 한국교회와 선교사를 들어 쓰셨다. 얼마 전까지만 해도 선교사를 받았던 Receiving 한국이 이제는 선교사를 가장 많이 파송한 Sending 선교대국이 된 것이다. 놀라운 것은 우리에게 복음을 전해 주었던 서구 유럽과 북미에도 선교사를 파송하고 있다는 것이다. 최근에는 한국교회가 유럽의 재복음화를 위해 힘쓰고 있다. 이런 '역선교'가 세계 곳곳에서 지속적으로 일어나고 있다.

## 3. 중복과 경쟁을 벗어나 협력과 네트워크로

현재 전 세계를 복음화 시킬 수 있는 물적 인적 자원은 이미 충분하다. 그러나 불필요한 중복과 경쟁으로 인해 선교의 '빈익빈 부익부' 현상이 심각하다. 이제는 협력과 네트워크를 통한 자원의 효율적인 재분배가 절실한 시점이다. 현재 전 세계 등록교인의 개인수입은 31조 8,900억 달러인데, 이중 기독교를 위한 헌금은 약 5,690억 달러이다. 교회의 수입은 2,270억 달러, 기독단체와 기관수입은 총 3,420억 달러에 달한다. 이들 자원의 효율적인 사용이 이루어 져야 한다. 이제는 저비용 고효율의 전략이 필요하다. 한국교회와 선교는 비교적 짧은 선교 역사를 가지고 있지만, 그동안 축적된 경험과 노하우를 최대한 활용해야 한다.

비서구 선교가 시대적 사명을 성공적으로 감당하려면 과거의 역사를 거울삼되, 각자가 자신의 장점을 극대화 시키려는 노력이 필요하다. 한국의 삼성전자는 축적된 전자산업의 노하우를 학습한 후 '플러스 알파' Plus α 를 했기 때문에 IT산업의 최강자가 될 수 있었다. 한국 선교사도 새로운 전략 보다는 과거의 선교유산을 학습하고 자신에게 맞는 최선의 전략을 개발해야 한다. 그리고 중복과 경쟁이 아닌 협력과 네트워크를 통해 선교해야 한다. 선교현장에서는 '베스트 전략'Best Strategy도 필요하지만, '유니크 전략'Unique Strategy이 더 효과적일 수 있다. 선교는 그리스도의 몸 된 교회가 서로 연합하여 '시너지 효과' Synergy Effect를 내야하는 것이다.

선교는 또한 미래를 예측하고 그에 맞는 준비를 해야 한다. "잇사갈 자손 중에서 시세를 알고 이스라엘이 마땅히 행할 것을 아는 우두머리가 이백 명이니 그들은 그 모든 형제를 통솔하는 자였다"(대상 12:32). 한국교회는 세상을 알고 교회가 마땅히 행할 것을 아는 지도자가 필요하다. 급변하는 선교현장을 정확히 파악해야하기 때문이다. 사람이 미래를 예측하기란 쉽지 않다. 때로는 그것이 위험한 일이 될 수도 있다. 2004년에 아시아에서 일어난 쓰나미, 유럽 공산주의의 붕괴, 중국의 부상, 세계 종교의 변화 등을 아무도 예측하지 못했다. 그러나 과거와 현재의 선교현황을 토대로 미래를 예측하고 그에 맞게 대처해 나아갈 수는 있다. 물론, 이 모든 것은 하나님의 말씀과 그 분이 주시는 지혜로 해야 한다. 그렇기 때문에 한국교회는 "모든 사람에게 후히 주시고 꾸짖지 아니하시는 하나님께 구해야" 한다(약 1:5).

### 적용과 실천을 위한 토론

1. 전 세계에는 아직도 수많은 '미전도 종족'이 존재한다. 그 이유가 무엇이라고 생각하는가?

2. 전 세계 복음화를 지연시키는 요인 중 가장 큰 원인은 무엇이라고 생각하는가?

3. 선교는 급변하는 세상에 불변의 복음을 전파하는 것이다. 그렇기 때문에 고정된 과녁이 아니라 움직이는 과녁을 쏘아서 맞혀야 하는 사역이다. 이런 급변하는 세상에서 효과적으로 선교하기 위해서 우선적으로 준비해야 하는 것은 무엇이라고 생각하는가?

4. 전 세계 복음화를 위한 한국교회의 과제는 무엇이라고 생각하는가?

5. 4차 산업혁명은 기독교 선교에 어떤 영향을 미칠 것이라고 생각하는가?

## 제3부
# 선교의 성서적 기초

제1장 왜 선교가 성경에 기초해야 하는가?

제2장 성경과 선교

# 제3부

# 선교의 성서적 기초

## 제1장 왜 선교가 성경에 기초해야 하는가?

오늘날 세계의 수많은 사람이 기독교 선교에 대해 적대적이다. 선교사는 정치적으로는 분열을 조장하고, 종교적으로는 독선적인 제국주의자로 간주된다. 때로는 민족문화의 결속을 약화시키기 때문에 전통문화와 관계의 파괴자로 불린다. 선교사가 복된 소식을 전한다고 하지만, 그것이 오랜 세월 그 땅 가운데 살고 있던 사람 모두에게 기쁜 소식은 아니다. "천하사람 중에 구원을 받을 만한 다른 이름을 우리에게 주신 일이 없다"(행 4:12)는 메시지 자체에 불쾌감을 드러내는 타종교인도 많다. 그들은 예수님을 몰랐지만 수천 년 동안 아무런 문제없이 살았다. 무슬림은 우리가 선교의 근거로 제시하는 성경말씀이 역사의 과정 속에서, 그리고 번역의 과정에서 왜곡되거나 변질되었다고 믿는다. 힌두교도들은 모든 종교를 통해 구원받을 수 있다고 주장한다. 이들에게 기독교는 그저 편협하고 오만한 종교일 뿐이다. 이런 극단적이고 다원주의적인 양 극단의 세상 속에서 교회는 계속 선교해야 하는가? 세상의 불신과 거부를 감내하면서까지 세상에 복음을 전하고 삶을 드려야 하는 이유가 무엇인가? 이 질문에 답하려면 선교의 근거가 무엇인지 명백히 알아야 한다.

## 1. 선교의 당위성

선교가 자기 백성들을 향하신 하나님의 분명한 뜻이라는 확신이 있을 때, 우리는 이 일을 지속해 나갈 수 있다. 교회역사상 성경의 권위에 대한 그리스도인의 신뢰와 세계복음화에 대한 그들의 헌신은 언제나 비례했다. 성경은 하나님이 인간을 창조하시고, 타락한 인간을 구원하시기 위해 무엇을 어떻게 하셨는지 잘 보여준다. 그렇기 때문에 성경이 선교에 대해서 무엇을 말하고 있는지 살펴야 한다. 왜냐하면 선교의 근거가 바로 성경이기 때문이다.

## 2. 선교의 성경적 근거

1980년 태국의 파타야Pattaya에서 열린 세계복음화 협의회에서 존 스토트John R. W. Stott는 "성경이 없이는 세계복음화란 불가능할 뿐더러 생각할 수조차 없는 일이다. 세계복음화의 책임을 부여하고 있는 것이 성경이고 선포해야 할 복음을 주고 있는 것이 성경이며, 그 복음을 선포해야 할 방법을 보여주고 있는 것도 성경이며, 모든 믿는 자를 구원시키는 하나님의 권능을 약속해 주는 것도 성경이다"라고 주장했다.[41]

첫째, 성경은 전 세계를 복음화 하라는 명령을 우리에게 준다. "하나

---

41) Roger S. Greenway, *Go and Make Disciples!: Introduction to Christian Missions* (Phillipsburg, NJ: P&R Publishing, 1999), vii-viii.

님이 세상을 이처럼 사랑하사 독생자를 주셨으니 이는 그를 믿는 자마다 멸망하지 않고 영생을 얻게 하려 하셨다"(요 3:16). 하나님께서는 세상을 구원하시기 위해 자신의 독생자 아들 예수를 이 땅에 보내셨다. 예수님은 십자가의 구속사역을 이루시고 승천하시면서 "너희는 가서 모든 민족을 제자로 삼아 아버지와 아들과 성령의 이름으로 침례를 베풀고 내가 너희에게 분부한 모든 것을 가르쳐 지키게 하라"고 명령하셨다(마 28:19-20). 주님의 지상명령은 마태복음 28장 19-20절, 마가복음 16장 15절, 누가복음 24장 47-48절, 요한복음 20장 21절과 사도행전 1장 8절에 명확하게 기록되어 있다. 그 외에도 성경 전체가 선교를 명령한다. 창세기부터 요한계시록까지 성경 전체가 온 열방을 구원하기 원하시는 하나님 아버지의 마음을 이야기 하고 있기 때문이다.

둘째, 성경은 우리가 세상에 전하여야 할 메시지를 담고 있다. 특별히 로마서 1장부터 11절까지 바울은 우리가 전해야 하는 복음의 내용을 이야기 한다. 복음의 핵심은 "성경대로 그리스도께서 우리 죄를 위하여 죽으시고 장사 지낸 바 되셨다가 성경대로 사흘 만에 다시 살아나셨으며"(고전 15:3-4), "오직 의인은 믿음으로 말미암아 살리라"(롬 1:17)는 것이다. 이 구절 이외에도 수많은 곳에서 우리가 전해야 할 복음의 내용과 메시지를 기록한다. 우리는 마태복음 28장 20절의 말씀처럼 예수님께서 우리에게 분부한 모든 것을 세상에 전파하고 가르쳐 지키게 해야 한다.

셋째, 성경은 세계 선교를 어떻게 이룰 것인지 모델을 보여준다. 성경에는 예수님과 사도들 그리고 많은 신앙의 선조가 어떻게 하나님의 말씀에 순종하여 그분의 뜻을 이루어 갔는지를 보여준다. 하나님께서 어떻게 그 속에서 역사하셨는지도 설명한다. 그렇기 때문에 선교는 철저하게 성경에 기초해야 한다. 그리고 성경적인 방법으로 해야 한다.

넷째, 성경은 세계 복음화를 위한 능력을 제공한다. 하나님은 말씀으로 세상을 창조하셨다. 무無에서 유有를 창조하신 "하나님의 말씀은 살아 있고 활력이 있어 좌우에 날선 어떤 검보다도 예리하여 혼과 영과 및 관절과 골수를 찔러 쪼개기까지 하며 또 마음의 생각과 뜻을 판단한다"(히 4:12). 하나님의 말씀이 우리의 삶을 변화시키고, 삶의 목적과 확신도 부여한다. 그리고 우리가 전하는 "복음은 모든 믿는 자에게 구원을 주시는 하나님의 능력"이다(롬 1:16).

성경은 선교의 당위성과 목적, 선교의 내용, 선교의 방법, 선교의 결과까지도 기록하고 있다. 그리고 그 성경이 우리가 세상에 나가서 하나님의 선교사역을 충성되게 감당할 수 있도록 힘을 주고 능력을 제공한다. 그렇기 때문에 선교는 철저하게 성경에 기초해한다.

## 3. 선교의 시작

선교가 언제 시작되었는가? 선교의 시작을 이야기하기 전에 하나님께서 우리를 창조하신 목적을 먼저 살펴보자. 성경 이사야 43장 21절에 보면 "이 백성은 내가 나를 위하여 지었나니 나를 찬송하게 하려 함이니라"고 말한다. 하나님은 우리가 그 분을 찬송하도록 창조하셨다는 것이다. 여기서 '찬송'이란 하나님의 하나님 되심을 인정하고 그 분을 높이 올려 드리는 것이다. 그런데 인간이 하나님께 범죄하고 하나님을 떠나면서 더 이상 그 분을 찬송하지 않게 되었다. 하나님의 창조 목적에 따라 그 분이 홀로 찬양 받으시도록 하려면 선교가 필요하다. 선교는 "온 나라와 족속과 백성과 방언"의 허다한 무리가 모두 하나님 보좌 앞에 엎드려 그 분을 찬양하게 될 때까지 계속되어야 한다. 전 세계에는 아직도 하나님을 예배하지 않는 미전도 종족이 있기 때문이다.

그런데 이 선교는 과연 언제부터 시작된 것인가? 어떤 사람은 오순절 마가의 다락방 사건 이후에 선교가 시작되었다고 말한다. 혹은 주님의 지상명령이 주어진 때나 십자가상에서 복음이 완성된 순간부터 선교가 시작되었다고도 한다. 그러나 만일 선교가 "하나님 나라 밖에 있는 사람들을 하나님의 나라로 인도하여 그 분을 찬송하고 예배하도록 만드는 일"이라고 정의한다면, 선교는 창조 때부터 하나님께서 시작하신 사역이다.

바울은 에베소에서 "나에게 이 은혜를 주신 것은 측량할 수 없는 그리스도의 풍성함을 이방인에게 전하게 하시고 영원부터 만물을 창조하신 하나님 속에 감추어졌던 비밀의 경륜이 어떠한 것을 드러내게 하려 하심이라"고 말한다(엡 3:8-9). 여기서 '영원'이라는 표현을 쓰는데, 이것은 창세부터 하나님의 목적이 선교적이었다는 것을 잘 보여 준다. 하나님은 본질적으로 선교하는 하나님이시다. 그 분의 인간에 대한 역사는 모두 선교적 사건이다.

아서 글래서Arthur F. Glasser는 신약과 구약은 모두 선교적 문서라고 주장하면서, 성경전체를 세 부분으로 나누어 설명한다.42) 창세기 1장부터 11장까지는 보편주의, 12장부터 사도행전 1장까지는 특수주의, 그리고 사도행전 2장부터 요한계시록 까지는 회복된 보편주의라는 것이다(도표 1).

하나님께서 천지를 창조하셨다(창 1:1). 그리고 1장 28절에 문화명령 The Cultural Mandate을 주셨다. "하나님이 그들에게 복을 주시며 하

---

42) Arthur F. Glasser, *Announcing the Kingdom: The story of God's Mission in the Bible* (Grand Rapids, MI: Baker Academic, 2003), 17.

<도표 1> 성경에 나타난 하나님의 구속사

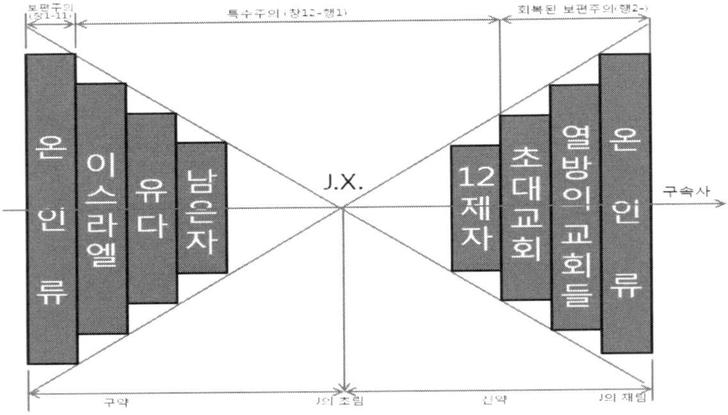

나님이 그들에게 이르시되 생육하고 번성하여 땅에 충만하라, 땅을 정복하라, 바다의 물고기와 하늘의 새와 땅에 움직이는 모든 생물을 다스리라 하시니라." 그러나 이 아담과 하와의 범죄 함으로 인해 이 땅에 죄가 들어오고 인류는 죽을 수밖에 없는 운명이 되었다. 하나님께서는 인류를 구원하기 위한 구원의 계획을 수행하신다.

창세기 12장에서 하나님은 아브라함을 불러내신다. 하나님의 구원 계획은 아브라함을 통해 열방을 구원하려는 것이었다. 특별히 이스라엘 백성을 통해 온 인류를 구원하려고 하셨다. 그러나 이스라엘 백성, 유다지파, 남은 자들조차 배타적이고 독선적인 선민의식에 빠져 하나님의 뜻을 분별하지 못하자 하나님은 이후 400년간 침묵하신다.

신약시대에 이르러 하나님은 침묵을 깨고 자신의 독생자 아들 예수 그리스도를 이 땅에 보내신다. 예수님은 이 땅 가운데서 열 두 명의 제자를 선택하셔서 그들과 함께 동고동락하셨다. 그리고 십자가에 못 박히시고 3일 만에 부활하시고 승천하시면서 지상명령을 주셨다. 이 지상명령을 받은 주님의 제자들이 흩어져 복음을 전하기 시작하면서 초대교회가 생기고 열방의 교회들이 생겨났다. 그리고 땅 끝까지 복음이 전파되는 그날까지 이 하나님의 구속역사는 계속될 것이다.

주님이 이 땅 가운데 성육신하시기 전까지가 구약이고, 그 이후가 바로 신약성경의 이야기이다. 성경은 하나님이 천지를 창조하신 그 순간부터 지금까지, 그리고 다시 오시는 그 날까지 그 분의 사역이 성취되어 가고 있음을 증명하고 있다. 하나님께서 열방을 구원해 가시는 구속의 역사를 보여주는 것이 바로 성경이다. 그래서 성경은 선교사의 책이며, 인간을 향한 하나님의 선교활동을 보여주는 선교사의 책이다.

## 제2장 성경과 선교

### 1. 구약성경과 선교

구약의 선교 개념을 이야기 할 때 가장 큰 논쟁은 구약에 '타문화 전도'라는 관점에서의 선교가 있느냐 하는 것이다. 화란의 선교학자 요하네스 바빙크 J. H. Bavinck도 언뜻 보면 구약에는 선교사상이 없는 것처럼 보인다고 말한다.43) 왜냐하면 구약은 이스라엘의 선민의식을 지나치게 강조하고 있기 때문이다. 또한 구약이 다양한 이방민족과의 피비린내 나는 전쟁과 그들의 멸망을 다루고 있을 뿐, 이방민족을 향한 하나님의 어떤 자비나 축복은 없어 보인다. 구약에서 이방나라는 하나

---

43) J. H. Bavinck, *An Introduction to the Science of Mission*, tr. Davis H. Freeman (Philadelphia: Presbyterian and Reformed Pub. Co., 1960), 11.

님의 구원대상이라기 보다는 오히려 선택된 이스라엘에 대한 끊임없는 위협과 유혹의 대상으로 다루어지고 있기 때문이다.44) 그러나 그는 하나님께서는 이방민족들을 멸망의 운명에 내버려 두신 것이 아니라 끊임없는 하나님의 관심의 대상이었으며, 구약에 기록된 하나님의 계시는 선교개념을 나타내는 어느 정도의 근본적인 원리를 포함하고 있다고 주장한다.45)

구약성경 창세기 12장 1-3절에서 하나님께서 아브라함을 선택하시고 부르신 목적도 본질적으로는 이방민족을 축복하시기 위한 하나님의 도구로서의 선택이었다. 하나님은 당신의 뜻을 이루기 위해 사람들을 사용하신다. 하나님께서는 당신의 백성을 당신의 증인과 종으로 부르신다(사 43:10). 증인은 자신이 본 사실을 말하거나 주인의 메시지를 전달하는 역할을 한다. 또한 종은 주인의 뜻대로 행하는 사람이다. 하나님께서 이스라엘을 부르신 것은 특권이 아니라, 증인과 종으로서 열방을 섬기기 위한 것이었다. 그렇기 때문에 하나님의 선택은 책임의식을 필요로 한다.

### 1) 구약 선교사상의 기초

구약성서를 자세히 연구해 보면 하나님께서는 궁극적으로 이방나라의 장래에 관심을 갖고 계셨다는 사실을 알 수 있다. 화란의 선교학자 요하네스 블라우Johannes Blauw는 구약에 나타난 선교사상에 대해 알지 못하던 때가 있었지만 구약성경은 세계만민에 대한 선교의 의미와 근거를 무시하거나 가볍게 다루지 않는다고 주장한다.46) 리차드 드 리더

---

44) Ibid.
45) Ibid., 11-2.

Richard R. De Ridder 역시 "성경은 처음부터 우주적이고, 세계적이며, 선교적"이었음을 강조한다.47)

구약성경에서 반복하여 가르치는 것이 있는데 그것은 온 세계와 거기 거하는 모든 것이 하나님의 피조물이라는 것이다. 이러한 사실을 바빙크는 "선교의 가장 심오한 근본적 원리중의 하나"one of the most profound foundational principles of the doctrine of the missions라고 보았다.48) 처음에 이스라엘 민족을 구별하신 것도 결국 이방인을 향한 하나님의 관심을 보여주기 위한 것이다. "구별은 하나님의 구원계획에 있어서 필수불가결한 일시적 나눔이요, 하나님의 정한 때에 폐지될 것이다."49) 온 인류를 향한 하나님의 계획은 바뀌지 않는다. 바빙크는 "만일 여호와가 이스라엘과 맺으신 언약으로 이스라엘의 하나님이 되신다면 다른 나라들도 언젠가는 그 언약에 참여하게 될 것"이라고 보았다.50)

구약성경에도 이처럼 선교사상을 담고 있는 표현이 많다. 특별히 하나님께서는 우상을 멀리하고 당신만을 바라보라고 말씀하셨다. 대표적인 구절은 시편 99편 1절 "여호와께서 다스리시니 만민이 떨 것이요." 예레미야 10장 10절 "오직 여호와는 참 하나님이시오 살아계신 하나님이시요 영원한 왕이시라 그 진노하심에 땅이 진동하며 그 분노하심을 이방이 능히 당하지 못하느니라." 시편 24편 1절에는 "땅과 거기에 충만한 것과 세계와 그 가운데에 사는 자들은 다 여호와의 것이로다." 시편 33편 13절 "여호와께서 하늘에서 굽어보사 모든 인생을 살피

---

46) Ibid., 15.
47) Richard R. De Ridder, *Discipling the Nations* (Grand Rapids, MI: Baker Book House, 1975), 14.
48) Bavinck, *An Introduction to the Science of Mission*, 12.
49) Ibid., 13.
50) Ibid., 14.

심이여" 등이다. 구약성경에 해외로 선교사를 파송하거나 타문화권 전도라는 차원에서의 선교개념은 희박하다. 하지만 온 열방을 구원하시려는 하나님의 구심적이고 점진적인 선교개념은 분명하게 드러난다.

## 2) 구약성경에 나타난 하나님의 선교

### (1) 창세기에 나타난 하나님의 선교

창세기의 처음 몇 장은 선교학을 위해 매우 중요한 의미를 가지고 있으며, 구약선교의 출발점이 된다. 창조이야기의 중심은 이스라엘이 아니라 전 인류이다. 하나님께서는 이스라엘 백성들 뿐만 아니라 전 인류에게 보편적인 사랑과 관심을 가지고 계셨다.

우선, 창세기 1장 1절은 선교의 주체가 하나님이심을 선언한다. 하나님은 말씀으로 천지를 창조하신다. 그리고 창세기 1장 27-28절은 선교의 대상인 인간이 어떻게 하나님으로부터 지음을 받았으며 하나님 앞에서 어떤 책임을 감당해야 할 것인가를 가르쳐 주신다. 하나님께서 인간에게 주신 책임은 생육하고 번성하라, 땅에 충만하라, 땅을 정복하라, 다스리라(창1:28), 그리고 경작하며 지키라(창 2:15)는 것이다. 이것을 우리는 '문화명령'이라고 한다.

그러나 인간은 하나님께 범죄한다. 창세기 3장 1-7절은 하나님 앞에서 범죄한 인간의 모습을 보여주고 있다. 하나님께서는 "아담을 부르시며 그에게 이르시되 네가 어디 있느냐"고 질문하셨다(창 3:9). 이어서 하나님 주도의 구속사역이 시작된다. 창세기 3장 15절은 "내가 너로 여자와 원수가 되고 하고 네 후손도 여자의 후손과 원수가 되게 하리니 여자의 후손은 네 머리를 상하게 할 것이요 너는 그의 발꿈치를 상하게 할 것이니라"고 말씀하신다. 이것은 뱀에게는 징벌이지만 아담과 하와에게는 구원의 메시지이다. 사단은 "처음부터 살인한 자"(요 8:44)와 "옛 뱀 곧 마귀라고도 하고 사단이라고도 하며 온 천하를 꾀는 자"(계 12:9)이다. 이런 사단과 원수가 되게 하는 것이야말로 아담과 하와에게는 축복이요 은혜이다. 하나님은 사단이 완전한 패배할 것이며, 여자의 씨에서 탄생하실 그리스도가 사단으로부터 완전히 승리하실 것을 예언하신 것이다(요일 3:8, 계 12:3-9). 이것이 바로 '원시복음'Protoevangelium이다. 이 하나님 주도의 구속사역은 특정 민족이나 국가에만 국한된 것이 아니라 전 세계적이고 온 우주적인 것이다(시 24:1; 47:2, 8; 103:19).

창세기 11장까지는 온 열방의 하나님을 이야기 하지만, 12장부터는 아브라함을 통해 이스라엘을 선택하시는 하나님을 이야기 한다. 하나님은 아브라함을 선택하시고 "땅의 모든 족속이 너로 인하여 복을 얻을 것"이라고 말씀하셨다(창 12:3). 하나님께서는 아브라함이라는 개인에게만 특별히 관심을 가지고 계신 것이 아니라, 그를 도구삼아 땅의 모든 족속이 복 받기를 원하셨다. 하나님께서 아브라함을 선택하신 것 자체가 그 분의 선교적인 목적을 보여주고 있다. 코넬 고어너H. C. Goerner는 이것을 "보편적 섬김을 위한 거룩한 선택의 원리"principle of divine election for universal service라고 말한다.51)

### (2) 출애굽기를 통한 하나님의 선교

출애굽 사건은 하나님의 해방과 구원을 보여주는 전형적인 예이다. 출애굽기 19장 5-6절은 "세계가 다 내게 속하였나니 너희가 내 말을

---

51) H. Cornell Goerner, *All Nations in God's Purpose: What the Bible teaches about missions* (Nashville: Broadman Press, 1979), 24.

잘 듣고 내 언약을 지키면 너희는 모든 민족 중에서 내 소유가 되겠고 너희가 내게 대하여 제사장 나라가 되며 거룩한 백성이 되리라"고 말씀한다. 하나님께서는 이스라엘 민족을 선택하셨다. 그리고 출애굽을 통해 그들을 왕 같은 제사장 나라, 거룩한 백성으로 만드셨다. 모세를 통한 하나님의 선교는 애굽에서 이스라엘 민족을 구출하는 것이었다. 그리고 하나님은 이스라엘을 통해서 그 분의 구속사역을 지속하기 원하셨다.

### (3) 역사서에 나타난 하나님의 선교

역사서에도 하나님의 선교사상은 매우 뚜렷하게 나타난다. 우선 역사서를 보면 이방인들이 유대사회에 상당수가 가입되었을 뿐만 아니라 룻과 같은 여인도 구원역사에 있어 중요한 비중을 차지함을 보게 된다(룻기 1-4장). 이 기간 동안 이스라엘을 통한 하나님의 선교는 하나님의 선택된 백성으로서 거룩한 삶을 살도록 요청하는 것이며, 이것은 이스라엘의 거룩성을 지키고 선택된 백성으로서의 삶을 살도록 권유하는 것이다.

사무엘상 17장에서 이스라엘이 블레셋과의 전쟁에서 다윗이 골리앗을 무너뜨린다. 이것은 단순히 이스라엘의 승리만을 이야기 하는 것이 아니다. 다윗은 이렇게 선언한다. "오늘 여호와께서 너를 내 손에 넘기시리니 내가 너를 쳐서 네 목을 베고 블레셋 군대의 시체를 오늘 공중의 새와 땅의 들짐승에게 주어 온 땅으로 이스라엘에 하나님이 계신 줄 알게 하겠고 또 여호와의 구원하심이 칼과 창에 있지 아니함을 이 무리에게 알게 하리라 전쟁은 여호와께 속한 것인즉 그가 너희를 우리 손에 넘기시리라"(삼상 17:46-47). 전쟁은 하나님께 속한 것이며,

그 목적 또한 세상이 여호와의 영광을 보도록 하는 것임을 분명하고 말하고 있다.

열왕기상 8장 41-43절에 보면 솔로몬이 성전을 건축한 이후에 그의 관심이 이방인을 향하고 있는 것을 볼 수 있다. 열왕기하 5장 1-19절에서는 아람왕의 군대장관 나아만이 문둥병에 걸려 엘리사를 면회하기 위해 왔을 때 당당하게 말한 사람은 계집종이었다. 나아만 장군이 이스라엘의 계집종으로부터 전도를 받은 것은 이방인사회에서 무명의 평신도가 입으로 복음을 증거한 선교의 대표적인 모델이다.

### (4) 시편 속에 나타난 하나님의 선교

시편이 이방인들에게 하나님에 대한 신앙을 전파하기 위해 기록된 책은 아니다. 그럼에도 불구하고 시편은 선교의 근거가 되는 다양한 보편주의를 보여주고 있다. 시편에는 세계만민의 구원에 대한 희망과 관련된 보편주의에 관한 언급이 175회 이상 등장한다.[52] 많은 구절이 하나님의 영광과 주권이 세계적임을 보여준다. 또한 "여호와께서 자기를 위하여 야곱 곧 이스라엘을 자기의 특별한 소유로 택하셨음이로다"(시 135:4)는 말씀에서 자기 백성을 선택하시는 하나님을 보게 된다. 다윗 가문에서 태어날 메시야에 대한 예언은 인류구원에 대한 하나님의 약속을 더욱 구체화한다.

시편에 나타난 선교사상은 이스라엘의 선택이 곧 하나님의 영광과 선포라는 것을 분명하게 드러낸다. 시편 속에 나타난 선교적 주체는 하나님이며, 선교의 범위는 온 세상이고, 선교의 대상은 모든 나라와

---

52) George W. Peters, *A Biblical Theology of Missions* (Chicago: Moody Publishers, 1972), 116.

모든 민족이다. 선교의 방식은 만민을 공평하게 판결하시는 것이며, 그 결과는 구원과 감사 및 찬양과 복을 누리는 것이다.

### (5) 선지서 속의 하나님의 선교

선지서의 선교적 의미는 먼저 거짓 종교, 우상숭배, 그리고 혼합주의에 대한 철저한 배척이다. 선지서의 선교적 주제는 이사야 1장 10절과 10장 20-21절 등에서 잘 나타난다. 여호와는 이제 이스라엘만의 하나님이 아니라 만민의 하나님이시며 심판도 전 세계적이다. 하나님의 성전도 "만민이 기도하는 집"으로 묘사된다(사 56:7).

구약성경에서 하나님의 이방인 구원에 대해 가장 구체적으로 보여주고 있는 책이 바로 요나서이다. 요나서는 타문화권 선교사 요나의 이야기가 아니다. 열방을 구원하고자 하시는 하나님 아버지의 마음에 관한 책이다. 요나서에 그려진 하나님은 온 세상을 사랑하시고 구원하시기 원하시는 분이다. 요나서가 선교적인 책인 이유는 바로 선교하시는 하나님의 이야기를 다루고 있기 때문이다. 요나서의 마지막 절은 이렇게 끝을 맺는다. "하물며 이 큰 성읍 니느웨에는 좌우를 분변하지 못하는 자가 십이만여 명이요 가축도 많이 있나니 내가 어찌 아끼지 아니하겠느냐 하시니라"(욘 4:11). 요나서는 이야기의 결론이 없다. 그저 하나님의 마음과 그 분의 심정을 이야기 하는 것으로 끝이 난다. 이것은 그 하나님의 마음이 현재 진행형임을 보여주는 것이다. "지금 전 세계에는 좌우를 분변하지 못하는 수십억 명의 인구가 있다. 내가 그들을 아낀다." 이것이 선교하시는 하나님 아버지의 마음이다.

### 3) 구약의 하나님

구약의 선교적 기초는 하나님 자신의 성격에 기초한다. 존 스토트는 구약의 하나님을 '선교적 하나님'이라고 말한다. 구약성경 전반에 걸쳐 나타난 하나님은 첫째, 우주적 하나님이다. 민수기 16장 22절과 27장 16절에서는 하나님을 "모든 육체의 생명의 하나님"이라고 표현한다. 하나님은 모든 족속의 주인이시며, 온 세계의 역사를 주관하시는 만왕의 왕이시다. 온 나라와 민족의 주권자이시며 만왕의 통치자이시다. 둘째, 구약에 나타난 하나님은 열방을 구원하시는 구원의 하나님이시다(마 1:21; 딤전 2:4). 구원의 하나님을 가장 잘 보여주는 구약성경은 바로 출애굽기이다. 하나님의 구원역사의 시초는 창세기 3장 15절의 원시복음과 창세기 12장 1-3절에서 아브라함을 부르시는 모습에서 가장 잘 나타난다. 구약이 구원의 하나님을 이야기 하고 있다면 구약의 성격 역시 구원적일 수밖에 없다.

하나님께서는 이 땅의 모든 백성에게 관심을 가지고 계시다. 하나님은 "모든 육체를 가진 땅의 모든 생물"(창 9:16), "온 땅"(창 11:1), 세상 모든 민족이 하나님께로 돌아오는 복을 누리도록 하려는 선교적 목적을 계속해서 보여 주신다. 바울도 이것을 증언한다. "또 하나님이 이방을 믿음으로 말미암아 의로 정하실 것을 성경이 미리 알고 먼저 아브라함에게 복음을 전하되 모든 이방인이 너로 말미암아 복을 받으리라 하였느니라(갈 3:8). 그러나 이스라엘 민족은 이 언약에서 선교적 사명을 잊어버리고 오직 자신들의 선민사상만을 붙잡는 비극에 빠지게 된다. 구약 전체에서 하나님께서는 이스라엘로 하여금 그들의 선교적 사명을 여러 번 재확인 시켜 주신다. 그러나 그들은 이스라엘에게 주어진 부르심은 선민의식이나 특권의식이 아니라 제사장 나라로서의 사명이라는 것을 깨닫지 못한다. 학자들은 창 12:1-3, 출 19:5-6; 대하 6:32-33; 시 67편; 사 49:6절을 구약의 지상위임명령이라고 말한다. 특별히 "네가 나의 종이 되어 야곱의 지파들을 일으키며 이스라엘 중에 보전된 자를 돌아오게 할 것은 매우 쉬운 일이라. 내가 또 너를 이방의 빛으로 삼아 나의 구원을 베풀어서 땅 끝까지 이르게 하리라"(사 49:6)는 말씀은 단순히 이스라엘뿐만 아니라 모든 열방에게 구원을 베푸시는 하나님의 목적을 보여 준다.

### 4) 구약의 구심적 선교

하나님께서는 이스라엘을 선택하셨다. 그리고 그들에게 특별한 하나님의 임재와 함께 율법을 주셨다. 이스라엘 백성이 하나님이 주신 율법을 준수하는 삶과 신앙을 주변의 이방 민족이 와서 보고 하나님을 발견하도록 하는 선교방식이다. 이렇게 볼 때, 구약 39권에 등장하는 선교는 몇 군데 원심적 선교가 등장하긴 하지만, 대체적으로 구심적 선교의 개념으로 등장한다.

구약에서는 하나님의 임재가 열방 중에 존재하는 것이라는 점에서 오히려 더 객관적이며 선교적이다. 하나님의 선택은 특권이 아니라 섬김을 위한 것이다. 이스라엘은 배타적이고 독선적인 선민의식에 빠져 이것을 깨닫지 못한다. 그럼에도 불구하고 하나님의 구속사역은 계속된다. 그리고 이 구심적 선교가 신약시대에는 새로운 형태로 진행이 된다.

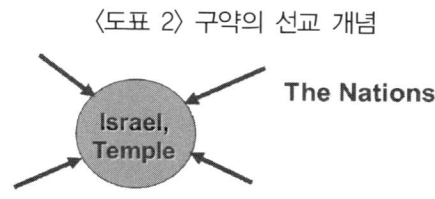

〈도표 2〉 구약의 선교 개념

## 2. 신약성경과 선교

신약의 선교를 다룸에 있어서 하나님의 선교의 관점에서 신약과 구약의 상관성을 바르게 인식할 필요가 있다. 신약성경은 구약과 다른 형태의 선교활동을 보여주는 선교사 문서이다. 여기에는 예수의 탄생, 생애, 그의 사역, 고난, 죽으심, 부활과 승천, 재림할 것에 대한 사건과 그의 이적들, 사도들의 서신들, 부활을 목격한 자들의 증언, 예수 당시 사건들의 관찰 보고 등이 기록되어 있다. 그리고 이 모든 것은 선교와 연관이 있다.

### 1) 선교사로서의 예수

예수님의 성육신은 선교의 새로운 모델을 제시한다. 예수님은 단지 선교의 창시자가 아니라 선교의 모형이셨다. 예수님은 하나님으로부터 '보냄을 받은 자'God's apostle였다. 예수님은 하나님으로부터 보냄 받았으며, 그 분이 기뻐하는 일을 하셨다(요 8:29). 그렇기 때문에 그 분의 성육신 모델은 우리가 선교를 하는데 최고의 모델이 된다. "그는 근본 하나님의 본체시나 하나님과 동등됨을 취할 것으로 여기지 아니하시고 오히려 자기를 비워 종의 형체를 가지사 사람들과 같이 되셨고 사람의 모양으로 나타나사 자기를 낮추시고 죽기까지 복종하셨으니 곧 십자가에 죽으심이라"(빌 2:6-9). 이 말씀에서 우리는 중요한 몇 가지 사실을 발견한다. 첫째, 하나님의 말씀logos이신 예수님께서 육신을 입고 세상에 오셨다는 것이다. 즉 예수님께서는 자신의 인격과 삶으로 복음을 전파하셨다. 둘째로, 예수님께서는 하나님의 아들로서의 자리를 비우고 하나님과 사람 사이의 큰 간격을 넘어서 오셨다는 것이다. 즉 선교는 문화적 차이라는 큰 간격을 넘는 것이다.

예수님을 선교사로 부르는 것은 성경적 표현이 아니라는 논란이 있지만 예수님 스스로 자신을 '보냄을 받은 자,' 즉 '선교사'임을 분명히 말씀하셨다. 선교는 하나님으로부터 보내심을 받았다는 사실에 그 근거를 둔다. 예수는 자신이 성부 하나님의 파송을 받아 보내심을 받은 선교사로 사역(요 17:18; 20:21)하셨다. 예수님은 12제자를 부르시고 훈련시키시고, 능력과 권세를 주셔서 이스라엘의 잃어버린 양에게로 파송하셨다(마 9:35-10:42; 막 3:13-19; 6:7-13). 예수님은 또한 70인의 전도단을 조직하여 이스라엘의 각처에 파송하셨다(눅 10:1-20). 그는 십자가에 못 박혀 죽으시고 3일 만에 부활하신 후 "아버지께서 나를 보내신 것 같이 나도 너희를 보낸다"(요 20:21)고 하시면서, 선교적 사명을 주셨다(cf. 마 10:5; 15:24). 요한복음에는 예수님께서 아버지로부터 보냄을 받았다는 표현이 44번 등장한다.

### 2) 신약의 선교사상

어떤 이들은 마태복음 10장 5-6절 "이방인의 길로도 가지 말고 사마리아인의 고을에도 들어가지 말고 오히려 이스라엘 집의 잃어버린 양에게로 가라"는 말씀을 근거로 신약에는 이방인에 대한 선교의 개념이 없다고 주장한다. 그러나 예수님은 이방인에 대해 매우 포용적이셨다.

가버나움 백부장의 방문(마 8:5-13; 눅 7:1-10), 수로보니게 여인을 위한 기적(마 15:21-28; 막 7:24-30), 거라사 지방의 귀신들린 사람을 고치시는 사건(마 8:28-34; 막 5:1-20; 눅 8:26-39) 등에서 예수님은 고침을 받은 사람에게 하나님의 하신 일을 전하라고 하셨다. 예수님 사역의 많은 부분이 '세상' 혹은 '모든 민족'에 집중되어 있다(마 5:13-14; 13:38; 25:1-32).

예수님 당시 유대인들은 사마리아인들을 인종적으로는 혼혈족으로, 종교적으로는 혼합주의를 택한 민족이라고 간주하고 서로 상종하지 않았다. 사마리아인들은 포로귀환 이후 예루살렘 성전 재건에 협조하지 않았고 그리심산에 자신들의 성전을 세우면서 분열은 심화되었다. 이로 인해 예루살렘과 사마리아는 반목과 대립의 관계가 지속되었다. 예수님께서 이런 분열과 상처의 장소였던 사마리아에 찾아가신 것은 그 당시 유대인과 사마리아인 사이에 존재하던 두터운 증오와 분열의 장벽과 경계를 넘으신 파격적인 사건이다(요 4:3-42).

예수님의 생애는 구약의 지역주의particularity에서 신약의 보편주의universality로 넘어 가는 과정을 보여준다. 예수님은 이스라엘 대신 교회, 하나님의 임재 대신 성령의 내재, 그리고 율법대신에 복음을 주시면서 제자들에게 "이제는 너희가 가서 모든 족속에게 복음을 전하라"고 명령하셨다. 즉 선교의 새로운 시대가 열린 것이다. 신약의 선교는 구약의 구심적 선교Centripetal Mission와 달리 원심적 선교Centrifugal Mission이다. 구약에서는 "와 보라" 선교방식이었다면, 신약의 선교방식은 "가라"이다.

<도표 3> 신약의 선교 개념

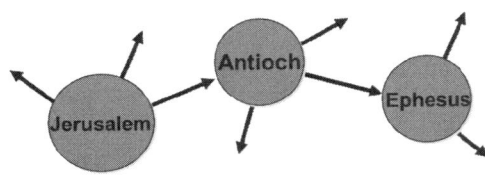

### 3) 대위임령에 대한 이해

지상대위임령은 신약성경에서 다섯 차례 등장한다. 마태복음 28장 18-20절, 마가복음 16장 15-16절, 누가복음 24장 46-49절, 요한복음 20장 21-22절, 사도행전 1장 8절이다. 각각의 대위임령은 원심적인 성격을 가지고 있으며 강조점이 조금씩 다르다. 그러나 서로 보완적이면서도 복합적이다.

#### (1) 마태복음 28장 18-20절

"예수께서 나아와 말씀하여 이르시되 하늘과 땅의 모든 권세를 내게 주셨으니 그러므로 너희는 가서 모든 민족을 제자로 삼아 아버지와 아들과 성령의 이름으로 침례를 베풀고 내가 너희에게 분부한 모든 것을 가르쳐 지키게 하라 볼지어다 내가 세상 끝 날까지 너희와 항상 함께 있으리라 하시니라"

마태복음 28장의 지상명령에는 "모든"이라는 단어가 4번 등장한다. 그것은 "모든 권세"All Authority, "모든 민족"all the nations, "(내가 너희에게 분부한) 모든 것"all things, 그리고 "항상"always이다. 이 본문은 사역의 권위, 사역의 대상, 사역에 대한 구체적인 내용과 목표, 주님의 약속을 포함한다. 그리고 그 사역은 "세상 끝 날까지 지속되어야 한다"는 것을 명시한다. 이 지상명령에는 "가서," "제자를 삼아," "침례를 베풀고," "가르치라"는 동사가 등장한다. 이 중에서 "제자 삼으라"make disciples를 뺀 나머지는 모두 분사형participle이다. 즉 선교는 가서, 침례를 주고, 가르쳐서 "제자 삼는" 사역이어야 한다.

### (2) 마가복음 16장 15-16절

> "또 이르시되 너희는 온 천하에 다니며 만민에게 복음을 전파하라 믿고 침례를 받는 사람은 구원을 얻을 것이요 믿지 않는 사람은 정죄를 받으리라"

마가복음 16장 15절은 사역의 방법과 전도의 대상, 그리고 지리적 범위를 구체적으로 명시한다. 그것은 "온 천하에 다니며" "만민에게" 예수 그리스도의 "복음을 전하라"는 것이다. 그리고 믿지 않는 사람은 정죄를 받을 것이라고 하는 마지막 심판과 사역의 결과까지도 강조한다. 이 본문에서 사역의 초점은 "복음 전파," 혹은 "전도"이다.

### (3) 누가복음 24장 46-49절

> "또 이르시되 이같이 그리스도가 고난을 받고 제 삼일에 죽은 자 가운데서 살아날 것과 또 그의 이름으로 죄 사함을 받게 하는 회개가 예루살렘에서 시작하여 모든 족속에게 전파될 것이 기록되었으니 너희는 이 모든 일의 증인이라 볼지어다 내가 내 아버지께서 약속하신 것을 너희에게 보내리니 너희는 위로부터 능력으로 입혀질 때까지 이 성에 머물라 하시니라"

누가복음 24장에서는 복음의 내용과 범위, 사역의 전개, 그리고 예언의 성취에 대해서 언급한다. 누가복음은 마태복음과 달리 명령적인 동사가 없다. 다만 성령의 임재와 그 성령을 받을 때까지 기다릴 것을 이야기 한다. 즉 복음의 메시지는 반드시 그리스도의 고난, 죽음, 부활이 포함되어야 한다. 그리고 선교는 성령을 통해서만 가능하다는 것이다. 누가복음에서의 사역의 초점은 "가르침"이다.

### (4) 요한복음 20장 21-22절

"예수께서 또 이르시되 너희에게 평강이 있을지어다 아버지께서 나를 보내신 것 같이 나도 너희를 보내노라 이 말씀을 하시고 그들을 향하사 숨을 내쉬며 이르시되 성령을 받으라"

요한복음 20장 21절은 선교의 모델을 보여준다. 선교는 하나님 아버지께서 예수 그리스도에게 위임하신 사역이며, 예수님께서도 또한 제자들에게 이 사역을 위임하셨다. 그러나 이 사역은 오직 성령 안에서, 성령을 통해서 이루어져야 한다. 그래서 주님은 성령을 받을 것을 요구하고 계신 것이다. 여기서 사역의 초점은 "파송," 즉 보내는 것이다.

### (5) 사도행전 1장 8절

"오직 성령이 너희에게 임하시면 너희가 권능을 받고 예루살렘과 온 유대와 사마리아와 땅 끝까지 이르러 내 증인이 되리라 하시니라"

사도행전은 선교사역의 확장과 세계선교의 완성을 예언한다. 이것은 복음의 확산이 순차적으로 완성되어야 한다는 것을 의미하는 것은 아니다. 다만 복음이 궁극적으로 땅 끝까지 확산되어야 한다는 것을 의미한다.

## 3) 신약성경과 선교

구약과 신약의 선교사상은 연속성을 가지고 있다. 구약 예언의 성취와 선교의 완성이 바로 신약의 선교이다. 신약성경의 주제는 바로 '하나님의 나라'이다. 구약이 주권자 하나님의 선교였다면, 신약에서는 그것이 그리스도의 주되심으로 이어진다. 신약성경에서 복음서들은 예수 그리스도께서 하나님의 보내심을 받아 수행하셨던 구속사역과 선교에서 전해야 할 핵심내용을 기록하고 있다.

사도행전은 주님께서 이 땅 가운데 세우신 새로운 공동체가 성령의 능력에 힘입어 주님의 지상대위임령을 어떻게 수행해 갔는지를 보여준다. 즉 초대교회가 어떻게 확산되어 가면서 교회가 세워졌는지 모델을 보여준다.

서신서는 초기 선교사들이 선교활동 중에 기록한 것이다. 서신서에는 사실 교회가 전도자들을 해외로 파송하는 선교가 없다. 그러나 이미 설립된 교회가 핍박과 억압의 상황에서 존속하며, 복음을 변호하며, 신앙의 원리대로 실천하는 선교가 등장한다(공동서신, 히브리서, 계시록). 그리고 교회가 이미$_{already}$와 아직$_{not\ yet}$의 중간에서 선교적 사명을 완수해야 한다는 것을 잘 보여주고 있다. 이렇게 볼 때, 성경전체는 인간을 향한 하나님의 선교활동을 보여 준다(엡 3:8-9, 11).

선교는 주님 오실 그날까지 지속되어야 한다. 그래야 땅 끝까지 복음이 전파되고 열방의 모든 족속이 믿고 구원받게 된다. 즉 "보내심-전파-들음-믿음-주의 이름을 부름-구원"의 과정이 순환적으로 지속되어야 한다. 하나님께서는 하나님의 사람을 선택하시고 보내신다. 보냄받은 사람은 보냄 받은 곳에서 복음을 전파함으로 사람들이 그것을 듣게 된다(롬 10:14-15). 사람들은 복음을 듣고 주의 이름을 부름으로 구원을 얻는다(롬 10:13). 그리고 구원받은 사람을 하나님께서는 또 부르시고 보내신다. 이 일련의 과정이 반복됨으로 세계복음화는 완성되어질 것이다. 이것이 바로 신약에서 보여주고 있는 선교이다. 이 땅의 교회는 모두 이 선교사역과 명령을 계속해서 수행해 나가야 한다.

## 적용과 실천을 위한 토론

1. 구약의 선교와 신약의 선교를 비교해 보고, 21세기 선교현장에 맞는 모델은 어떤 것인지, 그리고 그렇게 생각하는 이유가 무엇인지 설명해 보라.

2. 주님의 지상명령을 분석해 보고, 21세기 선교사역에 새롭게 적용할 수 있는 것은 무엇인지 토론해 보라.

3. 예수님의 선교사역 모델을 통해 한국 선교사가 배워야 하거나 수정해야 하는 것은 무엇이라고 생각하는가?

4. 선교사역을 수행하기 위한 원동력이 무엇인지 주님의 지상명령을 근거로 설명해 보라.

5. 내가 지금 당장 가야 하는 "땅 끝"은 어디인가?

# 제4부
# 기독교 선교역사

제1장 선교역사 이해
제2장 초대교회의 선교 AD 30-500
제3장 중세시대의 선교 500-1500
제4장 종교개혁기의 선교 1500-1792
제5장 근대 개신교 선교 1792-
제6장 한국교회의 선교역사

# 제4부

# 기독교 선교역사

## 제1장 선교역사 이해

영국의 역사학자 에드워드 헨리 카E. H. Carr는 "역사란 과거와 현재의 끊임없는 대화이다"라고 정의한다. 역사는 과거의 역사적 사실에 대한 역사가의 해석이다. 그래서 역사를 연구하기 전에 역사가를 연구하고 역사가를 연구하기 전에 역사가의 사회, 정치, 경제, 문화적 환경을 연구할 필요가 있다. 역사가가 어떤 사관史觀을 가지고 기록했는지에 따라 역사의 기록은 달라질 수 있다. 우리는 그 역사로부터 교훈을 얻을 수 있어야 한다. 조지 산타야나George Santayana는 "역사로부터 배우지 못하는 사람들은 그것을 반복할 수밖에 없다"Those who cannot remember the past are condemned to repeat it고 말한다.53)

2천 년의 선교역사를 배워야 하는 이유도 마찬가지이다. 예수님께서 이 땅 가운데 주신 지상대위임령에 따라 수많은 주님의 제자가 복음을

---

53) George Santayana, *The Life of Reason* (Auckland, NZ: The Floating Press, 2009), 312.

전했다. 그 결과 복음은 전 세계 방방곡곡坊坊曲曲에 흩어져 나갔다. 이 일이 어떤 과정과 절차를 거쳐 이루어졌는지 되돌아보는 것이 선교역사이다. 선교역사는 지상대위임령에 따라 천국복음이 어떻게 선포되고, 교회가 세워졌으며, 하나님 나라가 어떻게 확장되어갔는지를 잘 보여준다.

교회의 본질이 선교이기 때문에 교회의 역사는 곧 선교역사라고 말할 수 있다. 교회사와 선교역사를 기술하는 관점에 있어서는 차이가 있을 수 있다. 예를 들어, 교회역사는 기독교회의 교리적, 조직적 발전 성장 쇠퇴를 기술하는 것으로 주로 교파의 흐름에 따라 기술한다. 선교역사는 기독교 복음의 지리적 팽창과 그것을 가져오게 된 사건, 인물, 교회전파 방법, 전략을 중심으로 역사를 평가하고 서술한다. 그러나 교회사와 선교역사를 정확하게 구분하는 것은 쉽지 않다.

## 1. 선교역사는?

선교역사는 선교현장에서 선교사와 현지교회와 성도, 그리고 파송국가 사이에서 발생된 사건들을 역사적 관점에 따라 서술하거나 기록해 놓은 것이다. 그래서 선교역사에는 선교사, 현지교회, 파송국가 혹은 파송단체, 교회사적 사건들의 흐름과 주제형성 등 다양한 주제가 포함된다.

## 2. 선교역사를 공부하는 이유

선교역사는 왜 공부해야 하는가? 많은 이유가 있겠지만, 첫째, 자기 이해를 위해서이다. 역사는 단순히 연대, 인물, 사건이 나열된 지식이 아니라 일종의 '자기발견'自己發見이다. 역사는 인간의 능력과 한계를 깨닫게 하고, 정체성을 발견하게 해 준다. 선교역사를 공부하는 목적도 여기에 있다. 선교역사는 복음이 어떻게 전파되었고, 어떻게 확산되었는지 알게 해 준다. 그것을 통해 나는 누구이며, 어디에서 왔는지 이해하게 된다.

둘째로 과거로부터의 교훈을 얻기 위해서이다. 앞에서 언급한 조지 산타야나의 말처럼 우리가 과거를 알아야만 동일한 시행착오를 줄일 수 있다. 선교사의 생애, 사역, 업적 등을 통해서도 우리는 많은 역사적 교훈을 얻게 된다. 우리가 지금 하고 있는 것은 진공상태에서 처음으로 시작하는 것이 아니라 과거의 역사 위에 세워진 것이다. 과거의 시행착오와 성공을 발판 삼아 더 나은 미래를 개척해 나가기 위해서 우리는 역사를 배워야 한다.

셋째, 신앙 선배들의 유산과 그들의 희생에 감사하고, 안내案內와 자극을 위해서도 역사를 공부해야 한다. 우리는 믿음의 선배들이 남긴 신앙의 발자취와 유산, 그들이 신앙을 지키기 위해 흘렸던 눈물과 기도에 감사해야 한다. 그들의 순종과 헌신이 있었기에 우리가 복음을 들을 수 있었다. 이제는 우리가 그들의 믿음과 수고, 그리고 열정을 배워야 한다. 그리고 그것들을 계승해 나가야 한다.

넷째, 우리가 앞으로 수행할 선교를 위해서도 역사를 공부해야 한다. 선교역사는 우리에게 선교전략과 방법은 물론 선교사 훈련과 교육의 다양한 원리를 가르쳐 준다. 또한 선교 현황과 전망에 대한 통찰력을 제공한다. 과거 선교에서 경험했던 사건의 배경, 전개과정, 그 결과 등을 분석해 보면 현재 선교현장에서 당면하고 있는 문제에 대한 해결책을 찾을 수도 있다. 급변하는 세상 속에서 효과적으로 복음을 전할 수 있는 전략과 방법을 제공하기도 한다. 과거의 교훈이 미래를 안내하는 길잡이 역할을 하기 때문이다. 그렇기 때문에 교회는 지난 2천 년의 선교역사를 공부해야 한다.

## 3. 기독교선교의 시대구분

기독교 선교역사의 시대구분은 학자들에 따라서 다양하다.

1) 케네쓰 라토렛Kenneth S. Latourette은 자신의 저서 「기독교 확장사」(*A History of the Expansion of Christianity*)에서 기독교 선교역사를 4시기로 구분하였다.
　① 30-500: 첫 5세기(로마제국)
　② 500-1500: 불확실의 천년(암흑기)
　③ 1500-1800: 진출의 3세기(지리상 발견)
　④ 1800-1914: 위대한 세기(1차 세계대전)

2) 한스 큉Hans Küng은 6가지 패러다임을 통해 기독교 선교를 구분한다.
　① The Apocalyptic Paradigm of Primitive Christianity(초대기독교의 묵시적 패러다임)
　② The Hellenistic Paradigm of the Patristic Period(교부시대의 헬레니즘 패러다임)
　③ The Medieval Roman Catholic Paradigm(중세의 로마가톨릭 패러다임)
　④ The Protestant(Reformation) Paradigm(개신교의 종교개혁 패러다임)
　⑤ The Modern Enlightenment Paradigm(현대의 계몽주의 패러다임)
　⑥ The Emerging Ecumenical Paradigm(부상하는 에큐메니칼 패러다임)

3) 스티븐 니일Stephen Neill은 자신의 저서 「기독교 선교사」(*A History of Christian Missions*)에서 더 세분화해서 선교역사를 구분한다.
　제 1부
　　① 100-500: 로마세계의 정복

② 500-1000: 암흑시대
③ 1000-1500: 초기 유럽팽창
④ 1500-1600: 발견의 시대
⑤ 1600-1787: 로마가톨릭의 선교
⑥ 1600-1800: 동양과 서양에서의 새로운 출발

제 2부
⑦ 1792-1858: 유럽과 아메리카의 새로운 세력들
⑧ 1858-1914: 식민지의 전성기
⑨ 1815-1915: 로마, 정교회, 그리고 세계

4) 존 마크 테리J. Mark Terry는 아래와 같이 구분한다.
① 사도 신대의 선교(Missions in the Apostolic Era, 30- 100)
② 초대교회의 선교(Missions in Early Church, 100-500)
③ 중세시대 선교(Missions in the Middle Ages, 500-1500)
④ 종교개혁기의 선교(Missions in the Reformation, 1500- 1792)
⑤ 위대한 세기의 선교(Missions in the Great Century, 1792- 1914)
⑥ 20세기 초의 선교(Missions in the Early Twentieth Century, 1914-1945)
⑦ 근대선교(Missions in the Modern Era, 1945-1990)
⑧ 포스트모던 시대의 선교(Missions in the Post-Modern Era, 1990년 이후)

5) 일반적인 교회사의 시대구분
① 초대교회의 선교(33-500)
② 중세교회의 선교(500-1492)
③ 로마 가톨릭 선교의 황금기(1492-1793)
④ 개신교회 선교의 도약기(1793-1945): 식민통치하의 서구선교 막 내림.
⑤ 현대 선교시기(1945년 이후)

역사History는 인간사人間史에서 구속적 사역을 하시는 '그 분의 이야

기'His Story이다. 이 하나님의 웅장한 구속의 이야기는 예수 그리스도의 지상명령에 순종해 하나님 나라 확장에 힘썼던 사람들의 눈물과 기도, 헌신과 순종의 기록이다. 그들은 때로는 미움과 멸시, 고난과 핍박을 받아야만 했다. 이 책에서 그 모든 것을 다 논할 수는 없다. 하지만 커다란 역사적 흐름과 사건, 그리고 인물(History Maker)을 중심으로 그 분의 이야기를 기술하려고 한다. 시대구분은 학자마다 조금씩 다르지만, 편의상 일반적인 교회사의 시대구분을 따를 것이다.

## 제2장  초대교회의 선교 AD 30-500

선교는 창세전부터 성부 하나님께서 계획하셨고, 성자 예수님에 의해 기초가 마련되어지고, 성령 하나님에 의해 지금도 실현되어진다. 선교는 하나님께서 역사를 통해 수행해 가시는 사역이다. 하나님은 우리와 함께, 그리고 교회를 통해 그 분의 구속사역을 이루어 가신다.

### 1. 교회의 탄생과 확산

예수님의 십자가 죽음과 부활 이후에 주님은 제자들에게 지상대위임령을 선포하셨다. 그리고 오순절 성령강림 사건 이후 교회가 탄생했다. 예수 그리스도께서 구속사역을 완성하시고 이 땅에 교회를 세우시면서 교회에게 선교명령을 주신 것이다. 주님의 지상명령을 위임 받은 교회는 점차 전 세계로 확산되어 갔다.

### 1) 하나님의 섭리적 준비하심

초대교회 복음의 확산 과정에는 하나님의 분명하고도 확실한 섭리적 준비하심이 있었다. 첫째, '팍스 로마나'Pax Romana를 들 수 있다. 이것은 '로마에 의한 평화'를 의미한다. 로마가 지중해 연안을 통일하면서 부족 간의 갈등과 전쟁이 종식되었다. 로마의 통일로 인한 평화가 복음의 확산에 커다란 도움을 준다.

둘째, 언어의 통일이다. 선교사역에 있어서 가장 큰 장애물 중의 하나는 언어적 장벽이다. 당시 언어가 코이네 헬라어로 통일되면서 어디서든 자유롭게 복음을 전할 수 있게 되었다. 사도행전 21장 37절에 보면 "바울이 천부장에게 이르되 내가 당신에게 말할 수 있느냐"라고 묻는다. 바울은 당시 헬라 말을 할 수 있었고, 복음을 전할 수 있는 기회를 얻게 된다. 언어의 통일은 초대교회 당시 복음이 빠른 속도로 퍼져 나갈 수 있는 중요한 수단이 되었다.

셋째, 로마의 교통, 도로, 통신의 발달이 복음전파에 중요한 역할을 하게 된다. 당시 로마는 서유럽과 동유럽 전 지역과 북아프리카 지역으로 영향력을 확장했다. 그러나 모든 지역에 군대를 주둔할 수는 없었다. 대신 군대이동과 물자교역, 소식전달을 용이하게 수행할 수 있도록 모든 지역으로 도로를 건설했다. "모든 길은 로마로 통한다"라는 말이 여기에서 나온 것이다. 이처럼 도로와 통신의 발달은 복음전파를 용이하게 만들었다.

넷째, 디아스포라인의 역할이다. 유대인들이 핍박과 박해를 피해 여러 지역에 흩어져 살게 되는데, 이들이 흩어진 곳에서 복음을 전하게 되면서 복음은 확산되었다.

다섯째, 유대인 회당이 있었다. 당시 헬라파 유대인은 로마 인구의 약 7% 정도를 차지하고 있었다. 이들이 도시 안에 거주하면서 회당을 건립하였고, 이 회당을 중심으로 복음이 선포되었다.

### 2) 오순절 성령강림(행 1-4장)

사도행전 1장 8절은 "성령이 너희에게 임하시면 너희가 권능을 받고 예루살렘과 온 유대와 사마리아와 땅 끝까지 이르러 내 증인이 되리라"고 말씀한다. 주님의 지상명령이 선포된 것이다. 그리고 사도행전 2장 9-11절에 오순절 성령강림 사건이 있었다. 오순절에 모여든 사람들은 로마제국 동편의 절반에 해당하는 지역에서 온 사람들이었다. 이들이 성령의 놀라운 역사를 경험하게 되면서 복음은 점차로 확산되어 갔다.

### 3) 핍박으로 인한 제자들의 흩어짐(행 8:1하, 4)

초대교회 당시 믿는 자의 수가 많아지면서 본토 유대인과 헬라파 유대인의 갈등이 고조되었다. 사도행전 6장 1절은 "그 때에 제자가 더 많아졌는데 헬라파 유대인들이 자기의 과부들이 매일의 구제에 빠지므로 히브리파 사람을 원망하니"라고 기록한다. 헬라파 유대인들이 매일 구제하는 일에 소외당하고 있는 것에 대한 불만의 목소리가 터져 나온 것이다. 사도들은 이 문제를 해결하기 위해 스데반, 빌립, 브로고로, 니가노르, 디몬, 바메나, 니골라 일곱 집사를 선택해 구제하는 일을 전담시킨다. 이로써 구제문제로 인한 갈등은 해결되었다.

그러나 신학적 견해차는 여전히 문제였다. 정통 유대인들은 할례, 성전제사, 율법을 무시하는 헬라파 유대인에 대해 적대적이었다. 그들이 이방인 개종자들에게 할례, 성전제사, 율법을 요구하지 않았기 때문이다. 이들은 거짓 증인을 세워 성전과 율법을 모독했다는 이유로 스데반을 고소했다(행 6:13-14).

스데반은 유대인 조상들이 마음과 귀에 할례 받지 못하고 조상들과 같이 성령을 거스르며, 선지자를 박해하고 예수 그리스도를 잡아 죽인 사실, 천사가 전한 율법을 지키지 않은 문제 등을 지적한다(행 7:51-53). 이 문제로 인해 결국 스데반은 순교를 당한다. 스데반의 순교는 신앙적인 문제라기보다는 유대인들이 그토록 지키고 싶어 하는 율법 전통과 성전제사의 허구성이 폭로된 것에 대한 양심의 가책 때문이었다(행 7:54). 이후 헬라파 유대인들에 대한 대대적인 박해가 시작되었고, 그 결과 사람들이 흩어지기 시작했다

### 4) 예루살렘 종교회의(행 15장, AD 48-49)

핍박으로 인해 사람들이 흩어졌지만, 교회는 점차로 확산되고 예수 그리스도를 믿는 사람의 숫자는 점점 증가했다. 게다가 흩어진 사람들이 가는 곳마다 복음을 전하면서 이방인들에게까지 복음이 전해졌다. 그런데 문제가 생겼다. 유대인들이 율법을 지키지 않고 할례도 받지 않은 이방인들의 구원을 인정하지 않았기 때문이다. 그래서 이 문제를 해결하기 위해 '예루살렘 종교회의'가 열렸다. 이 종교회의는 최초의 공의회였다.

사도행전 15장은 '예루살렘 종교회의'에 대해 기록한다. 이것은 유대 전통을 강조하는 유대 기독교인들과 반反율법적 성향을 가진 이방 기독교인들 사이에 벌어진 교리논쟁이었다. 안디옥교회에서 온 사도 바울, 바나바, 이방인 그리스도인이 사도 및 예루살렘 교회 성도와 함께

모여 이 문제를 논의하였다. 이 공의회에서 하나님 앞에서 모든 사람은 평등하기 때문에, 이방인도 예수 그리스도의 은혜로 말미암아 구원받을 수 있다는 결론을 내렸다. 이 예루살렘 종교회의는 '이방인 선교의 신학적 기초'를 놓았다는 점에서 커다란 의미가 있다.

### 5) 사도들의 선교활동

예수 그리스도의 부활을 체험한 사도들은 오순절 성령강림 이후 교회를 설립하였다. 그리고 예루살렘과 유대, 사마리아와 땅 끝까지 이르러 복음을 선포했다. 사도들의 말씀에 대한 순종과 헌신으로 예수 그리스도의 복음은 땅 끝까지 전파되기 시작했다. 그 결과 믿는 자의 수는 점차로, 그리고 급격하게 성장했다. 복음이 전파되는 곳마다 3천 명(행 2:41), 5천 명(행 4:4), 허다한 무리(행 14:1)가 예수 그리스도를 믿게 된 것이다. 기록에 의하면, 마가는 이집트 알렉산드리아, 바돌로매는 아라비아 사막, 그리고 도마는 인도에 가서 복음을 전했다.

### 6) 바울의 선교여행

사도 바울은 초대교회의 여러 사도 중 가장 위대한 선교사였다. 그는 다소의 유대인 가정에서 태어나 바리새파의 엄격한 율법 가운데 자라났다. 바울은 초기에 유대교에 위협을 가하는 '예수집단'을 가혹하게 핍박하는 일을 했다. 그러나 그는 다메섹 도상에서 기적적인 회심을 체험하고 난 이후 초대교회의 가장 열심 있는 복음전도자로 변신한다.

바울은 여러 차례의 선교여행을 통해 복음을 전했다. 1차 선교여행은 유대인 중심의 복음전파에서 벗어나 이방인에게 복음을 전하는 선교

〈그림 1〉 라파엘로 산치오의 아테네에서 설교하는 바울 Victoria and Albert Museum, London

여행이었다(행 13-14장). 바울은 구브로를 거쳐 터키 북부 갈라디아 지방에서 2년간 사역을 한다. 그리고 바울의 복음전도 대상은 유대인에서 이방인으로 바뀌게 된다(행 13:46). 2차 선교여행은 성령의 인도하심 가운데 아시아에서 유럽으로 복음을 진로가 바뀐다(행16:6-18:22). 3차 선교여행은 주로 양육을 위한 선교여행이었다(행 18:23-20:38). 바울은 3차 전도여행 중 에베소, 두란노 서원에서 2년간 말씀을 강론한다. 바울은 10년이 채 못되어 로마제국의 주요한 네 지방인 갈라디아, 마게도냐, 아가야, 아시아에 토착교회를 설립하였다. 바울은 소아시아, 유럽, 스페인까지 복음을 전했다고 한다. 전승에 의하면, 그는 AD 64년 네로황제의 박해 때 순교한다.

### 7) 예루살렘성의 파괴 (AD 70)

예루살렘 성전은 베스파시아누스 황제 Titus Flavius Caesar Vespasianus Augustus 의 아들 디도 Titus 장군이 이끄는 로마군에 의해 AD

〈그림 2〉 예루살렘 성전의 파괴 Nicolas Poussin

70년 8월 9일에 완전히 함락되었다. 그러나 초대교회의 모교회 역할을 했던 예루살렘성의 파괴는 훗날 기독교가 전 세계적인 종교로 발전하는 기폭제가 된다. 교회는 이제 예루살렘성이라는 지역 중심성에서 벗어나 주님의 임재에 초점을 맞추게 되었다. 이것이 복음의 전 세계적 확산에 중요한 요인이 된 것이다.

### 8) 기독교에 대한 박해와 핍박

AD 54년에 네로Nero, Lucius Domitius Ahenobarbus가 로마의 황제로 즉위하였다. 그는 AD 64년 대화재로 민심이 혼란해지자 당시 로마 제국의 신흥 종교였던 기독교에 책임을 덮어씌웠다. 그리고 기독교도를 대학살함으로써 로마황제 최초의 기독교 박해자가 된다. 이후 4세기 초 디오클레티아누스Gaius Aurelius Valerius Diocletianus 황제 때까지 기독교에 대한 조직적인 박해가 계속되었다. 이런 엄청난 핍박가운데서도 초기 기독교회는 교리의 순수성을 지켜냈다. 당시 그리스도인들의 신앙은 오히려 점점 더 견고해졌다. 이 시기에 교회가 부흥했다거나 복잡한 교리의 발전이 있었던 것은 아니다. 그러나 복음의 순수성만은 잃지 않았다.

사실 지난 2천 년 동안 교회는 핍박과 함께 성장했다. 지금도 기독교에 대한 핍박과 박해는 계속되고 있다. 주후 30년 이후 기독교 순교자의 60%가 20세기에 일어났다. 초대교회보다 더 많은 핍박과 순교가 지금도 일어나고 있다. 그리고 지금까지도 주님의 교회는 수많은 순교자의 피와 눈물 위에 하나씩 하나씩 세워졌다.

## 9) 기독교 공인 이전의 선교

예수님이 부활 승천하시면서 주셨던 지상대위임명령에 따라 주님의 부활을 목격했던 사도와 제자들은 열심히 복음을 전했다. 복음은 놀라운 속도로 확산되었다. 그러나 이 시기에 선교가 조직적이고 체계적으로 이루어진 것은 아니었다.

다만, 부활을 직접 목격한 증인들이 저마다 일어나 자발적으로 증인의 삶을 살기 시작한 것이다. 이들은 주로 무역상, 군인, 여자, 노예 등과 같은 무명의 선교사였다. 이들에게는 특별한 전략도 없었다. 이 무명의 선교사들은 오직 성령님만 의지하면서 한 영혼을 사랑했고, 주님의 사랑을 세상 속에서 몸으로 실천했다. 당시에는 주로 도시의 가정집에서 모임을 가졌다. 이 시기의 가장 큰 특징은 기독교 교회의 교리적 발전은 없었지만 복음의 순수성만은 계속 유지되었다는 것이다.

## 10) 기독교의 공인

313년 2월 로마의 서방을 다스리던 콘스탄티누스Flavius Valerius Aurelius Constantinus 1세와 제국의 동방을 다스리던 리키니우스Gaius Valevius Licinanus Licinius가 밀라노 칙령Edictum Mediolanense을 발표한다. 밀라노 칙령은 로마 제국내의 모든 사람에게 신앙의 자유를 허용해 주고 기독교인에게 교회를 조직할 권리를 법적으로 보장해주는 것이다. 또한 기독교 탄압시대에 몰수한 교회의 재산을 돌려주고, 이에 대해 국가가 충분히 보상한다는 내용도 담고 있었다. 이것은 종교적인 예배나 제의에 대해서 로마제국은 철저하게 중립적 입장을 취한다는 내용의 포고문이었다.

기독교는 이미 311년 갈레리우스가 내린 칙령에 의해 이미 합법화되었다. 그러나 이 밀라노 칙령으로 인해 기독교는 로마제국의 더 적극적인 보호와 혜택을 누리게 되었다. 로마제국의 정치적이고 법적인 보호 아래에서 기독교인들은 자유롭게 신앙생활을 할 수 있게 되었다. 그리고 교회에 대한 핍박도 사라졌다.

그러나 문제는 이 칙령으로 인해 진정한 회심의 체험이 없는 사람이 교회에 들어오기 시작했다는 것이다. 사람들이 자신이 가진 이교신앙의 행습을 그대로 유지한 채 기독교인이 되면서부터 교회는 복음의 순수성을 잃어갔다. 이것은 교회의 타락과 함께 순수했던 복음의 교리가 혼탁해지는 결과를 낳았다. 게다가 325년 니케아 종교회의, 451년 칼케돈 종교회의를 거쳐 교회는 정치화되고 구조화 되었다. 이 시기에는 신학이 발전하고 성직자 계습이 형성되었다. 그러나 이 과정에서 복음 전도에 대한 열정은 점차 식어갔다.

## 11) 기독교 공인 이후의 선교

AD 313년 기독교가 공인되면서 복음의 확산은 더 빨라졌다. 그 동안은 무명의 자원봉사자에 의해 이루어졌던 선교가 점점 조직적이고 훈련을 받은 선교사에 의해서 이루어지기 시작한다. 기독교 공인 이후 100년 동안 기독교인의 숫자가 네 배가량 증가했다. 이때 활동했던 선교사들은 이레니우스Irenaeus, 울필라스Ulfilas, 투어스의 마틴Martin of Tours, 조명자 그레고리Gregory the Illuminator, 밀란의 암브로스St. Ambrose, 존 크리소스톰John Chrysostom 등이다.

기독교 공인되면서 선교는 주로 수도원을 중심으로 이루어졌다. 기독교가 공인되었기 때문에 대중적인 복음전파와 함께 교육사업이나 문서선교를 통한 전도가 이루어졌다. 그러나 복음을 전하는 방법에 있어서는 여전이 삶을 통한 관계중심 전도가 효과적이었다. 이 시기에는 사회활동이나 자선활동, 이적과 기적을 통한 능력대결 등 다양한 선교방법이 시도되었다. 그리고 특별히 로마의 보호를 받으며 도시 중심의 선교가 이루어졌다.

  이 시기 교회는 급속하게 성장했다. 기독교가 급격히 성장할 수 있었던 이유는, 복음의 능력과 성령의 역사, 기독교의 도덕적 우월성, 사람들의 필요를 채우는 선교방식, 복음의 불변성과 성경의 토착화, 교회의 계층 포용성, 교회조직의 세계성, 사회해체화 현상, 콘스탄틴의 정치적 지원, 기적과 이적Power Evangelism을 통한 선교, 그리고 활발해진 수도원 운동 등을 들 수 있다.

## 제3장 중세시대의 선교 500-1500

  중세 선교역사는 복음의 확산 범위에 따라 중세 초기와 후기로 구분할 필요가 있다. 중세 초기에는 중부 유럽이 복음화 되었고, 시기적으로는 AD 500년에서 AD 800년까지이다. 이 시기에 이슬람이 태동하고 팔레스타인과 북아프리카 지역을 잃게 된다. 후기는 AD 800년 이후를 말한다. 이 시기에는 북유럽과 러시아가 복음화 되었다. 그러나 선교에 대한 열정은 점차 식어가고 교회는 타락해 갔다.

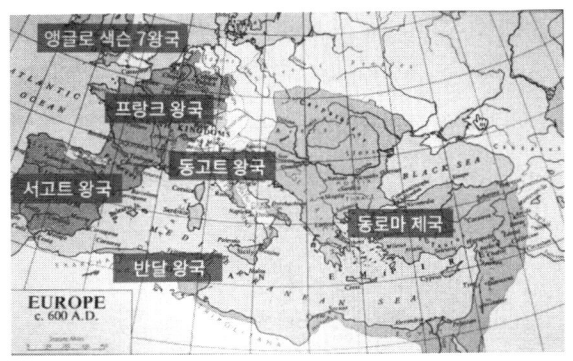

〈그림 3〉 AD 6세기 중세 지도54)

## 1. 유럽 복음화의 일꾼들

이 시대 유럽의 복음화에 힘썼던 대표적인 선교사는 다음과 같다.

### 1) 성 패트릭St. Patrick, 389-461

5세기 이후 영국과 중부 유럽 복음화에 있어서 가장 중요한 역할을 한 것은 성 패트릭St. Patrick이었다. 그는 엄밀히 말해서 초대교회 시대 사람이다. 아일랜드의 사도(성자, 수호신)로 불리는 패트릭은 영국의 기독교 가정에서 태어나 12세 때 아일랜드에 노예로 끌려갔다. 거기서 6년간 혹독한 노예생활을 하면서 놀라운 영적인 체험을 하게 된다. 이후 노예생활에서 탈출하여 영국에 돌아오지만 꿈에서 "거룩한 젊은이여, 이리로 와서 우리 사이를 거닐어 달라"는 환상을 본다. 그리고 그는 43세의 나이에 자신이 노예로 일했던 아일랜드로 돌아와 35년간 복

---

54) "독일 역사 시리즈, 독일과 프랑스, 그리고 이탈리아의 공통점은?" [온라인 자료] http://m.blog.daum.net/lovekhan/8062934, 2018년 12월 12일 접속

음을 전하는 사역을 했다. 그의 영향은 사후에도 지속되었고, 영국은 물론 다른 나라에까지 확산되었다. 패트릭은 현지어 사용과 여성사역을 강조하였다. 그의 사역을 통해 당시 200여개의 교회가 개척되고 10만 명이 개종했다.

### 2) 클로비스Clovis, 466-511의 회심

게르만족의 대이동 이후 혼란 속에 있던 유럽의 기독교화에 기여한 인물 중의 한 명이 바로 클로비스였다. 그는 프랑크 왕국 메로빙거 왕조의 실질적인 창시자로, 중세 초기에 서유럽 대부분의 지역을 지배하고 있었다. 기독교인 아내였던 클로틸다Clotilde가 여러 차례 기독교로 개종시키려 했지만 실패하였다. 그러나 첫째 아들인 인고메르Ingomer에게 세례를 주는 것은 허락 받는다. 그런데 그 아들이 그만 세상을 떠나면서, 화가 난 클로비스는 셋째 아들 클로도미르Clodomir에게는 세례를 주지 않는다.

이후 클로비스는 알레만니Alemanni족과의 전투에서 연이어 패배하며 궁지에 몰리자, 자기 아내가 믿는 하늘을 우러러 보면서 눈물로 기도한다. "아내 클로틸다가 살아계신 하나님의 독생자라고 일컫는 예수 그리스도, 당신은 어려움 속에 있는 사람들을 돕는 분이심을 저는 믿습니다. 이길 소망이 없는 저에게 승리를 주시면 당신의 도움을 결코 잊지 않을 뿐만 아니라 당신의 이름을 우리 민족 위에 높이 받들도록 하겠습니다. 당신을 믿을 것이며 당신의 이름으로 세례를 받을 것입니다. 이 뿐만 아니라 내가 지금까지 섬기던 신을 포기할 것입니다. 그들은 나에게 아무런 도움을 주지 못하는 잡신에 불과할 것입니다. 정말 도움을 청합니다. 나의 적들로부터 승리하게 하옵소서."

클로비스는 알라만니족과의 전투에서 결국 승리하였다. 그리고 자신이 약속한 대로 기독교로 개종하였다. 클로비스는 라임의 감독Bishop of Reims이었던 레미Remi를 초청해 자신의 전사 3,000명과 함께 집단으로 세례를 받았다. 이방인 왕으로서는 최초로 로마 가톨릭 교도가 된 것이다. 이 클로비스의 회심은 유럽의 기독교 선교에서 매우 중요한 사건이다. 그의 회심으로 인해 게르만족이 기독교 신앙을 받아들이게 되었고, 초대 교회와 다른 형태의 그리스도교 문화가 만들어지게 되었기 때문이다.

### 3) 콜럼바Columba, 521-597

아일랜드가 복음화 되면서 형성된 켈트 교회는 563년 콜럼바를 스코틀랜드 선교사로 파송하였다. 콜럼바는 아일랜드 북부지역 도네갈Donegal 주의 귀족출신으로 재능과 학식이 풍부한 사람이었다. 그는 청년시절부터 모빌Moville에 있는 수도원에서 훈련받으며 성경을 복사하는 일을 도왔다. 콜럼바는 사제로 서품을 받고 걸어 다니면서 복음을 전하고 수도원을 세웠다. 그는 스코틀랜드 픽트Picts족에 대한 선교열정 때문에 평생 동안 선교사로 헌신하게 된다.

콜럼바는 42세에 동료 선교사 12명과 함께 스코틀랜드 서부 해안의 아이오나 섬Iona에 수도원을 세웠다. 이 수도원은 일반적으로 기도, 금식, 묵상, 성경공부, 일상적인 노동을 할 수 있는 곳이었지만, 복음전도와 교회개척은 물론 선교사 훈련까지도 이루어졌다. 그 결과, 아이오나 수도원은 스코틀랜드 기독선교 역사상 가장 유명한 선교센터가 되었다. 그리고 스코틀랜드와 영국 북부의 노섬브리아Northumbria에 켈틱Celtic 기독교55)를 전파하는 중심지가 되었다.

〈사진 1〉 아이오나 수도원

콜럼바는 아이오나에서 수도사들을 훈련하여, 나가서 복음전하고 돌아와서 충전하도록 하는 선교전략을 사용했다forward-backward. 영국 노섬브리아Northumbria 왕국에 처음 수도원을 세웠던 아이단Aidan 역시 아이오나 수도원에서 훈련받은 수도사였다.

결국, 5세기 성 패트릭에 의해 시작된 켈틱 선교운동으로 아일랜드가 복음화 되었고, 콜럼바를 통해 스코틀랜드가 복음화 되었다. 그리고 콜럼바에게 훈련받은 아이단을 통해서 노섬브리아와 영국 전역이 복음화 된 것이다.

〈그림 4〉 성경을 복사하고 있는 콜럼바

### 4) 어거스틴Augustine. ?-604

AD 595년 켄트Kent 왕국에도 기독교가 전파되었다. 교황 그레고리 대제가 베네딕트Benedict 승려 40명과 함께 어거스틴을 영국에 파송했

---

55) '켈틱'(Celtic) 기독교란 로마교황청에 의해 통합되기 이전 켈틱 세계에 자리 잡고 있던 기독교를 의미한다. 켈트족은 인도유럽어족의 하나인 켈트어를 쓰는 아리안족으로 프랑스, 독일, 스위스, 알프스 산맥 주변에 거주하였다.

기 때문이다. 어거스틴은 앵글로 색슨족Anglo-Saxon의 야만성 때문에 거부감이 있었다. 하지만 결국 켄트에 상륙해 에델버트Ethelbert 왕에게 복음을 전했다. 에델버트 왕은 예수를 영접하고 세례를 받게 된다. 그리고

〈사진 2〉 켄터베리 대성당
Canterbury Cathedral

영국 역사상 최초로 기독교로 개종한 군주가 되었다. 어거스틴이 선교에 성공하면서 켄터베리 대성당Canterbury Cathedral을 건축하고 영국 최초의 대주교가 되었다. 이로 인해, 켄터베리 대성당은 영국 교회역사의 중심지가 되었고, 켄터베리 대주교는 영국교회의 상징이 되었다.

### 5) 콜럼바누스Columbanus, 543-615

켈틱 기독교는 영국을 복음화한 후 바다 건너 유럽 대륙에까지 선교를 펼쳐나갔다. 초기 아일랜드 수도사로 서유럽 복음화에 힘썼던 사람 중의 한 명이 바로 콜럼바누스였다. 뱅고어Bangor 수도원에 들어간 그는 거기서 콜럼바(아이오나 수도원)의 친구이자 학생이었던 콤갈Comgall에게 훈련을 받는다. 콜럼바누스는 589년 경 동료 12명과 함께 유럽에 선교사로 파송되었다. 그의 첫 사역지는 프랑스 동부지역이었다.

〈그림 5〉 곰 동굴에서 피정피정避靜 중인 콜럼바누스

콜럼바누스는 유럽에 수많은 수도원을

세웠다. 대표적인 것이 프랑스에 룩사이유Luxeuil, 이탈리아에 보비오Bobbio 수도원 등이다. 그리고 그가 영향을 주었거나 세운 수도원은 켈틱의 문화와 달력을 엄격히 따랐다. 그는 항상 규율에 엄격했다. 심지어 부르군디Burgundy의 왕 테오도릭 2세Theuderic II의 부도덕함까지도 담대하게 꾸짖는다. 그 일로 인해 그는 왕의 미움을 사게 되고, 결국 강제로 추방을 당한다. 그리고 613년에 북부 이탈리아에서 생을 마감하였다. 그러나 그의 동료였던 갈Gall, 550-645은 스위스로 넘어가 그곳에 수도원을 세우고 켈틱 기독교를 전파하였다.

〈사진 3〉 룩사이유 수도원        〈사진 4〉 보비오 수도원

### 6) 알로펜Alopen

중세시대 유럽이 아닌 아시아에 복음을 전한 선교사가 있었다. 바로 페르시아 출신 알로펜이다. '대진경교유행중국비'大秦景敎流行中國碑는 네스토리안 선교사였던 알로펜이 AD 635년에 중국 최초 선교사로 입국했다고 기록한다. 그는 당 태종太宗의 환대를 받으며, 수도 장안長安에서 동료와 함께 자기가 지니고 간 성경을 중국어로 번역했다. 또한 21명의 수도사를 위한 대진사大秦寺를 설립하였다.

⟨사진 5⟩ 대진경교유행중국비
大秦景敎流行中國碑

⟨그림 6⟩ 티벳 사신을 통역하는 알로펜
AD 41년 Yan Liben의 그림

　네스토리안 기독교景敎는 처음부터 선교지의 문화를 그대로 수용하여 현지인들과 소통하였다. 또한 의도적으로 불교, 도교 용어를 차용하여 사용했다. 이런 지나친 상황화 때문에 네스토리안 선교사들의 사역에 대한 비판의 목소리가 높기도 하다. 그럼에도 불구하고 이들에 의해 복음이 아시아에까지 들어갔다는 사실은 부인할 수 없다.

### 7) 보니페이스Boniface, 675-754

　8세기 중엽 중부유럽의 복음화에 힘썼던 선교사 중의 한 명이 바로 보니페이스였다. 그는 "어두운 시기를 비춘 가장 위대한 선교사," "기독교 선교 전 역사를 통틀어 가장 훌륭한 선교사," "어떤 영국 사람보다도 더 깊은 영향을 유럽 역사에 끼친 사람" 등으로 평가를 받는다. 특별히 "독일인의 사도"라 불리는 보니페이스는 영국의 베네딕트Benedict 수도사로, 독일과 프랑크 왕국Frankish Kingdom에서 40년간 사역했다.

　AD 716년 네덜란드 프리지아Frisia에서 처음 사역을 시작했던 보니페

〈그림 7〉 보니페이스

이스는 정치적 압력 때문에 출발은 그리 순조롭지 않았다. 그래서 그는 로마교황이었던 그레고리 2세Gregory II의 후원을 받아 교회를 개척하기 시작했다. 그는 사역 중 이교신앙을 철저히 배척하였다. 대표적인 것이 AD 724년에는 가이스마르Geismar 이교신앙의 중심이었던 토르Thor 참나무Oak Tree를 도끼로 찍어 버리고 그곳에 교회를 세운 것이다. AD 725-735년에는 주로 튈링겐주Thuringia에서 사역하였으며, 바이에른(Bavaria)에 교회를 조직하는 일에도 관여했다. 독일의 복음화에 힘썼던 보니페이스는 AD 754년 이교도들에 의해 순교를 당했다.

### 8) 아시시의 프란시스Francis of Assisi, 1181-1226

200년간 지속된 십자군 전쟁(1095-1291)으로 기독교와 이슬람의 관계는 완전히 단절되었다. 중세시대 로마 가톨릭의 이슬람선교는 소극적이고 적대적일 수밖에 없었다. 십자군전쟁이 한창이던 13세기 초에 아시시의 프란시스는 이슬람 선교에 대한 가능성을 보여주었다. 유럽의 주변부를 이슬람 세력이 감싸고 있었기 때문에, 이들을 복음화 하지 않고는 복음이 확산될 수 없었다.

프란시스는 무슬림 선교를 위해서는 논쟁과 다툼이 아닌 사랑과 겸손이 필요하다는 것을 강조했다. 그는 직접 이집트 술탄Sultan 앞에서 복음을 전하기도 했다. 특별히 그는 이슬람 종교나 선지자 무함마드를 공격하거나 비판하지 않으며 복음을 전했고 술탄을 위해 기도했다. 이것을 통해 프란시스는 삼위일체 하나님, 성육신하신 예수님의 십자가 처형, 죽음과 부활, 그리스도의 성령잉태 등의 복음의 메시지를 선포했다. 비록 직접적인 열매를 맺지는 못했

〈그림 8〉 프란시스와 술탄

지만 무슬림들에게 회개하고 자신의 메시지를 믿으라고 촉구했다. 이런 복음전도 방법은 중세교회의 방법과는 반대되는 것이었다. 하지만 무슬림 선교에 있어서 그의 선교방법은 지금까지도 유효하다.

## 9) 레이몬드 룰 Raymond Lull, 1235-1315

대표적인 이슬람 선교사를 꼽으라면 단연 레이몬드 룰이다. 룰은 스페인의 부유한 집안에서 태어났다. 그는 신비한 영적체험을 통해 선교사로 헌신하였다. 수도원에서 금식, 기도, 묵상생활에 충실하던 룰은 환상을 통해 선교의 비전을 갖게 되었다. 그는 1285년 북아프리카로 선교를 떠나지만 여러 어려움과 박해를 경험한다. 그럼에도 불구하고 그는 무슬림 선교는 군사적 힘이 아니라 기도에 의해서 이루어져야 한다고 믿었다.

〈그림 9〉 레이몬드 룰의 인생

룰은 무슬림 선교를 위해서는 학교를 세우고 교회를 개혁해야 한다고 생각했다. 그리고 교회 헌금의 10분의 1은 선교를 위해 써야 한다고 주장했다. 그는 이슬람 사역에 있어

서 가장 중요한 것은 언어(아랍어), 문서사역, 그리고 오랜 인내와 사랑으로 끈질기게 전도하는 것이라고 믿었다. 그는 1314년 82세의 나이에 북아프리카에서 사역하다가 성난 무슬림 폭도들에 의해 돌에 맞아 순교한다. 룰의 인생과 사역은 교회사의 가장 암울한 시대에 기독교 진리는 살아있다는 것을 잘 보여준다.

### 10) 몽테 콜비노의 존John of Monte Corvino, 1247-1328

〈그림 10〉 몽테 콜비노의 존

로마 가톨릭교회가 점차로 유럽 이외의 지역에 눈을 돌리기 시작했다. 대표적인 것이 프란시스Franciscan 수도사였던 몽테 콜비노의 존이었다. 니콜라스 4세Nicholas IV는 몽골의 황제 아르군 칸Arghun Khan의 요청에 따라 1294년 존을 중국 선교사로 파송했다. 그는 이미 페르시아에서 상당한 성과를 거둔 상태였다. 중국에 도착했을 때 몽골의 쿠빌라이 칸Kūblaí Khan은 이미 죽고 티무르Temür가 몽골을 장악하고 있었다. 그리고 중국에서 오래 동안 선교했던 네스토리안 교회가 로마 가톨릭 선교를 반대하고 있었다. 그럼에도 불구하고 존은 중국 황제의 신임을 얻어 북경에 교회를 설립하였다. 그리고 1307년에는 교황 클레멘트 5세Clement V에 의해 북경의 대주교로 임명되었다.

### 11) 기타

중세선교 시대에 중부유럽과 북유럽, 그리고 스칸디나비아 반도의 복음화가 이루어졌다. 앞에서 언급한 선교사들 외에도 영국 동부 연안 도서인 린디스환Lindisfarne에 수도원을 설립하고 앵글족과 색슨족에게 평화의 복음을 전했던 아이단Aidan, 북해를 건너 프리시아의 첫 선교사로 들어갔던 윌리브로드Willibroard, '북극의 사도'라고 불리는 안스카Anskar, 슬라브 최초의 선교사 콘스탄틴Constantine, 마게도냐에 파송되어 선교사훈련대학을 설립한 클레멘트Clement 등이 있다.

## 2. 중세선교 시대의 특징

중세시대 선교는 몇 가지 특징이 있다. 첫째, 중세는 국교國敎인 가톨릭 신앙이 사회의 전 영역을 지배했다cuius regio, eius religio(군주가 자기 영토의 종교를 결정한다). 그 결과 가톨릭교회의 영향력은 점차로 커지고 힘을 갖게 되었다. 이로 인해 명목상의 신자들은 무수히 늘어났다. 하지만 복음의 순수성은 오히려 사라져 갔다. 유럽 국가들이 기독교화 될수록 교회는 타락해 갔기 때문이다. 영적으로 볼 때, 이 시기는 선교의 암흑기라고도 할 수 있다.

둘째, 7세기 이후 이슬람 세력이 새롭게 확장되었다. 결국 십자군전쟁을 통해 기독교와 이슬람이 무력으로 충돌하게 된다. 1095년부터 1291년까지 약 200년에 걸친 십자군전쟁으로 기독교와 이슬람은 서로에게 커다란 아픔과 상처를 남겼다. 이것은 지금까지도 이슬람 선교의 가장 큰 장애요소가 되고 있다.

셋째, 콜럼부스Columbus가 신대륙을 발견하면서 선교의 새로운 장場

이 열렸다. AD 313년 콘스탄티누스 황제는 밀라노 칙령Edict of Milan을 선포했다. 이후 유럽은 기독교 국가화Christendom 되었다. 그런데 6세기에 알라의 선지자 무함마드가 출생하면서 이슬람이라는 종교가 태동한다. AD 632년 무함마드가 죽고 난 이후 이슬람 세계는 페르시아, 비잔틴 제국의 일부, 예루살렘, 이집트, 북아프리카, 스페인까지 그 세력을 확장해 나갔다. 결국 유럽 기독교권의 외곽을 이슬람이 차지하게 된 것이다. 이때 콜럼버스가 신대륙을 발견하면서 기독교는 이슬람에 의해 빼앗긴 것보다 더 많은 영토와 사람을 신대륙에서 얻게 된다.

넷째, 중세 선교에 있어서 가장 중요한 역할을 했던 수도원 운동을 꼽을 수 있다. 중세 시대에는 나라마다 많은 수도원이 세워졌다. 수도원에서는 개인의 영성훈련과 함께 신앙공동체 훈련, 그리고 선교사 양성 및 훈련이 이루어졌다. 수도원에서 훈련받은 선교자원은 교황청의 파송을 받아 어디든 가야했다. 그리고 수도원에서 훈련받은 것을 토대로 다양한 사역을 진행했다. 울필라스의 성경번역 선교, 콜롬바의 선교사 훈련학교, 보니페이스의 능력전도 등이 그것이다.

다섯째, 중세시대 선교의 특징 중의 하나는 바로 팀으로 선교사를 파송했다는 것이다. 어거스틴은 동료 40명과 함께 파송되었다, 콜럼바와 콜럼바누스는 각각 12명의 동료와 함께 선교했고, 윌리브로드도 11명의 팀이 함께 사역했다. 그리고 이들 대부분은 경험이 풍부하고 나이가 많았다. 성 패트릭은 43세, 콜럼바는 42세, 콜럼바누스는 50세, 보니페이스는 40세에 선교사로 파송 받았다.

여섯째, 이 시기에는 선교에 있어서 집단개종이 일어났다. 어거스틴이 켄트Kent의 에델버트 왕Ethelbert을 개종시킴으로써 1만 명의 국민이 한꺼번에 개종한다. 클로비스의 회심으로 3천명의 전사가 동시에 세례를 받기도 했다. 이것은 중세시대 가톨릭 신앙이 사회의 전 영역을 지배하고 있었기 때문에 가능했다.

이처럼 중세시대 많은 선교사에 의해 다양한 선교가 시도되었다. 지역적으로는 유럽뿐만 아니라 중국과 이슬람 지역에까지 복음이 전파되었다. 또한 아시시의 프란시스나 레이몬드 룰이 십자군전쟁으로 인해 닫혔던 이슬람 선교의 문을 조금씩 열기 시작했다. 그러나 중세 이후로 갈수록 선교에 대한 열정은 점차로 식어졌다.

## 3. 로마 가톨릭 선교의 성장

중세시대 로마 가톨릭 교회는 숫자적으로 크게 성장한다. 그 이유는 첫째, 가톨릭의 보편적, 우주적 교회관 때문이다. 이런 교회관 때문에 콜럼부스가 발견한 신대륙이 곧바로 가톨릭 교회의 교구가 될 수 있었다. 로마 교황청은 황제들에게 영토점유권을 주고 신대륙에 선교사와 사제를 보내 교회를 설립하도록 했다.

둘째, 로마 가톨릭 교회의 수도원 제도이다. 로마 가톨릭 수도사들은 청빈淸貧, 순결純潔, 순종順從 서약했다. 청빈은 사유재산을 소유하지 않겠다는 것이다. 순결은 결혼을 하지 않는다는 것으로, 수도사들은 처자식이 없이 독신으로 생활했다. 순종은 주님과 로마 교황청의 교권에 절대적으로 순종하겠다는 것을 의미한다. 이런 수도원 제도가 중세시대에 매우 중요한 선교의 공급원이 되었다. 이곳에서 훈련받은 사제들은 교황이 허락하면 언제든 선교지로 나갈 수 있었고, 또한 나가야만 했다.

셋째, 스페인, 포르투갈의 신대륙발견이다. 이들은 로마교황의 충성스러운 두 기둥이었다. 1492년 콜럼부스의 신대륙 발견으로 이슬람의 성장과 1517년 루터의 종교개혁 이후 유럽에서 잃은 신도의 몇 배를 신대륙에서 얻게 되었다. 이것이 18세기까지 지속되었다.

넷째, '빠트르나토'Patronato real, Royale Patronage 선교정책을 들 수 있다. 스페인과 포르투갈 두 나라가 15세기 중엽부터 세계 해상세력을 장악하면서 서로 충돌하였다. 교황 알렉산더 6세는 양국 간의 분쟁을 해결하기 위해 아조레스Azores 섬을 중심으로 대서양 상上에 분기점을 그었다. 그리고 아프리카, 동인도제도, 브라질은 포르투갈 왕에게, 그리고 나머지는 스페인 왕에게 점유권을 허락해 주었다. 스페인과 포르투갈 국왕은 1494년에 '토르데시야스 조약'The Treaty of Tordesillas에 서명하였다. 그리고 양국 국왕은 교황에게 하사 받은 신대륙에 자비自費로 교회를 세우고 사제를 임명하여 선교를 해야만 했다. 이것이 로마 교황청과 스페인, 포르투갈 왕권사이에 맺어진 상호 호혜적인 '빠트르나토' 선교정책이다. 이 정책 때문에 가톨릭교회는 숫자적으로 엄청난 성장을 한다. 하지만 교회와 세속정치세력과의 결합은 결국 가톨릭교회의 타락으로 이어졌다.

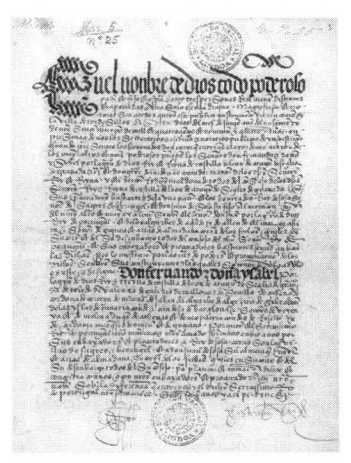

〈사진 6〉 토르데시야스 조약

## 제4장 종교개혁기의 선교 1500-1792

중세시대 이후부터 근대 개신교 선교운동이 일어나기까지의 선교를 종교개혁기의 선교시대라고 한다. 이 시기 종교개혁자들에게 선교사상이나 활동이 있었는지에 대해서는 의견이 분분하다.

### 1. 종교 개혁가들이 선교에 소극적이었던 이유

일반적으로 종교 개혁가들은 몇 가지 이유에서 해외선교에 대해서 적극적이지 못했다고 평가한다. 첫째, 선교신학적인 이유 때문이다. 종교 개혁가들은 로마 가톨릭 교황의 사도직 계승에 반대했다. 이 때문에 주님의 지상명령 자체도 당시 사도들에게 국한된 명령으로 이해했다. 그들이 그것이 이미 성취되었다고 보았던 것이다.

둘째, 종교 개혁가들의 우선순위 때문이다. 그들은 바른 교리와 삶의 회복이라는 교회 내부의 개혁을 최우선시 했다. 그래서 기존의 신자들을 참된 복음적 신앙으로 회복시키는 것이 바로 선교의 본질이라고 이해했다. 이것은 또한 16세기의 잘못된 종말론과도 연관이 있다. 종교 개혁가들은 세상의 마지막이 가까웠다는 '묵시주의' Apocalypticism 를 믿고 있었기 때문이다.

셋째, 개혁가들이 처한 내부적 현실의 문제 때문이다. 개신교는 그 세력과 숫자가 가톨릭에 비해 열세했다. 이들은 거대한 로마 가톨릭에 대항하여 신학적 논쟁과 정치적 투쟁을 해야만 했다. 그렇기 때문에 선교에 관심을 갖거나 선교사를 파송한다는 것은 불가능했고, 그럴 여력이 없었다. 종교 개혁가들의 최우선적 과제는 바로 교회개혁과 교회

쇄신이었다. 그야말로 극심한 사회적 혼란 속에서 생존을 위한 투쟁을 할 수밖에 없었다.

넷째, 선교정보의 부족 때문이다. 개신교는 가톨릭에 의해 둘러싸여 있었다. 그리고 그 외곽은 이슬람 세력이 장악하고 있었다. 그렇기 때문에 아시아나 신대륙의 복음화 되지 못한 비기독교들과 접촉할 수 있는 기회가 없었다. 그리고 그것이 있었다고 해도 스페인이나 포르투갈 등 천주교 국가가 해상권을 완전히 장악하고 있었기 때문에 해외로의 진출은 불가능했다.

다섯째, 가톨릭의 확장에 지대한 역할을 했던 종교적인 질서나 기구가 없었다. 종교 개혁가들은 가톨릭의 제도에 반발해 수도원제도까지도 거부했다. 로마 가톨릭은 이 수도원을 통해 선교사를 훈련하고 파송했다. 수도원 운동이 가톨릭의 해외선교에 매우 중요한 역할을 했던 것이다. 그런데 종교 개혁가들은 이런 선교기관이나 수도원을 인정하지 않았다.

종교 개혁가들은 그들의 선교신학, 교회론, 종말론, 그리고 자신들이 처한 사회·정치적 환경 때문에 타문화권 선교에 소극적이었다. 그럼에도 불구하고 이 시기에 선교는 하나님의 말씀에 순종한 여러 선교사에 의해 지속되었다. 종교 개혁가들도 미미하긴 하지만 선교를 시도하기도 했다.

개신교 신학자 최초로 세계선교의 중요성을 역설한 사람은 아드리안 사라비아Hadrian Saravia, 1531-1613이다. 사라비아는 그리스도의 지상명령은 모든all 세대 모든every 사람에게 적용되는 것이라는 '전신자 선교사주의'Every Believer's Missionary-hood를 주장하였다. 17세기에 저스티니안 폰 벨츠Justinian von Weltz, 1621-1668도 교회가 세계복음화의 책임을 감당해야 한다고 역설했다. 그 당시 이들의 주장은 받아들여지지 않았다. 이들 이외에도 당시 활발하게 사역했던 선교사는 다음과 같다.

## 2. 주요 선교사들

### 1) 바돌로매 드 라스 카사스 Father Bartholomew de Las Casas, 1484-1566

〈그림 11〉 정복자들에게 학대 받는 원주민들

15세기 말에 시작된 지리상의 발견은 로마 가톨릭 교회에 새로운 선교의 비전을 심어주었다. 교황이나 세속통치자들은 이 신대륙을 가톨릭 영역 안으로 끌어들이려고 노력했다. 그러나 신대륙 최대의 적은 '식민주의' 그 자체였다. 토착민을 향한 착취와 만행을 목격한 선교사는 식민지 관리를 향하여 비판의 목소리를 내기 시작했다. 그 대표적인 사람이 바로 라스 카사스이다. 그는 스페인의 가톨릭 사제로서, 아메리카 대륙에 최초로 건너간 선교사, 역사학자, 그리고 16세기 인권운동가였다. 그는 '반제국주의 혹은 반인종주의의 아버지'라 불린다. 라스 카사스는 인디안의 위대한 지도자로서 스페인의 식민주의와 맞섰다.

### 2) 프란시스 자비에르 Francis Xavier, 1506-1559

프란시스 자비에르는 가장 위대한 로마 가톨릭 교회의 선교사이자, 예수회의 공동 창설자이다. 그는 1542년 남부인도에서 3년을 보내며 수천 명의 개종자를 얻은 후, 말레이반도와 그 부족 도서지방에 가서

다시 3년을 보내게 된다. 1549년 8월 15일 그는 다른 두 명의 예수회원과 함께 '해 뜨는 곳' 일본에서 2년 동안 사역했으며, 그의 사역을 통해 수많은 사람이 개종하였다. 26개월 동안 사역하다가 다시 인도로 돌아가는 도중 자비에르는 마카오에서 병으로 사망한다. 그가 죽고 난 이후 유럽에서 태어난 선교사가 바로 마테오 리치이다.

〈사진 7〉 프란시스 자비에르

### 3) 마테오 리치 Matteo Ricci, 1552-1610

1368년에 명나라가 선교사를 축출함으로 중국내 기독교는 점차 소멸되고 있었다. 그런데 200년이 지난 후 예수회 선교회 소속의 마테오 리치가 마카오의 포르투갈 식민지를 디딤돌로 삼아 북경에 도착했다. 그는 1601년 황제의 공식적인 시계 담당관으로 일하면서 많은 지식인들을 기독교로 개종시켰다.

〈그림 12〉 마테오 리치

리치는 중국의 유교사상을 자연스럽게 받아들이고, 중국고대의 사상이 인간에게 크게 기여할 수 있다고 경의를 표하곤 했다. 그는 '타불라 라사'Tableau rasa 정책에 반대하였다. '타불라 라사' 정책이란, 불신자가 가지고 있는 모든 철학, 도덕, 종교적 심성은 전적으로 기독교 신앙에 해롭기 때문에 철저하게 뿌리 뽑고 무시해야만 복음을 효과적으로 전할 수 있다는 것이다. 리치의 영향력이 커지면서 다른 예수회원들도 자유롭게 여행할 수 있게 되었다. 그 결과 1650년에는 거의 250,000명의 개종자를 얻게 되었다.

### 4) 로버트 드 노빌리 Robert de Nobili, 1577-1656 : 인도의 성자

로버트 데 노빌리는 명문가 출신의 이탈리아 예수회 수도사이다. 그는 1605년 인도에 도착해 피셔해안에서 몇 개월 체류하면서 타밀어를 공부한 후 마두라이로 갔다. 그는 50년간을 남부인도에서 보내면서 인도 세계관에 입각한 복음전도를 시작했다. 그는 브라만의 관습과 선입견들을 면밀히 검토하고 그들의 감정을 상하게 할 만한 것은 사용하지 않았다. 인도인의 눈에 부정한 것으로 보이는 것을 피하기 위해 그는 기존의 기독교회와의 거래조차도 끊었다. 노빌리의 이런 대담한 시도는 성공을 거두었다. 그는 또한 공개토론을 통해 상류계층에서 놀라운 열매를 맺었다.

〈그림 13〉 로버트 드 노빌리

### 5) 경건주의 선교운동

18세기에 교회의 지도자들과 신학자들은 여전히 해외선교에 부정적이었다. 이런 상황 속에서 선교의 서곡을 울린 것은 바로 경건주의자들이었다. 경건주의자였던 덴마크의 왕 페르디난드 4세 Ferdinand IV 는 인도 남쪽 끝에 위치한 트랜퀴바 Tranquebar 를 복음화하기 위해 할레대학(1694년 시작)에 선교사를 파송해 달라고 요청하였다. 이에 대해 바돌로매 지겐발크Bartholemew Ziegenbalg와 헨리 플뤼차우Henry Plutschau가 자원함으로 덴마크-할레 선교회가 생겨나게 되었다. 할레대학의 교수였던 어거스트 프랑케August Hermann Francke는 할레대학을 유럽의 경건주의 운동과 18세기의 해외선교 운동의 중심지로 바꾸어 놓았다.

한편, 모라비안 교회의 감독이었던 니콜라우스 진젠도르프Nicolaus Ludwig Zinzendorf, 1700-1760 백작은 30년간 세계 선교활동을 격려하고 지원하였다. 진젠도르프와 프랑케는 18세기에 있어 가장 훌륭한 선교지도자로 꼽힌다. 1730년 코펜하겐을 방문 중이던 진젠도르프는 서인도에서 온 한 흑인과 그린랜드 출신의 두 에스키모인을 만나는데, 그들 모두는 선교 헌신자였다. 그들에게 깊은 감동을 받은 진젠도르프는 헤른후트Herrnhut에 돌아와 그 문제를 놓고 고민하다가 선교에 온전히 헌신하게 된다. 그들은 버진 열도의 덴마크령 성 토마스 섬에 있는 흑인 노예를 대상으로 선교하였다. 그 다음 사역의 지경이 그린랜드, 수리남, 황금해안, 남아프리카, 북미 인디언, 자마이카, 안티구아로 확장되었다. 그들은 1732년에서 1760년 사이에 226명의 모라비안 선교사를 해외로 파송하였다. 이들은 공식적인 신학교육을 받거나 훈련받은 사람들이 아니었다. 그럼에도 불구하고 이후 모라비안 교도들은 계속해서 선교사를 파송했다.

## 제 5 장  근대 개신교 선교 1972-

랄프 윈터Ralph D. Winter는 윌리엄 캐리 이후 근대 개신교 선교운동을 3기로 구분한다.

도표 1. 근대 개신교 운동의 세 시기

| 구분 | 제 1기 | 제 2기 | 제 3기 |
|---|---|---|---|
| 시기 | 1792-1910 | 1865-1980 | 1934- |
| 시대 | 연안선교시대 | 내지선교시대 | 미전도종족 선교시대 |
| 주요인물 | 윌리엄 캐리 (William Carey) | 허드슨 테일러 (Hudson Taylor) | 도날드 맥가브란 (Donald McGavran) 카메룬 타운젠트 (Cameron Townsend) |
| 주관 | 교회와 교단중심 | 믿음선교 기관들 | 전문 선교단체들 |
| 주도세력 | 유럽주도 | 미국 주도 | 비서구 중심 |
| 전략 | 지리적 전략 | 지리적 전략 | 지역이 아닌 미전도 종족 전략 |

### 1. 개신교의 1기 선교 1792-1910

#### 1) 윌리엄 캐리 William Carey, 1761-1834

영국의 가난한 구두 수선공이었던 윌리엄 캐리는 "근대 선교의 아버지"로 불린다. 그가 선교에 대한 열정을 갖게 된 것은 어린 시절에 "쿡 선장의 마지막 항해"를 읽으면서 부터이다. 그는 손에 잡히는 대로 책을 탐독했고, 독학으로 수개국어를 습득한 노력파였다. 그리고 1792년 87페이지에 달하는 "이방인들을 구원하기 위해 기독교인들이 강구해야 할 수단An Enquiry into the Obligation of Christians to Use Means for the

Conversion of the Heathens"이라는 소책자를 출간했다. 그는 이 책에서 세계선교는 그리스도인이 반드시 해야 할 의무임을 강조하였다. 이것은 마틴 루터의 '95개 조항'에 견줄 만큼 기독교 선교역사에 있어서 하나의 중요한 이정표가 되었다.

캐리는 1792년 노팅햄의 침례교 교역자연합회에서 이사야서 54장 2-3절 "네 장막 터를 넓히며 네 처소의 휘장을 아끼지 말고 널리 펴되 너의 줄을 길게 하며 너의 말뚝을 견고히 할지어다 이는 네가 좌우로 펴지며 네 자손은 열방을 얻으며 황폐한 성읍들을 사람 살 곳이 되게 할 것임이라"는 말씀을 가지고 여러 목회자에게 하나님의 비전을 심어주었다. 또한 "하나님으로부터 위대한 일을 기대하라, 하나님을 위해 위대한 일을 시도하라"Expect great things from God, attempt great things for God 고 설교함으로 많은 사람을 도전하였다. 이렇게 감동과 도전을 받은 목사들은 새로운 선교회를 만들기로 합의하고 침례교 선교회Baptist Missionary Society를 구성했다.

1793년 윌리엄 캐리는 여러 역경 속에서 결국 32세의 나이에 인도 선교사가 되었다. 그리고 40년간 인도에서 선교사역을 감당했다. 캐리의 노고와 헌신으로 인해 유럽과 미국에 많은 선교기관이 설립되었다. 그 중에 대표적인 것이 런던선교회(1795), 스코틀랜드와 글라스고우 선교회(1796), 네덜란드선교회(1797), 영국교회선교회(1799), 영국해외성서공회(1804), 미국해외선교위원회(1810), 미국침례선교협회(1814), 미국성서공회(1816) 등이다. 이처럼 19세기 선교에 있어서 가장 큰 영향을 끼친 인물이 바로 윌리엄 캐리이다.

역사는 윌리엄 캐리를 '근대선교의 아버지'라고 칭한다. 그 이유는 첫째, 그가 그 당시 만연했던 고등 칼빈주의 신학인 '극단적인 구원론' 문제를 해결하였기 때문이다. 둘째, 그는 다양한 선교 정보를 제공하였다. 셋째, 1792년 선교사회Missionary Society를 시작으로 다양한 선교회 설립에 기여했다. 넷째, 성경 번역 사역에 착수하여 40년간 인도에서 44개 언어와 방언으로 성경을 번역했다. 다섯째, 유럽교회를 선교 동원Mobilization하는 일에 적극적이었다. 이렇게 볼 때, 윌리엄 캐리는 '근대선교의 아버지'보다는 '근대 선교운동의 아버지'로 불리는 것이 더 적절해 보인다.

## 2) 아도니람 저드슨과 건초더미 기도회 운동

1812년 인도에 들어간 아도니람 저드슨Adoniram Judson, 1788-1850 부부와 다른 6명의 선교사는 미국 최초의 해외선교사가 된다. 소수의 앤도버 신학교Andover Theological Seminary 학생이 가졌던 선교의 열정이 미국선교사파송위원회를 결성하도록 촉진하였다. 이것이 바로 미국 해외선교의 소박한 시작이다.

저드슨은 동인도회사의 방해공작으로 인도를 떠나 미얀마로 들어가 일생동안 사역했다. 그는 배타적이고 마음의 문이 굳게 닫힌 미얀마 사람들에게 온갖 어려움을 당하지만, 결국 그들에게 복음을 전하고 미얀마어로 성경을 번역했다.

## 3) 1기 선교의 특징

이 시기 선교는 교통과 통신의 어려움과 전략의 부재로 어려움을 겪고 있었다. 그러나 위대한 초기 선교사의 헌신과 희생으로 말미암아 복음은 점점 확산되어 나갔다. 19세기 초 아프리카에 파송된 선교사의 평균 생존기간은 2년이었으며, 10년 이상 선교지에서 생존할 확률은

20명 중 1명 뿐 이었다. 그럼에도 불구하고 수많은 유럽의 젊은이가 아프리카로 향했다. 그러나 사역에 있어서는 주로 유럽의 문화가 전파된 식민지 상황의 사역이었으며, 유럽지역 교회 중심의 선교였다.

## 2. 개신교 2기 선교 1865-1980

### 1) 허드슨 테일러

허드슨 테일러 Hudson Taylor, 1832-1905 는 영국 출신으로, 사도 바울 이후 19세기 선교사들 가운데 가장 큰 비전을 가지고 사역했던 선교사 중의 한 명이다. 1853년 21세의 나이로 중국복음화선교회의 파송을 받아 중국 상해에 머물다가 사치스런 선교사들에게 환멸을 느낀다. 그래서 개신교 선교사가 가본 적 없는 내륙으로 들어가 사역하기 시작했다. 그는 1865년 자신의 선교경험과 성격이 반영되어진 '중국내지선교회' China Inland Mission 를 정식으로 출범시켰다. 테일러는 지식인들과 정식 목회자들로서는 중국복음화가 힘들다는 것을 알고 영국의 노동자들 중 헌신된 남녀일꾼들을 모집하였다. 그것을 통해 중국에서 활동하고 있는 다른 선교단체와의 불필요한 경쟁을 피할 수 있었다. 테일러는 '믿음선교' Faith Mission 를 주장하며, 재정문제에 있어서 철저하게 하나님께만 의지하는 선교정책을 취했다. 이 부분에 대해서는 여러 논란이 있을 수 있다. 그럼에도 불구하고 허드슨 테일러가 기독교 선교에 지대한 영향을 미쳤음은 부정할 수 없다.

### 2) 2기 선교의 특징

이 시기 선교는 교단적 지원을 넘어선 '믿음선교'가 시작되었고, 초교파적 단체들이 등장했으며, 안수 받지 않은 사람들이 대거 선교에 동참하였다는 점이다. 또한 허드슨 테일러는 선교본부는 중국에 위치해야 한다고 주장하였다. 그리고 이때부터 선교의 중심은 유럽이 아닌 미국 교회로 바뀌게 되었다. 이 시기 미국에서는 학생자원운동Student Volunteer Movement이 일어나 10만 명이 넘는 젊은이가 선교에 헌신했다.

## 3. 개신교 3기 선교 1934년 이후

### 1) 윌리엄 카메룬 타운젠트 William Cameron Townsend

카메룬 타운젠트는 성경번역선교회WBT/SIL의 설립자이다. 빌리 그래함은 그를 "우리 시대 최고의 선교사"라고 칭찬한다. 미국선교센터의 랄프 윈터Ralph D. Winter 역시 그를 지난 2세기 동안 윌리엄 캐리나 허드슨 테일러와 견줄 수 있는 가장 훌륭한 3인의 선교사 중 한 사람으로 보았다.

타운젠트는 대학 시절 학생자원운동에 가입하여 활동하다가 존 모트John Mott의 설교에 도전을 받고 선교사로 헌신했다. 1917년 과테말라에서 선교사역을 시작했는데, 하루는 자신이 사역하던 칵치켈Kaqchikel 인디언에게 그들의 언어로 된 성경이 없다는 것을 깨닫게 된다. 그리고 그들 중 한 명이 '당신네 신이 그렇게 똑똑하다면서 왜 우리말도 모릅니까?'라는 질문에 충격을 받고 성경번역사역을 시작했다.

타운젠트는 알칸사스에서 위클리프 캠프를 설립하였다. 그는 이후 성경번역사역에 온 일생을 바쳤는데, 그것은 어떤 것보다도 성경에 대한 확신과 믿음 때문이었다. 그는 "가장 훌륭한 선교사는 선교지 원주민의 언어로 써진 성경이다. 성경은 선교사들처럼 안식년도 필요 없고 외국인이라고 배척받는 일도 없다"는 것을 강조한다.

### 2) 도날드 맥가브란과 교회성장학People Group Movement

도날드 맥가브란Donald McGavran은 인도에서 선교사역을 시작했다. 콜롬비아대학에서 박사학위 과정을 밟은 후 다시 20년 정도 더 인도에서 사역하면서 대중운동Mass Movements에 대해 연구하였다. 오래 전부터 그는 현재 선교사들의 사역을 통해서는 세계복음화라는 목표 달성이 어렵다는 것을 깨닫고 새로운 전략이 세워져야 한다고 생각했다. 그때부터 그는 여러 기독교 학교에서 선교학을 강의하였다. 1961년에는 기독교 역사상 선교방법론에 대한 연구가 가장 활발했던 것으로 알려진 교회성장연구소Institute of Church Growth를 세웠다. 그에게 있어 최선책은 '대중운동'이었다. 즉 부족 전체나 동질성 집단Homogeneous Units 전체를 기독교로 이끄는 것이다. 그런 집단-개인의 개종은 개별적인 회심보다 훨씬 더 안정되고 교회성장을 지속하게 해준다. '동질성 집단의 원리'라고 명명한 맥가브란의 대중운동 개념은 1974년 로잔회의에서 발표된 후 전 세계에 널리 퍼졌다. 그의 선교전략은 1955년 이전까지 모든 선교회를 지배했던 전통적이고, 전혀 생산적이지 못했던 선교방법들 모조리 뒤흔들어 놓았다.

## 4. 근대 개신교 선교운동

지난 2천여 년 동안 수많은 사람이 지상대위임 명령에 순종하여 생명을 걸고 복음을 전했다. 1년에 순교하는 사람만도 178,000명에 이른다. 하지만 아직도 복음에 대해 들어 보지 못한 미전도 종족이 20억 명이 넘는다. 여기에서 우리에게 의문이 생길 수밖에 없다. 과연 전 세계 복음화가 가능한 것인가 하는 것이다.

라토렛 교수는 오늘날 기독교가 전진하고 있는지 후퇴하고 있는지를 측정하는 기준으로 4가지를 제시한다. 첫째, 기독교인의 수, 둘째, 지리적 확산의 정도, 셋째, 영적 생동력, 그리고 마지막으로 사회에 대한 기독교의 영향력이다. 기독교인의 숫자는 성장했지만 동시에 세계 복음화를 위하여 진전이 있었다고 말하기는 쉽지 않다. 지난 2천 년 동안 1/3의 장벽을 아직도 못 넘고 있기 때문이다. 지리적 확산에 있어서는 지난 반세기 동안 기독교는 서구중심에서 벗어나 전 세계의 종교가 되었고, 전 세계 모든 나라에 교회가 세워져 가고 있다는 점에서 긍정적이라 할 수 있다. 그러나 영적 생동력과 사회에 대한 기독교의 영향력은 사실상 낙제점에 가깝다. 20세기 복음주의의 거장인 존 스토트는 오늘날 교회에서 가장 필요로 하는 것은 "복음의 가시성visibility을 회복하는 것"이라고 지적한다. 복음은 교리나 논리로 귀에만 들리는 것이 아니라 우리의 눈에 보이는 것이 되어야 한다. 교회는 이 세상의 빛과 소금이 되어야 한다. 한국교회는 그 동안의 성공과 부흥에만 도취되어 있을 것이 아니라 하나님의 나라를 위해 다시 일어나야 한다. 그리고 새롭게 선교역사를 써내려가야 한다.

## 제6장 한국교회의 선교역사

### 1. 하나님이 조선을 이처럼 사랑하사

한국은 5,000년의 무속신앙, 1,400년의 불교문화, 그리고 유교 전통이 뿌리 깊게 자리하고 있는 나라였다. 게다가 조선시대 흥선대원군의 쇄국정책으로 인해 서양의 근대화 문물이나 기독교를 접할 수 있는 기회조차 갖지 못했다. 그런 조선을 하나님은 사랑하셨다. 한국 기독교 역사를 보면, 천주교는 1784년에, 기독교는 1885년에 전파되었다. 그러나 그것보다 훨씬 이전인 신라시대에도 기독교의 흔적은 발견된다. 신라시대 석굴암에 반영된 헬레니즘 양식, 불국사 경내에서 발견된 경교景敎의 돌 십자가와 성모 마리아상, 그리고 남한산성에서 발굴된 천주 문양 대형기와가 바로 그것이다.

〈사진 8〉 경교의 돌십자가
1956년 경주 불국사에서 발견
숭실대 한국기독교박물관 소장

〈사진 9〉 마리아상
8-9세기 통일신라시대 유물
숭실대 한국기독교박물관 소장

충분한 역사적 증거와 문헌의 부족으로 그것을 정확히 입증할 수는 없지만, 신라시대에 기독교와의 접촉이 있었다는 것을 단적으로 보여주는 흔적이다. 다만, 그 당시에는 경교가 불교의 한 분파로 받아들여졌던 것으로 추정하고 있다.

한국에 최초로 기독교인과의 접촉은 조선 인조 때 귀화한 네덜란드인 얀 얀스 벨테브레Jan Janse Weltevree, 한국명 박연에 의해서이다. 그는 아시아에 왔다가 1627년 우베르케르크호Ouwerkerck를 타고 일본 나가사키를 향하던 중 태풍에 밀려 제주도 해안에 표착漂着했다. 그는 동료였던 히아베르츠D. Gitsberts, 피에테르츠J. Pieterz와 함께 식수를 구하려고 해안에 상륙하였다가 붙잡혀 서울로 호송되었다. 이들은 결국 조선에 귀화하여 훈련도감 소속으로 무기제조를 담당하였다. 이들은 나중에 제주도에 표류한 네덜란드인 핸드릭 하멜Hendrik Hamel의 통역을 맡기도 했다. 그리고 약 200년 정도 후인 1816년에 영국 고함 알세스토Alceste호의 함장 맥스웰Murray Maxwell과 리라Lyra호의 함장 버질 홀Basl Holl이 조선인 조대복趙大福에게 최초로 성경을 건네주었다.

우리나라에 들어온 최초의 정식 선교사는 네덜란드 선교회 소속의 독일인 칼 귀츨라프Gützlaff, Karl Friedrich August이다. 그는 1832년 2월 중국시장 개척을 목적으로 항해하는 영국 동인도 회사의 로드 암허스트Lord Amherst 호에 의사 겸 통역으로 승선하였다. 귀츨라프는 한국 최초의 개신교 선교사였을 뿐만 아니라 한문 성경을 국왕에게 예물로 드린 최초의 전도자요, 최초로 주기도문의 한글 번역을 시도한 사람이었다.

귀츨라프 이후 33년이 지난 1865년 9월 영국 회중교회 소속 선교사인 토마스Robert J. Thomas가 황해도 장연 소래마을에 도착했다. 그리고 이듬 해 토마스는 조선 땅에 대한 선교적 부담을 가지고 미국의 무장상선 제너럴 셔먼호General Sherman를 타고 다시 조선에 들어왔다. 토마스 선교사는 조선에 복음을 전하기 원했지만 그 뜻을 이루지 못하고 대동강변에서 조선군 수병 박춘권에 의해 순교를 당했다. 그 때 그의 나이는 고작 27세였다. 그러나 그가 전해준 성경을 건네받은 포졸 박춘권은 후일 안주교회의 영수領袖가 되고, 최치량은 장대현교회의 영수가 되었다. 그리고 당시 관료였던 박영식은 예수를 믿은 후 자기 집을 예배당으로 내놓았는데, 그 집이 이후 '널다리교회'가 되었다.

　1882년 '한미 수호조약'이 체결되면서 본격적인 조선 선교의 문이 열렸다. 한미 수호조약 이후 보빙사報聘使로 파견된 민영익이 워싱턴으로 향하는 기차에서 가우처John F. Faucher 목사를 만나 한국에 대해 소개하였다. 이후 1884년 9월 22일 알렌Horace N. Allen이 최초의 의료선교사로 한국에 도착하였다. 그러나 정식으로 교단 파송을 받고 선교사로 조선에 들어 온 것은 미국 북장로회 소속 언더우드Horace G. Underwood와 감리교의 아펜젤러Henry Gernart Appenzeller였다. 이 두 선교사가 1885년 4월 5일 부활주일 아침에 함께 인천 제물포 항에 상륙함으로써 한국선교가 시작되었다.

〈그림 14〉 칼 귀츨라프　〈그림 15〉 대동강변에서 잡힌 토마스 선교사

〈사진 10〉 1883년 9월 미국에 도착한 보빙사의 첫 번째 공식 기념사진

앞줄 왼쪽부터: 부사 홍영식, 정사 민영익, 종사관 서광범, 미국인 퍼시벌 로웰(Percival Lawrence Lowell)

뒷줄 왼쪽부터: 무관 현흥택과 최경석, 수행원 유길준, 고영철, 변수

## 2. 선교사 이전에 조선 땅을 위해 일하신 하나님

북중국과 만주지역을 대상으로 활동하고 있었던 존 로스John Ross와 맥킨타이어John Macintyre 선교사는 1874년 조선과 중국의 교역 장소였던 고려문高麗門을 방문하였다. 그곳에서 평안북도 출신 이응찬을 만나 조선말을 배웠다. 그들은 조선의 복음화를 위해서는 성경번역이 매우 효과적이라고 판단하고, 조선인 청년들 이응찬, 서상륜, 백홍준, 김진기, 이성하 등과 함께 성경을 번역하였다. 그 결과 1882년에 "예수성교

〈사진 11〉 존 로스 선교사

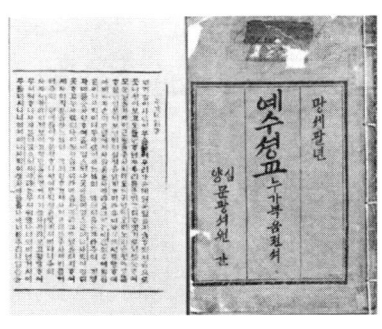

〈사진 12〉 존 로스 역

누가복음젼서"가 번역되었고, 1883년에는 사도행전, 1887년에는 신약성경 전체가 번역되었다.

서상륜徐相崙, 1848-1926은 만주에서 존 로스에게 세례를 받고 한국 최초의 개신교 신자가 되었다. 그는 존 로스, 맥킨타이어 선교사와 함께 번역했던 성경을 가지고 압록강변에서 전도활동을 하였다. 그리고 우리나라 최초로 '소래교회'가 설립되었다.

〈사진 13〉 소래교회

이러한 일은 중국에서만 일어난 것이 아니다. 하나님은 조선을 구원하시기 위해 여러 모양으로 준비하고 계셨다. 만주에서 성경번역이 활발하게 진행되고 있을 때, 일본에서도 한국선교를 위한 작업이 진행되었다. 1881년 고종의 명을 받은 신사유람단紳士遊覽團의 일원으로 일본을 방문한 안종수는 일본 농학계에서 유명한 쯔다센津田仙에게 농학에 대한 지식과 함께 복음에 대해서도 전해 듣는다. 한편 이수정은 1882년 수신사修信使 박영효 일행의 유학 겸 수행원으로 일본을 방문한다. 일본에 도착한 이수정은 친구였던 안종수의 소개로 쯔다센을 만나게 된다. 그리고 그는 쯔다센에게 기독교 교리에 대해 배우고, 선물로 받은 한문성경을 읽다가 감동을 받는다. 이수정은 1883년 4월 세례를 받고 일본에서 성경번역 작업을 시작했다. 그리고 1883년에 한문성경에 우리말 토吐를 단 4복음서와 사도행전을 출간하였다.

1885년 조선에 들어온 언더우드와 아펜젤러 선교사는 조선에 도착하기 전 일본에서 이수정에게 한글을 배웠고, 이수정이 번역한 마가복음을 가지고 조선에 들어왔다. 이처럼 한국은 선교사가 들어오기 이전

〈사진 14〉 이수정
1842-1896

〈사진 15〉 언더우드
Horace G. Underwood,
1859-1916

〈사진 16〉 아펜젤러
Henry Gerhard Appenzeller,
1858-1902

에 이미 한국인에 의해 성경이 번역되었다. 또한 선교사가 복음을 전하기 이전에 조선 사람에 의해 복음전파가 이루어졌다. 이것은 조선을 사랑하신 하나님께서 하신 일이었다.

## 3. 본격적인 선교가 시작되다

우리나라에 들어온 선교사들은 복음전파만을 고집하지 않고 의료선교와 교육사업을 동시에 진행했다. 이것은 1884년 7월의 고종이 선교사들에게 '학교와 병원'만을 허용한 원인도 있지만, 우리나라가 근대화 교육과 의료혜택을 필요로 했기 때문이었다.

### 1) 의료선교

우리나라 최초의 의료선교사였던 알렌이 도착한지 얼마 되지 않은 때에 갑신정변이 일어났다. 이때 민비의 조카인 민영익이 큰 부상을 입었다. 알렌은 민영익을 살리면서 고종 황제의 주치의가 되었다. 그리고 정변 때 죽은 홍영식의 집을 병원으로 사용하게 되었다. 이 병원이 바로 한국 최초의 근대식 병원인 '광혜원'廣惠院이다. 후에 고종은 이 병원에 제중원濟衆院이라는 이름을 하사하였다. 제중원이 개원되면서 1885년 의료선교사로 입국한 미 감리교 스크랜톤Mary Scranton, 장로교의 헤론John W. Heron이 외래환자를 진료하였다. 이후 1894년에 미국 오하이오 주의 실업가인 세브란스L. H. Severrance가 거금을 희사함으로 남대문 밖 지금의 서울역 앞에 대지를 구입하고, 그곳에 현대식 건물을 짓고 이전하였다. 이것이 바로 지금의 세브란스 병원이 된 것이다.

## 2) 교육사업

학교를 통한 교육선교도 같은 맥락에서 이해할 수 있다. 알렌이 공식적인 신분이 의사였다면 언더우드와 아펜젤러는 교사였다. 선교에 있어서 의료와 교육은 전초작업의 두 축이나 다름없다. 의료가 질병에 걸린 사람을 대상으로 한다면, 교육은 배우지 못한 어른과 어린이를 모두 포괄하는 큰 밭이었다.

언더우드와 아펜젤러는 제중원과 정동 진료소에서 진료를 맡으면서 1885년 말에 두세 명의 학생들을 가르쳤다. 1886년 2월에는 정부의 허가를 얻어 조그마한 집에서 학교를 시작했다. 이것이 발전해 '언더우드 학당,' '예수교 학당,' '민노아 학당' 등으로 불리다가 지금의 경신학교(1905)가 된 것이다. 감리교의 아펜젤러도 1886년 6월 8일 두 명의 학생으로 학교를 시작했는데, 후에 이것이 근대 교육의 효시인 배재학당이 되었다.

학교에 몰려든 학생들은 영어를 배워 출세하려는 욕심으로 공부를 시작했지만, 성경을 읽고 선교사들과 예배하면서 조금씩 기독교인들로 변화되었다. 이외에도 1886년 5월 31일에 메리 스크랜튼Mary Scranton 부인에 의해 시작된 이화학당梨花學堂, 1887년 6월 애니 엘러스Annie J. Ellers에 의해 시작된 정동여학당, 평양/숭실학교(1894), 숭의여학교(1903), 광성학교(1894), 정의여학교(1899), 대구/계성학교(1906), 신명여학교(1903), 광주/숭일학교(1907), 수피아여학교(1908) 등 많은 학교가 그 뒤를 이어 시작되었다.

### 3) 성경번역과 문서선교

한국 선교의 가장 큰 특징 중의 하나는 선교사들이 들어오기 전에 이미 우리말로 성경이 번역되고 발행되었다는 것이다. 그리고 이미 그것을 통해 기독교로 개종한 사람들이 있었다. 국내에 들어온 선교사들은 의료와 교육사업과 함께 성경번역을 시작하였다. 처음에는 만주나 일본에서 번역된 성경을 개정하는 방식이었다. 그 결과 언더우드에 의해 1887년 1차 「마가복음」이 번역 출판되었다.

1887년 성서번역위원회가 구성되고 언더우드, 아펜젤러, 스크랜튼이 위원으로 선임되었다. 이들의 성경번역은 첫째, 선교사들과 조사들이 먼저 번역하고, 둘째, 다른 번역자들에게 보여 그들의 견해를 듣고 수정하고, 셋째, 다시 다른 번역자들이 읽고 의견을 개진한 다음, 마지막으로 위원회에서 한 절씩 읽어 가면서 토의로 결정하자는 원칙을 가지고 번역작업을 했다.

이들의 노력으로 1892년에 「마태복음전」, 1900년에 신약성경이 완전히 번역되었고, 1904년 1차 개정본을 거쳐 1906년에 공인역본 「신약전서」가 출판되었다. 그리고 1910년에는 구약번역이 완료되었다. 이 신구약 성경을 흔히 '구역舊譯성서'라고 하였다. 이것은 1937년

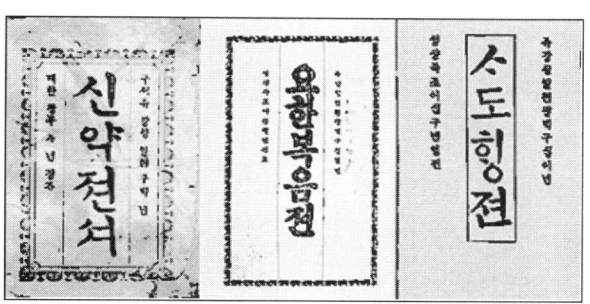

〈사진 17〉 한국 최초로 완역 된 신약전서(왼쪽)와
그 낱권인 요한복음전과 사도행전

에 출판된 '개역改譯성서'와 구분하기 위해 붙여진 이름이다. 성경 이외에도 찬송가의 필요성이 요청되면서, 감리교 선교사 존스G. H. Jones와 로드와일러L. C. Rothweiler가 1892년에 「찬미가」를 편집하여 출판했다. 이후 언더우드 선교사가 1893년 「찬양가」를 출판했다. 이것은 최초의 4성부 악보 찬송가이다. 성경과 찬송가 이외에도 여러 교리문서와 기독교 간행물이 계속해서 출판되었다.

### 4) 선교지 분할Mission Comity 정책

한국 기독교 선교의 또 다른 특징 중의 하나는 바로 선교지 분할정책이다. 알렌이 입국한 후에도 여러 선교단체가 조선에 들어와 사역했다. 당시 각국 선교부는 어느 특정 지역에 사역이 집중되거나, 불필요한 경쟁과 대립을 피해 효율적으로 사역하기 원했다. 그래서 평안도, 황해도, 경상북도는 북장로교, 제주도를 포함한 전라도와 충청도는 남장로교, 함경도는 캐나다 장로교가 맡기로 결정하고, 부산과 경남지방은 호주와 미국 북장로교 공동구역으로 선정했다.

이 분할 안案에서는 인구 5,000명 이상의 도시는 공동 선교구역으로 하고, 5,000명 이하의 지역은 이미 선교를 하고 있는 선교부가 지속적으로 담당하기로 결정했다. 이후 1905년에 장로교와 감리교 '연합 공의회'가 조직되었고, 1909년 9월에 '지역분담협정위원회'에서 선교지 분담협정을 체결하였다. 이 협정을 '교계예양敎界禮讓' 혹은 '예양협정禮讓協定'이라고 한다. 그러나 이 선교지 분할정책은 지역마다 각기 다른 교단이 자신의 신학

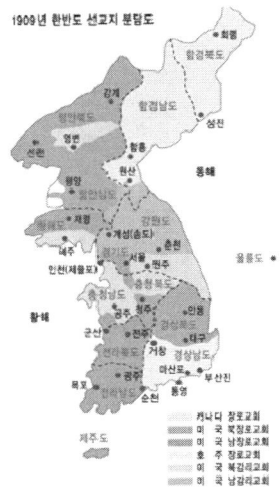

〈그림 14〉 선교지 분할

만을 이식하면서, 지역마다 교단색이 생기고 교회가 분열되는 결과를 초래했다.

## 4. 한국교회의 선교참여

현대 기독교 선교역사에서 가장 중요한 변화 중의 하나는 기독교의 중심이 서구 세계에서 비서구 세계로 이동했다는 것이다.[56] 아프리카, 아시아, 라틴 아메리카의 복음주의 교회가 급속하게 성장하게 되었고, 이들 2/3세계의 교회는 빠른 속도로 세계선교에 동참하기 시작했다. 레리 페이트Lary D. Pate는 그의 책에서 서구와 비서구 선교사들의 수가 이러한 속도로 계속해서 증가한다면 비서구 세계의 개신교 선교사의 숫자가 서구 선교사들의 숫자를 추월하게 될 것이라고 예언한 바 있

---

[56] Priscilla Pope-Levison and John R. Levison, Jesus in Global Contexts (Louisville: Westminster/John Knox Press, 1992), 12.

다.57) 실제로 현재 비서구 출신 개신교 선교사의 숫자는 서구출신의 선교사의 숫자보다 훨씬 많다.58)

이러한 놀라운 교회의 성장은 남미, 아프리카는 물론, 한국, 중국, 인도네시아, 인도, 네팔과 같은 아시아 국가에서 많이 일어났다.59) 이것은 아시아에 있는 개신교나 독립교회 기독교인의 숫자가 1990년에는 400만 명 미만이었지만, 2000년에는 1억 9,300만 명 이상으로 증가했다는 사실로도 알 수 있다.60) 이러한 비서구권 국가에서의 교회성장과 함께 비서구권 선교사들의 선교참여는 계속해서 증가할 것이다.

이런 비서구권 국가에서의 교회성장과 선교사의 증가에 있어서 가장 주목할 만한 성과를 보였던 나라가 바로 한국이다. 한국의 기독교는 전 세계에서 유래를 찾아 볼 수 없을 정도로 놀랍게 성장했다. 그리고 세계복음화에 적극 동참하였다. 2018년 말까지 27,993명의 선교사들이 171개국에서 사역을 감당하고 있다. 한국은 이제 선교사를 받는 나라가 아니라 선교사를 보내는 나라가 되었다.

---

57) Larry D. Pate, *From Every People: A Handbook of Two-Thirds World Missions with Directory/Histories/Analysis* (Monrovia, CA: MARC, 1989), 45-51.

58) Todd M. Johnson and Sun Young Chung, "Tracking Global Christianity's Statistical Center of Gravity, AD 33-AD2100," *International Review of Mission 93* (April 2004): 166-81. Michael Jaffarian, "Are There More Non-Western Missionaries Than Western Missionaries?" *International Bulletin of Mission Research* 28 (2004): 131-2.

59) Patrick Johnstone and Jason Mandryk, *Operation World: When We Pray God Works* (Cumbria, UK: Paternoster Lifestyle, 2001), 42.

60) Ibid.

## 5. 한국 침례교 선교

한국 침례교회의 선교역사는 '한국 순회선교회'The Korean Itinerant Mission 의 초대회장이었던 말콤 펜윅Malcolm C. Fenwick, 1863-1935과 함께 시작한다. 그는 캐나다 독립교회 출신으로 '나이아가라 사경회'Niagara Bible Conference에 참석하면서 선교에 대한 비전을 갖게 되었다. 그는 당시 인도에서 사역하던 로버트 와일더Robert P. Wilder 선교사가 설교하면서 "찌그러지고 녹슨 깡통도 생수를 담을 수 있다"는 도전의 메시지를 듣고 선교사가 되기로 결단했다. 그는 언더우드와 아펜젤러 선교사가 한국에 들어 온지 4년이 지난 1889년 12월 8일에 제물포에 도착했다.

펜윅은 서울에서 10개월 정도 한국어를 공부한 후 황해도 소래에 가서 농사 지으며 개척선교 및 순회선교 활동을 시작했다. 그는 1906년 충남 공주에서 '엘라씽 기념선교회'Ella Thing Memorial Mission를 인수받아 '동아기독교'를 창설하고, 한태영 외 4명을 만주 시베리아에 선교사로 파송하였다. 이처럼 역사적으로 볼 때, 한국 침례교회는 시작부터 선교중심적인 교단이었다.

해방 이후 미국 남침례신학대학교 최초의 한국학생이었던 우태호(1903-1954) 목사는 신학을 마치고 테네시주 네쉬빌에 있는 벨몬트 하이츠 침례교회Belmont Heights Baptist Church의 파송으로 한국에 들어왔다. 우목사는 1949년 미국 남침례교 해외선교회에 참석해, 한국엔 140개 교회와 17,000명의 성도들이 있지만 선교사가 한 명도 없는 기회의 땅임을 알린다.61) 이후 한국 침례교회는 미국 남침례교와 지속적으로 연합하기 시작했으며, 1949년에는 '동아기독교'를 '한국 침례회 총회'로 개명되었다.

---

61) Tai-Ho Woo, "The Land of Hibiscus," *The Commission* 12 (July 1949): 196.

〈그림 15〉 말콤 C. 펜윅
Malcolm C. Fenwick,
1865-1935,
한국명: 편위익片爲益

그러나 한국 침례교회는 1970년까지 선교의 암흑기를 경험하였다. 최초의 침례교 선교사였던 펜윅의 죽음으로 인한 지도력의 부재, 일제 식민지 하에서의 혹독한 박해(1910-1945), 1944년 한국침례교의 전신이었던 동아기독교의 해산, 한국전쟁을 통한 정치·경제적 어려움, 그리고 1970년까지의 군사독재로 인한 정치적 혼란 등으로 한국침례교회의 선교운동은 한동안 주춤거렸다.

그러나 1988년 기독교 한국침례교 해외선교부FMB가 공식 발족하면서 다시 선교적 교단으로 힘찬 발돋움을 시작한다. 한국침례교회는 1989년부터 꾸준히 선교사를 파송하여 2018년 말까지 62개국에 735명의 선교사를 파송했다. 기독교 한국침례회 소속 교회가 3,197개, 70만 성도라고 가정했을 때, 967명당 1명, 4.4개 교회당 한 명의 선교사를 파송한 것이다. 숫자적으로 볼 때는 많지 않지만 교회 수 대비, 교인 수 대비 가장 많은 선교사를 파송한 교단이 바로 침례교단이다.

## 6. 한국교회가 부흥하다

한국교회는 기독교 역사상 그 유래를 찾아볼 수 없을 정도로 놀라운 부흥과 성장을 이루었다. 최근 교회의 부흥이 둔화되거나 쇠퇴하고 선교도 점차로 줄고 있지만 그동안 하나님께서는 한국교회에 놀라운 부흥을 허락하셨다. 그리고 전 세계 복음화를 위해 놀라운 일을 행하셨다. 한국 기독교는 전 세계에서 유래를 찾아 볼 수 없을 정도로 기독교가 빠르게 부흥했다. 그리고 교회의 시작과 함께 선교 지향적이었다. 그 결과 전 세계에서 두 번째로 선교사를 많이 파송한 나라로 성장했다.

〈도표 2〉 연도별 선교사 파송 수

서구 교회가 2,000년에 걸쳐 경험한 것을 한국교회는 겨우 200여 년 만에 모두 경험한 것이다. 그러나 이제 한국교회는 그동안의 성공과 박수갈채에 연연해 있을 것이 아니라 주님께서 우리에게 주신 지상대위임령으로 다시 돌아가야 한다. 위기는 바로 기회일 수 있다. 기독교 역사는 위기가 아니었던 적이 없다. 늘 위기였고 그때마다 다시 복음으로 돌아가 주님의 명령에 순종했을 때, 하나님께서는 우리의 그 단순한 순종을 통해 일하셨다. 이제 주님의 음성에 다시 귀 기울여야 한다. 그리고 그 아버지의 마음을 깨닫고 그 분에 명령 앞에 다시 서야 한다. 그리고 남은 과업의 완수를 위해 달려 나가야 한다.

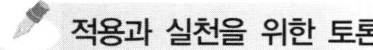
## 적용과 실천을 위한 토론

1. 조지 산타야나George Santayana는 "역사로부터 배우지 못하는 사람들은 그것을 반복할 수밖에 없다"Those who cannot remember the past are condemned to repeat it고 말한다. 그렇다면 기독교 선교역사를 통해서 새롭게 얻은 교훈은 무엇인가?

2. 기독교 선교역사 속에서 많은 시행착오와 과오過誤가 있었던 것이 사실이다. 기독교 선교역사 속에서 선교사나 교회가 범한 가장 큰 실수나 잘못은 무엇이라고 생각하는가? 그리고 그렇게 생각하는 이유는 무엇인가?

3. 한국에 기독교 복음이 전파되면서 한국교회는 처음부터 선교에 열정적인 이유가 무엇일까?

4. 세계 기독교 선교역사 속에 등장하는 히스토리 메이커History Maker들의 삶과 사역이 우리에게 주는 교훈은 무엇인가?

제 **5**부
선교와 문화

제1장 문화를 알면 선교가 보인다
제2장 문화를 이해하지 못하면 어떻게 되는가?
제3장 타문화 커뮤니케이션
제4장 교회, 복음, 세상

# 제5부

# 선교와 문화

## 제1장 문화를 알면 선교가 보인다

선교사가 선교지로 가는 가장 큰 이유는 바로 복음을 전하기 위해서이다. 그런데 복음을 전하는 선교사는 진공상태에서 복음을 전하는 것이 아니라 반드시 문화적 장벽을 넘어야만 한다. 선교는 문화를 넘어서 하는 사역Cross-cultural Ministry이기 때문이다. 그래서 선교를 일반적으로 타문화권 선교라고 한다.

선교사는 다른 문화권에서 다른 언어를 사용해 복음을 전해야 한다. 여기서 다른 문화권이라는 것은 복음을 듣는 사람과 전하는 사람의 문화가 다르다는 말이다. 한국 선교사가 중국의 상해에 가서 한국 사람을 만나 복음을 전하고 교회를 세웠다면 이것은 선교라기보다는 '교민 목회'라고 해야 한다. 그러나 어떤 목사가 경기도 안산에서 방글라데시에서 온 노동자를 만나 복음을 전하는 사역을 한다면 이것은 '선교'라고 할 수 있다. 물론 선교의 의미를 어떻게 정의하느냐에 따라 이견이 있을 수 있지만, 선교는 이처럼 지리적 차이보다는 문화적 차이를 기준으로 한다. 동일한 문화권 안에 있더라도 수신자와 전달자의 문화가 다르다면 선교라고 할 수 있다. 선교는 이처럼 문화와 밀접한 관계가 있다.

제4차 산업혁명시대가 되면 인공지능을 통해 로봇이 인간을 대체할 것이다. 그렇다면 이제는 선교사도 필요 없게 되는 것일까? 만약 로봇이 인간을 대체해서 복음을 전할 수 있다면 2천 년 전에 예수 그리스도께서 이 땅에 오지 않으셨을 것이다. 온 인류의 창조주이시며 전지전능하신 하나님께서 독생자 아들 예수 그리스도를 이 땅 가운에 보내신 이유가 분명히 존재한다. 바로 이 성육신이 있어야만 온 인류를 구원할 수 있기 때문이다. 우리가 복음을 전하기 위해 인공지능이나 정보통신 기술을 이용할 수는 있겠지만 그것이 선교사를 대체할 수는 없다.

선교란 "하나님의 백성들이 의도적으로 장벽을 넘어 모든 족속들에게 말과 행동으로 하나님의 나라를 전하는 것"이다. 그렇기 때문에 누군가는 복음을 들고 국경을 넘고 문화의 장벽을 넘어야 한다. 그리고 가서 말과 행동으로 복음을 전해야 한다. 우리가 전하는 복음은 단순히 지식으로 전달되는 것이 아니기 때문이다. 예수님께서 2천 년 전에 인간의 몸으로 오셔서 보여주셨던 것처럼, 우리도 가서 그런 삶을 살아야 한다. 그리고 선교사가 복음을 효과적으로 전하려면 먼저 문화를 배워야 한다. 그렇다면 문화란 무엇인가?

## 1. 문화란 무엇인가?

우리가 일상생활 속에서 자주 쓰는 용어중의 하나가 바로 '문화'이다. 어원적으로 '문화'Culture라는 단어는 라틴어 동사 '콜레레'*colere*에서 유래했다. 그 의미는 '경작하다,' '돌보다,' '장식하다'이다. 농부가 땅에 씨를 뿌리고 자라나게 해서 수확하는 것처럼 문화는 누군가가 의식적으로 힘을 가하여 결과물을 얻어내는 활동을 의미한다.

우리는 흔히 미술관에 가서 작품을 감상하거나 극장에 가서 오페라를 관람하는 것, 고전음악을 듣거나 우아한 옷차림을 하는 것, 복잡한 식사 예법을 아는 것 등을 문화라고 생각한다. 그러나 오히려 문화란 이런 좁은 의미의 예술 활동에 그치지 않고 인간의 모든 활동을 지칭한다. 그래서 전 세계 각계각층의 모든 인류를 연구하는 인류학자들은 보다 넓은 의미에서 이 문화라는 개념을 사용하고 있다. 그들은 좋거나 나쁘다는 가치 판단과 상관없이 이 개념을 사용한다. 그렇다면 문화를 어떻게 정의해야 하는가?

### 1) 문화의 정의

문화의 개념을 처음으로 시도한 사람은 에드워드 타일러Edward Tylor이다. 그는 문화를 "지식, 믿음, 예술, 도덕, 법, 관행, 그리고 사회의 성원으로서 획득한 그 외의 다른 능력과 관습을 포괄하는 복합적 총체"로 보았다.62) 폴 히버트Paul Hiebert는 "어떤 **집단의 사람들이 공유하는** 다소 통합된 믿음, 감정, 가치관의 체계 및 그것들과 관련된 상징, 행동, 유형, 그리고 결과"를 문화로 정의한다.63) 찰스 크래프트Charles H. Kraft에게 문화는 "사람들의 생활방식, 그들의 삶에 대한 설계, 그리고 그들이 생물적, 물리적, 사회적 환경에 대처해 나가는 방식이다. 그것은 **학습되고** 유형화된 가정들(세계관), 개념들과 행동 및 그 결과 나타

---

62) Edward B. Tylor, *The Primitive Culture: Researches into the Development of Mythology and Philosophy, Religion, Language, Art, and Custom*, Vol. II (London: John Murray, 1873), 1.
63) Paul G. Hiebert, *Anthropological Insights for Missionaries* (Grand Rapids, MI: Baker Book House, 1985), 30.

나는 산물들(유형적인 문화)이다."64) 루이스 루즈베탁Louis J. Luzbetak은 "문화란 삶을 영위하는 방법design, pattern이다. 한 사회가 그 처한 환경 가운데서 올바른 기준이라고 **공동으로 인정하는 것들의 집합체**"라고 설명한다.65)

이처럼 학자들마다 다양하게 문화를 정의하는데, 이를 종합하면, 문화는 믿음(하나님 혹은 궁극적인 실제), 가치(참되고 선하고 아름답고 규범적인), 관습(어떻게 행동하고, 타인과 관계하고, 대화하고, 옷을 입고, 일하고, 놀이하고, 거래하고, 농사짓고 먹는지)과 이런 믿음과 가치와 관습을 표현하는 기구들의 **통합된** 제도로서, 사회를 결속시키고 사회에 정체성, 존엄성, 안정성, 계속성을 부여한다.66) 이렇게 문화는 우리 삶에서 부딪히는 모든 영역에 관계된 개념으로 **공동체에 따라 다르게 표현된다**. 또한 **시간의 흐름에 따라 변하며**, 세대차가 나기도 한다. 문화는 또한 한 세대에서 다음 세대로 전달된다. 그리고 한 문화권에서 다른 문화권으로 **전파되거나 수용**된다.

### 2) 문화의 속성

앞서 이야기 한 문화의 정의를 통해 볼 때, 문화는 공유성, 학습성, 축적성, 총체성, 상대성, 변동성, 전이성을 갖는다. 이것을 정리해 보면 다음과 같다.

---

64) Charles H. Kraft, *Anthropology for Christian Witness* (Maryknoll, NY: Orbis Books, 1996), 38-40.
65) Louis J. Luzbetak, *The Church and Cultures: New Perspectives in Missiological Anthropology* (Maryknoll, NY: Orbis Books, 1989), 156.
66) Robert T. Coote and John Stott, eds., *Down to Earth: Studies in Christianity and Culture* (Grand Rapids: William B. Eerdmans Publishing Company, 1980), 313.

| 문화의 속성 | 의미 |
| --- | --- |
| 공유성 | 문화는 한 사회의 구성원들에게서 공통으로 나타난다. 문화 안에 있는 사람은 그것을 이해한다. 집단이나 구성원의 동의에 근거한다. |
| 학습성 | 문화 속에서 자연스럽게 전이된다. 선천적으로 타고나는 것이 아니라 후천적으로 학습된다. |
| 축적성 | 문화는 다음 세대로 전해지면서 기존 문화에 새로운 문화 내용이 쌓인다. |
| 총체성 | 문화는 각 요소들이 상호 유기적 관련을 맺고 통합성을 가진다. 삶에 대한 총체적 구도를 제공한다. |
| 상대성 | 문화는 각기 필요에 의해 형성된다. 그러므로 어떤 특정 기준을 가지고 문화의 우열을 구분하는 것은 불가능하다. 단, 성경은 시대와 문화를 초월하여 인간의 생각과 행동을 평가하는 보편성을 가진 표준 잣대이다. |
| 변동성 | 문화는 고정된 것이 아니라 시간의 흐름에 따라 달라진다. |
| 전이성 | 문화는 빠른 전파를 통해 다른 문화에 전달되거나 수용되기도 하고, 때로는 거부된다. |

### 3) 문화의 세 차원

선교는 단순히 복음을 전하여 죄인을 회개시키고 그들을 구원받게 하는 것만을 의미하지 않는다. 선교는 선교지의 비성경적 문화를 성경적 문화로 바꾸어 주는 일을 포함한다(행 19:17-19). 그렇기 때문에 문화를 정확히 이해하는 것이 필요하다. 폴 히버트는 문화를 인식적 차원, 감성적 차원, 평가적 차원으로 구분하여 설명한다. 문화는 관념과 감정, 그리고 가치에 관련이 있다는 것이다.

### (1) 인식적 차원

문화는 "한 집단이나 사회의 구성원에 의해 공유된 지식과 관련이 있다. 공유된 지식이 없이는 소통이나 공동체의 삶은 불가능하다. 지식은 문화의 개념적인 내용을 제공한다. 그것은 사람들의 경험을 범주 안에서 배열하고 지식의 큰 체계 속에서 이러한 범주들을 조직한다."[67] 문화는 한 집단의 구성원이 어떻게 인식하느냐와 밀접하게 관련되어 있다. 예를 들어 피부색을 이야기 할 때, 살색에 대한 인식이 문화마다 다를 수밖에 없다. 백인은 흰색을 살색이라고 인식하지만 흑인은 그렇지 않기 때문이다.

### (2) 감정적 차원

문화는 "사람들이 갖고 있는 태도, 감각, 감정과 관련이 있으며, 인간 삶의 정서적인 면을 어떻게 다루느냐에 따라 크게 달라진다 …… 따라서 문화의 감성적 차원은 삶의 대부분의 영역에 반영된다."[68] 그 문화의 구성원이 어떻게 느끼는가 하는 것은 문화마다 상이하다.

### (3) 평가적 차원

문화에는 평가적 차원이 있다. 문화는 인간관계에 대해 도덕적이냐 비도덕적이냐를 판단하는 가치 기준을 가지고 있다. 그러나 그 기준은 문화에 따라 다르다. 예를 들면, 북미의 문화에서는 사람의 감정을 상하게 하는 것보다 거짓말하는 것을 더 나쁘게 본다. 그러나 다른 문화에서는 다소 진실을 왜곡하더라도 다른 사람을 격려하는 것을 더 중요하게 생각한다. 어떤 사회에서는 최고의 목표가 경제적인 성공인 반면, 어떤 문화권에서는 명예와 명성, 정치적 권력, 조상의 뜻이나 신의 축

---

[67] Hiebert, *Anthropological Insights for Missionaries*, 30-1.
[68] Ibid., 32-3.

복이 되기도 한다.

이러한 세 가지의 차원 즉 인식(관념), 감성(감정), 평가(가치관)는 인간 문화의 본질이며, 그 문화의 지배적인 세계관, 인생관, 가치관의 어우러짐으로 보아야 한다. 복음은 이렇게 다른 차원을 가진 문화 안에서 선포되어야 한다. 선교사가 가진 복음을 정확하게 전파하기 위해 이 문화에 대한 올바른 이해가 선행되어야 한다.

### 4) 문화의 구성

문화를 쉽게 이해하기 힘든 이유는 그 안에 세분화된 여러 층이 존재하기 때문이다. 로이드 콰스트Lloyd A. Kwast는 이것을 '문화의 4층 구조' 모델로 설명한다.

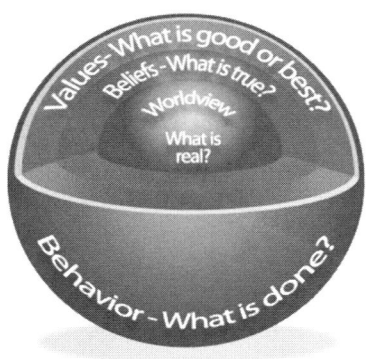

〈그림 1〉 문화의 구성

(1) 행동양식Pattern of Behavior

문화의 가장 외벽에 있는 것이 행동양식이다. 행동양식은 일상생활에서 일어나는 모든 일을 포함한다. 이 외형적 행동, 습관, 관습은 겉으로 드러나기 때문에 누구나 쉽게 인지하고 따라할 수 있다.

우리가 다른 문화에서 첫 번째로 만나는 것이 바로 이런 색다른 행동이다. 아프리카 마사이족은 아침에 인사할 때 얼굴에 침을 뱉음으로 서로의 친근감을 표시한다. 물이 부족한 이곳에서는 물이 많은 것이 축복이다. 그래서 물과 비슷한 침을 상대방의 가슴에 뱉어 줌으로써 상대방을 축복하는 것이다. 즉 어떤 문화권에서는 도무지 이해하거나 용납될 수 없는 이 행동이 다른 문화권에서는 "네게 물이 풍성하기를 원하노라"는 축복의 메시지가 되기도 한다는 것이다.

### (2) 가치관 Value

가치관이란 인간이 삶이나 어떤 대상에 대해서 무엇이 좋고, 옳고, 바람직한 것인지를 판단하는 관점을 말한다. 이 가치관의 차이는 다른 행동으로 드러난다. 한국의 전래동화 중에 '흥부와 놀부'가 있다. 한국적 가치관은 관계를 중시한다. 그래서 동생을 돌보지 않고 박대하는 형 놀부는 한국적 가치관에서는 나쁜 사람이다. 반대로 가난하지만 제비의 부러진 다리를 고쳐주는 흥부는 착하고 선한 사람으로 묘사된다. 그러나 서양 사람들의 생각은 다르다. 그들의 관점에서 볼 때 오히려 흥부는 무책임하고 무능력한 사람이다. 또한 놀부가 한국에서처럼 나쁜 사람도 아니다. 왜냐하면 서구적 가치관은 개인적 책임감을 관계보다 더 중요하게 생각하기 때문이다.

이런 것은 신호체계를 지키는 것에서도 드러난다. 한국에서는 관계에 물의를 일으키지 않는 이상 차량통행이 많지 않은 새벽 시간에 빨간색 정지신호를 위반하는 것은 그다지 문제되지 않는다. 그러나 책임을 강조하는 미국에서는 아무도 보는 사람이 없더라도 빨간 신호등이

켜지면 반드시 차를 세운다. 적신호에 차를 멈추지 않고 주행한다는 것은 자신이 지켜야 할 중요한 책임을 다하지 않는 것이라고 생각하기 때문이다. 만약 그 책임을 다하지 않으면 서양 사람들은 죄책감을 느끼게 된다.

또 다른 예를 들어 보자. 어떤 사람이 배를 타고 가다가 급류에 빠졌다. 배 안에는 남편, 아내, 그리고 어머니가 타고 있었다. 배 안에는 두 개의 튜브가 있어 자신과 한 사람은 구할 수가 있다. 만약 아시아나 아프리카라면 누구를 먼저 구할 것인가? 일반적으로 아시아나 아프리카 사람은 어머니를 먼저 구한다. 왜냐하면 아내는 다시 구할 수 있지만 어머니는 그럴 수 없다고 생각하기 때문이다. 그런데 같은 아시아인지만 일본 사람은 자신이 할복割腹을 한다. 일본은 체면을 중시하는 문화이기 때문에, 남편이 아내와 어머니 둘 다 구하지 못하면 자신의 체면을 잃게 된다. 이런 수치를 일본인은 견뎌내지 못한다.

이처럼 문화마다 가치관이 다르다. 물건을 훔치는 것과 화내는 것 중에 무엇이 더 나쁘냐고 물으면, 한국에서는 대부분 물건을 훔치는 것이라고 대답한다. 그러나 케냐 마사이족 마을에는 물건을 훔친다는 개념 자체가 없다. 그들은 단지 허락 없이 물건을 가져다 쓰고 돌려주지 않는 것일 뿐이다. 이 문화권에서는 오히려 화를 내는 것이 더 큰 잘못이다. 공동체 의식이 강하기 때문이다. 공동체 의식이 강한 문화권에서는 소유관념이 상대적으로 희박하기 때문이다. 미의 기준도 나라마다 다르다. 우리나라에서는 날씬한 여자를 아름답다고 생각하여 다이어트를 많이 한다. 반대로 남태평양의 통가에서는 뚱뚱한 것이 미美의 기준이다. 그래서 여자들은 뚱뚱해지려고 마음껏 먹는다.

### (3) 신념Belief

가치관에 지대한 영향을 주는 것은 신념이다. 신념은 어떤 문화 안에서 사람들이 공유하는 절대적인 의미, 즉 굳게 믿어 지키고 싶은 생각을 말한다. 신념은 문화 안에서 가치에 지대한 영향을 미친다. 이것은 한 문화 안에서 오랜 시간에 걸쳐 형성되었기 때문에 쉽게 변하지 않는다.

### (4) 세계관Worldview

세계관은 세계를 바라보는 관점으로, 한 문화 안에서 그 사회를 구성하는 기본적인 틀을 가리킨다. 문화의 심층부에는 자신이 사는 세계에 대한 사람들의 정신적인 지도인 세계관이 있다. 이 세계관은 종교와 밀접한 관련이 있다. 인간의 기원, 죽음, 영적인 실재에 대한 복잡한 설명이 이 세계관 안에 들어있다.

## 제2장 문화를 이해하지 못하면 어떻게 되는가?

일반적으로 문화를 제대로 이해하지 못하면 오해가 일어나고, 그 오해 때문에 성급한 판단을 하게 된다. 이것은 우리가 자기중심적 사고를 하기 때문이다. 이것을 자문화중심주의Ethnocentrism라고 한다.

### 1. 오해

오해誤解란 "무엇이 가진 뜻을 잘못 이해하거나 잘못 풀이"하는 것을 의미한다. 그런데 우리가 문화를 제대로 이해하지 못하면 서로 간에 오해가 생긴다. 그것은 서로의 생각, 가치관, 신념, 세계관에 따라 해석이 달라지기 때문이다. 심지어 같은 언어로 의사소통을 해도 오해가 발생할 수 있다. 몇 가지 예를 들어 보자.

> **예화 1)** 아프리카의 어느 지역에서 현지인들이 선교사들에게 우호적이었는데 시간이 지남에 따라 점차 선교사를 피하게 되었다. 그 이유를 알려고 해도 주민들은 함구했다. 마침내 신임 선교사는 한 노인의 말을 통해서 그 원인을 알 수 있었다. "당신들이 이곳에 왔을 때 우리는 당신들의 이상한 관습을 목격했습니다. 당신이 곁에 콩이 그려져 있는 둥근 깡통을 꺼내서 열었을 때, 그 안에는 콩이 있었습니다. 당신은 그것을 먹으면서 우리에게도 먹어보라고 주었습니다. 소가 그려져 있는 깡통을 열었을 때, 그 안에는 소고기가 있었고 당신은 그것을 먹었습니다. 그런데 아이가 생기자 당신은 아이 그림이 그려진 깡통을 가져다가 그것을 아이에게 먹였습니다. 우리는 너무나 놀랐습니다."

> **예화 2)** 라틴 아메리카인들은 일상생활에서 대화할 때 아주 가까이에서 대화를 한다. 반면에 미국인들은 어느 정도 거리를 유지한다. 라틴 아메리카인들은 상대방과 멀리 떨어져서 대화하는 것을 불편해 한다. 그래서 대화가 시작되면 라틴 아메리카인들은 가까이 다가온다. 그러나 미국인들은 그런 경우 서로 가깝게 마주서서 대화하는 것이 불편해하기 때문에 자꾸 뒤로 물러난다. 그러면 라틴 아메리카인들은 거리가 멀어졌다고 생각하고 다시 다가간다. 미국인은 또 다시 뒤로 물러간다. 마침내 미국인은 라틴 아메리카인들이 고집이 세다고 느낀다. 반대로 라틴 아메리카인들은 미국인들이 냉담하다고 느끼며 자신들과는 거리를 둔다고 생각한다.

## 2. 자문화우월주의 Ethnocentrism

　다른 문화권에서 서로 간의 문화가 다름으로 인해 오해가 생기면, 일반적으로 자기를 기준으로 상대방의 문화를 판단하게 된다. 이런 측면에서 "자기 문화의 기준으로 다른 문화를 판단하는 심리적 반응"을 '자문화우월주의'라고 한다. 선교사는 이 '자문화우월주의'를 극복해야 한다. 그래야만 효과적인 의사소통이 가능하기 때문이다.

　몇 명의 미국인이 인도를 방문해 인도인과 식사를 하게 되었다. 식사 도중 한 미국인이 "인도에서는 정말로 손으로 음식을 먹습니까?"라고 질문했다고 가정해 보자? 그 질문의 이면에는 손으로 음식을 먹는 것이 야만적이고 불결하다고 판단하는 미국인의 생각이 내포된 것이다. 이것을 눈치 챈 인도인은 "저는 식사 전에 손을 아주 깨끗이 씻고 오른손만을 사용하여 먹습니다. 중요한 것은 내 손가락은 결코 다른 사람의 입에 들어가 본적이 없다는 겁니다. 저는 당신들이 먹을 때 사용하는 스푼이나 포크를 볼 때마다 얼마나 많은 사람이 그것을 자기 입에 넣었을까 생각하고는 기겁을 하게 됩니다"라고 답했다.

　한 가지 예를 더 살펴보자. 일본은 방바닥에서 잠을 자는 문화이다. 시시때때로 방바닥을 쓸고 닦기 때문에 그들에게 있어서 바닥은 전혀 더러운 곳이 아니라고 생각한다. 그래서 집에 들어올 때도 항상 신발을 밖에서 벗는다. 그러나 미국인들의 생각은 그렇지 않다. 그들에게 바닥은 더러운 곳이다. 그래서 집에 들어 올 때는 신발을 벗지 않는다. 그들은 바닥이 아니라 의자나 쇼파, 혹은 침대에서 잠을 잔다. 이런 관점의 차이를 알지 못하면 미국인은 일본인이 지저분하고 더럽다고 생각할 것이다. 마찬가지로 일본인에게 미국인은 지저분하고 몰상식한 사람이 된다. 이것은 문화를 차이를 이해하지 못하고 오해와 성급한 판단을 함으로써 비롯된 것이다. 즉 모두가 자문화중심주의적 사고를 하는 것이다.

선교사가 이 자문화중심주의를 극복하기 위해서는 첫째, 우리 모두가 그런 편견과 선입견을 가지고 있다는 것을 인정해야 한다Recognize. 둘째, 우리가 교만했다는 것을 회개해야 한다Repent. 셋째, 문화를 배우고 관계형성을 통해 자문화중심주의를 극복해야 한다Resolve. 넷째, 고정관념에서 탈피해야 한다Resist. 다섯째, 자문화중심주의를 분명하게 이해해야 한다Realize.

## 3. 문화 충격Culture Shock

문화의 차이로 인해 오해와 성급한 판단과 함께 사람들은 적잖은 충격을 받게 된다. 이것을 '문화충격'이라고 한다. '문화충격'이란 나와는 다른 사회의 문화를 경험할 때 겪게 되는 감각을 상실한 듯한 느낌을 의미한다. 이것은 또한 "갑자기 자신의 관습적이고 습관적인 삶의 양식, 자국의 것들과는 급진적으로 다른 삶의 양태, 사회적 관습, 언어,

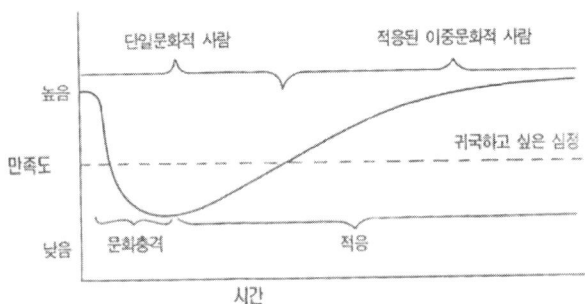
문화충격

음식, 지리와 더불어 부딪힐 때 경험되는 반응이다." 문화충격은 크게 4단계로 나타난다. ① 관광객의 단계Tourist Stage, ② 각성Disenchantment, ③ 회복Resolution, ④ 적응Adjustment의 단계이다.

### 1) 문화충격의 원인

문화충격의 원인은 주로 ① 언어충격Language Shock, ② 일상생활의 변화Changes in Routine, ③ 관계의 변화Changes in Relationships, ④ 이해력의 상실Loss of Understanding, ⑤ 감정과 가치관의 혼돈Emotional & Evaluative Disorientation 등으로 인해 발생한다.

### 2) 문화충격의 증상

문화충격으로 인해 ① 스트레스의 증가, ② 심리적 침체, 영적 우울증 ③ 영적침체, 정죄감과 실패감, ④ 신체적 질병, ⑤ 현지인에 대한 반감 및 현지문화에 대한 비판 등의 증상을 보이게 된다. 그리고 이 문화충격은 선교사로 하여금 계속해서 본국으로 돌아가고 싶게 만드는 요인이 된다.

### 3) 문화충격의 극복방안

사람마다 차이가 있겠지만 일반적으로 우리가 문화충격을 극복하기 위해서는 다음과 같은 노력이 필요하다. 첫째, 문화충격이 정상적인 과정임을 이해해야 한다. 모든 사람이 문화충격을 경험하기 때문이다. 둘째, 새로운 문화를 배우고 이해하도록 노력해야 한다. 문화를 많이 이해하고 알면 알수록 문화충격이 적고, 또 쉽게 극복할 수 있게 된다.

셋째, 다양한 사회적 접촉을 시도해야 한다. 한 사회 안에서도 계층, 나이, 직업, 지역에 따라 문화가 다를 수 있다. 그렇기 때문에 다양한 사회적 접촉은 문화를 더 잘 이해할 수 있도록 돕는 지름길이 된다. 넷째, 자신만의 스트레스 해소법을 배워야 한다. 이것은 문화충격을 극복하기 위한 가장 적극적인 해결 방법 중의 하나이다. 모든 사람은 스트레스를 받는다. 이럴 때 자신만의 스트레스 해소법은 그것을 빠르게 극복하는데 있어 긍정적인 도움이 된다. 또한 사전에 스트레스를 예방할 수도 있게 된다. 다섯째, 언어를 빨리 배워야 한다. 언어는 한 사회의 문화를 이해하고 습득하는데 가장 효과적이다. 여섯째, 의도적으로 예수님의 성육신, 사랑, 성품, 말씀을 계속 묵상할 필요가 있다. 참 하나님이셨던 예수님은 참 인간의 모습으로 이 땅에 오셨다. 그 성육신에 대한 묵상은 선교사들에게 커다란 위안과 힘을 줄 것이다. 일곱째, 자신에 대한 기대감을 낮추어야 한다. 기대가 너무 높으면 그만큼 실망과 패배감도 커진다. 우리는 모두 하나님 앞에서 연약한 존재이다. 그렇기 때문에 문화를 배우거나 사역할 때, 하나님께서 공급해 주시는 힘으로 해야 한다(벧전 4:11). 자신을 지나치게 높이 평가하거나 무모하게 욕심을 내어서는 안 된다.

선교사가 문화충격을 경험하는 것은 지극히 당연한 일이다. 그렇기 때문에 놀라거나 포기하지 말고 그 문화충격의 원인을 고찰하고 적극적인 대안을 찾아야 한다. 예를 들어, 유머감각을 키우고 한적한 곳을 찾아가 충분한 쉼을 갖는 것도 좋은 방법이 될 수 있다. 선교사가 문화충격을 경험하게 되면 자신의 문화충격과 우려를 솔직히 오픈하고 빨리 도움을 요청해야 한다. 그리고 가능한 한 속히 문화를 습득하여 문화충격을 극복해야 한다.

## 4. 문화의 습득

문화는 생물학적인 방법으로 터득되는 것이 아니다. 이는 한 세대가 그 전 세대에게서 배워서 자연스럽게 전승되는 것이다. 즉 문화는 학습되는 것이다. 선교사역은 문화적응을 요구한다. 그래서 선교사는 문화를 배워야만 한다. 비록 문화를 배우는 능력에 있어서 속도의 차이는 있을지 몰라도 문화는 반드시 학습을 통해 습득하여야 한다. 문화를 습득하는 방법에는 크게 두 가지가 있다.

### 1) Enculturation내적문화화, 문화순응화

'내적문화화'는 주로 함께 생활하는 가족과 친척들에게서 무의식중에 학습되어 문화를 습득하는 방법이다. 이 '내적문화화'를 통한 문화습득은 자연스럽고 고통스럽지 않다.

### 2) Acculturation외적문화화

'외적문화화'는 한 문화에 이미 '내적문화화'가 이루어진 다음에 제3의 문화를 그 문화의 외부자적 입장에서 습득하는 방법이다. '외적문화화'는 의도적이고 의식적인 학습과정을 통해야 하기 때문에 상당히 고통스러운 과정이다.

### 3) 본딩이론Bonding Theory: 초기 문화진입의 한 방법

언어학자인 토마스 부르스터와 엘리자베스 부르스터Thomas and Elizabeth Brewster는 생태계의 동물이 초기 문화에 적응하는 방법 중에 '각인'Imprinting

이라는 특별한 능력이 있다는 것을 발견하고 '본딩이론'Bonding Theory 을 제시했다. 이 각인능력은 2-3주 정도 지속되다가 사라진다. 그렇기 때문에 선교사는 선교지에 도착하자마자 이런 '각인능력'이 사라지기 전에 새로운 문화요소에 가능한대로 많이 노출시켜야 한다는 것이다. 자신을 새로운 문화에 최대한 많이 노출할수록 그 만큼 문화를 쉽게 습득할 수 있게 되기 때문이다.

## 5. 문화를 이해하는 태도

사람들이 문화를 이해하는 방식은 상이相異하다. 대부분의 사람들은 자기 문화를 중심으로 다른 문화를 바라본다. 그래서 자기 문화를 기준으로 다른 문화를 폄하하거나 비판한다. 반대로 다른 문화를 지나치게 우수하다고 보고 무비판적으로 받아들이고 동경하는 경우도 있다. 그리고 어떤 사람은 문화의 특수성만을 지나치게 강조하여, 인류의 보편적 가치와 질서에 반하는 문화까지도 인정하고 존중하려고 한다. 이처럼 문화를 이해하는 태도는 다음과 같다.

### 1) 자문화중심주의自文化中心主義

'자문화중심주의'란 자기 문화를 기준으로 다른 문화를 평가하는 태도로 자기 문화만이 우수하다고 생각하는 것이다. 그래서 타문화권에서 다른 문화를 접할 때 상대방의 문화를 부정적으로 평가하게 된다. 자문화중심주의는 자기 문화에 대한 자부심과 주체성을 높여 사회통합을 이루는데 기여한다. 반면에 다른 문화를 올바로 이해할 수 없게 만들고, 타문화와의 교류를 방해하여 국제적인 고립을 초래한다. 극단적일 경우 자신의 문화를 다른 사회에 강요하는 '문화 제국주의'로 흐를 수 있다. '문화 제국주의'란 특정 지역의 문화가 경제력이나 강한 군사력을 바탕으로 다른 지역의 문화적 특징을 파괴하거나 영향력을 미치는 것을 말한다.

### 2) 문화사대주의 文化事大主義

'문화사대주의'란 다른 사회의 문화를 수준 높고 가치가 있으며 우수한 것으로 여기고 자기 문화를 부정적으로 평가하는 것을 말한다. 이것은 외국의 문화를 비판 없이 무조건 동경하거나 외국 상품을 무조건 선호하면서 우리의 전통적인 것을 무시하는 태도로서, 한글보다 영어로 제작된 이름을 무조건 멋있다고 하는 행동 등이 '문화사대주의'의 대표적인 예이다. 문화사대주의는 다른 문화에 대한 거부감이 약하기 때문에 외래문화의 좋은 요소를 쉽게 수용할 수 있다. 그러나 이것이 지나치면 자기 문화의 고유성과 주체성을 상실하고 무비판적으로 외래문화를 숭상하는 결과를 초래하게 된다.

### 3) 문화상대주의 文化相對主義

'문화상대주의'란 한 사회의 문화를 그 사회가 처한 특수한 환경과 역사적 맥락 속에서 이해하고 평가하려는 태도이다. 이들은 문화를 공유한 사람의 입장에서 문화를 바라보고 이해한다. 그래서 각 사회의 문화는 그 나름의 고유한 특성과 가치를 지니기 때문에 문화 간의 우열을 가릴 수 없다고 주장한다. 문화상대주의는 문화의 다양성과 상대성을 인정하고, 그 사회의 특수성을 고려한 가장 바람직한 문화이해의 태도이다. 그러나 문화상대주의가 지나칠 경우 인류의 보편적인 가치까지

훼손하는 문화를 존중하는 극단적인 문화상대주의로 흐를 수 있다. 예를 들어 인도 힌두교의 사띠sati, 이슬람의 명예살인, 여성할례 등이 그것이다. 이 문화상대주의의 태도를 방해하는 것은 바로 '선입견'이다.

그렇다면 우리는 문화를 어떻게 이해해야 하는가? 문화를 올바르게 이해하려면 첫째, 문화를 총체적 관점에서 바라봐야 한다. 인간의 생활양식인 문화는 정치, 경제, 법률, 가족 등 다양한 영역이 연결되어 있다. 그렇기 때문에 문화 현상을 이해하려면, 그 사회의 전체적인 맥락 속에서 다른 문화 요소들과의 상호 연관성을 파악하면서 폭넓게 이해해야 한다.

둘째, 문화를 상대론적 관점에서 이해하고 다양성을 유지하려는 자세가 필요하다. 한 사회의 문화는 그 사회의 특수한 환경과 상황 및 역사적 맥락을 고려하여 이해해야 한다.

마지막으로 한 사회의 문화가 지닌 보편성과 특수성을 다른 문화와 비교하여 파악하려는 태도가 필요하다. 이것은 각 사회의 문화가 보편성과 특수성을 동시에 지니고 있다는 것을 전제로 하며 이를 통해 자기 문화의 특징을 더 잘 이해할 수 있게 된다. 또한 자기 문화에 대한 객관적인 이해를 가능하게 만든다.

하나님은 인간에게 생육하고 번성하여 모든 생명체를 다스리라고 하셨다. 하나님의 형상대로 지음 받은 인간은 피조세계를 관리할 책임을 부여받은 것이다. 세상은 하나님의 영광을 위해 다스려져야 한다. (고전 10:31). 모든 기독교인은 이 땅 가운데서 하나님께 영광이 되는 문화를 만들어 가야 하는 '문화적 책임'Cultural Mandate을 가지고 있다.

## 제3장  타문화 커뮤니케이션

### 1. 타문화 커뮤니케이션은 왜 필요한가?

전도란 실제로는 커뮤니케이션 행위이다. 내가 의도하는 메시지를 상대방이 나의 개념 그대로 이해하도록 하는 커뮤니케이션이 전도의 핵심이다. 그렇기 때문에 선교는 문화적 측면에서 보면 타문화권 커뮤니케이션이다.

사도행전 14장 8-18절에 보면 세계관의 차이로 인한 오해를 포함하는 사건이 기록되어 있다. 바울과 바나바가 루스드라 지방에서 사역할 때였다. 바울과 바나바는 아마도 루스드라 사람들의 언어를 몰랐을 것이다. 그래서 헬라어로 복음을 전파했을 가능성이 높다. 여정 중에 바울과 바나바는 루스드라 지방에서 나면서부터 걷지 못하는 사람을 걷게 하는 이적을 행한다. 그랬더니 "무리가 바울이 한 일을 보고 루가오니아 방언으로 소리 질러 이르되 신들이 사람의 형상으로 우리 가운데 내려오셨다 하여 바나바는 제우스라고 하고 바울은 그 중에 말하는 자이므로 헤르메스라 하더라"고 했다(행 14: 11-12). 그러나 바울과 바나바는 "시외 제우스 신당의 제사장이 소와 화환들을 가지고 대문 앞에 와서 무리와 함께 제사하고자"(행 14:13) 올 때까지 자신들을 어떻게 이해했는지 알지 못했다. 그러나 곧 그들의 오해를 알아차리고 자신들의 "옷을 찢고 무리 가운데 뛰어 들어가서 소리 질러 이르되 여러분이여 어찌하여 이러한 일을 하느냐 우리도 여러분과 같은 성정을 가진 사람이라"(행 14:14-15)고 외쳤다. 여기에서 "옷을 찢었다"는 것은 근심과 슬픔을 표시하는 유대적 관습으로, 주로 하나님 앞에 큰 죄를 목격했을 때 취하는 행동이다. 바울과 바나바는 루스드라 사람들이 자신들을 신으로 취급하는 것에 깊은 슬픔과 애통함을 느꼈던 것이다. 그러나 루스드라 사람들은 바울과 바나바가 옷을 찢고 절규하는 것이 무엇을 의미하는지 명확히 몰랐을 것이다. 분명한 것은 바울과 바나바가 루스드라 지방 사람들이 자신들에게 제사하지 못하도록 했다는 것이다(행 14:15).

사도들은 그들을 사랑하시는 하나님께서 기적을 행하신 것임을 알고 있었다. 그러나 루스드라 사람들은 바울과 바나바가 인간의 형상을 입고 그들에게 내려오기로 한 제우스(쓰스)와69) 헤르메스(허메)70)라고 생각했다. 이처럼 타문화권에서 메시지를 전할 때 이런 세계관의 차이는 충분히 오해를 불러일으킬 수 있다. 그렇기 때문에 선교사는 말하는 것speaking 보다는 듣는 것listening, 평가하기evaluating 보다는 이해하고 관찰하는 것을 통해 문화와 세계관을 배워야 한다.

### 1) 세계관이란 무엇인가?

알버트 월터스Albert M. Wolters는 세계관Worldview을 "한 사람이 사물들에 대해서 갖고 있는 기본적 신념의 포괄적인 틀"이라고 정의한다.71) 세계관은 실재를 바라보는 관점perspective이며, 실재에 대해 우리가 생각하는 큰 그림이다. 즉 우리가 실재를 보는 안경인 것이다. 세계관이

---

69) 그리스 신화에 나오는 신들 중 최고의 신으로, 로마 신화의 쥬피터(Jupiter)에 해당한다.
70) 제우스의 신탁을 받아 그의 대변인 노릇을 하는 신이었으며 로마 신화의 머큐리(Mercury)에 해당한다.
71) Albert M. Wolters, "Creation Regained: Biblical Basics for a Reformational Worldview" (Grand Rapids, MI: William B. Eerdmans Publishing Company, 1985), 2.

안경과 다른 점은 안경은 벗었다 썼다 할 수 있지만, 세계관은 그것이 불가능하다는 것이다. 세계관은 본인도 의식하지 못한 채 24시간 동안 착용하고 사는 것이다. 그렇기 때문에 세계관은 무의식적이고 비의도적으로 형성되는 체질이다.

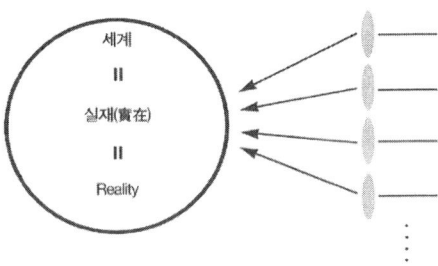

세계관은 나라나 문화에 따라 다르다. 또한, 각 사람의 지식, 가치관, 인종, 성별, 종교, 시대상황에 따라 각기 다르다. 그렇기 때문에 모든 사람은 각각의 세계관을 통해 가시적, 비가시적 세계를 보고 인식한다. 각자가 세상을 바라보는 안경이 다르기 때문이다.

세상에는 다양한 종류의 세계관이 있다. 이를 신神 존재에 대한 관점에 따라 분류해 보면, 신이 존재한다고 믿는 유신론Theism, 신을 부정하는 무신론Atheism, 그리고 신의 존재유무를 모르겠다고 하는 불가지론Agnosticism 등이 있다. 그 중에 유신론은 또 다시 일신론Monotheism, 다신론Polytheism, 범신론Pantheism 등으로 구분된다. 그렇기 때문에 한 사람이 어떤 세계관을 가지고 세상을 보느냐에 따라 신에 대한 믿음은 완전히 달라지는 것이다. 몇 가지 예를 들어보자. 아래의 그림에서 세 개의 우주선 중에 어떤 것이 제일 앞에 있는가?

여기에 대해 서양과 동양 사람의 대답이 서로 다르다.72) 서양인들에게 '본다'는 것은 관찰자가 물체를 바라보는 행위이다. 그래서 '나는 본다'I see는 것은 '내가 이해한다'I understand는 의미가 된다Seeing is Believing. 그래서 우주선을 바라볼 때도 관찰자 자신의 시선에서 가장 멀리 있는 것이 가장 앞에 있는 물체가 되는 것이다. 이처럼 서양에서는 관찰자 중심이다. 그러나 동양에서 본다는 것은 보여 지는 대상이 중심이

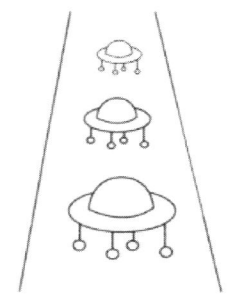

〈그림 1〉 세 개의 우주선

된다. 관찰자가 보는 것이 아니라 대상이 나타나는 것이다. 한자漢字로 '본다'는 뜻을 지닌 '견'見자 역시 '보이다' 혹은 '나타나다'를 의미한다.

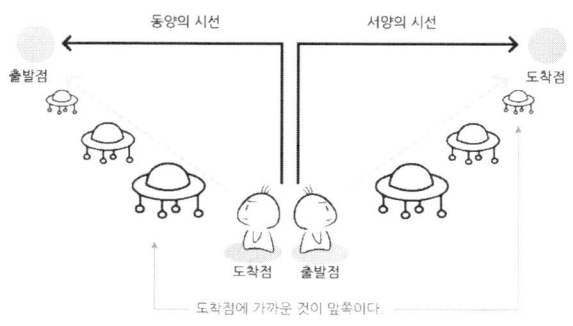

〈그림 2〉 동서양의 시선 차이

이렇게 볼 때, 세계관은 사고의 체계가 아니라 인식의 틀이며, 사물을 인지하는 방식이다. 선교는 이 세계관의 변화를 필요로 한다. 비성경적 세계관을 가진 사람에게 복음을 전해 그들의 세계관을 성경적인

---

72) EBS 동과 서 제작팀, 김명진 공저. 「동과 서: 동양인과 서양인은 왜 사고방식이 다를까」. 서울: 예담, 2008.; Nisbett, Richard E. 「생각의 지도」, 최인철 역. 서울: 김영사, 2004.

세계관으로 변화시켜야 하는 것이다. 그리고 선교사는 세계관의 변화를 위한 중개자Change Agent가 되어야 한다.

## 2. 타문화 커뮤니케이션의 필요

선교사가 문화와 세계관을 이해해야 하는 이유는 바로 타문화권에서 올바르게 복음을 선포하기 위해서이다. 타문화권 커뮤니케이션이 올바르게 이루어지려면 수신자가 이해할 수 있는 문화 형태로 메시지가 전달되어야 한다. 즉 수신자 지향적이어야 한다. 메시지를 전달하는 과정에서 메시지의 본래 의미를 변질시키거나 왜곡 혹은 축소시키지 않고 커뮤니케이션 하는 것은 쉬운 일이 아니다. 그럼에도 불구하고, 복음의 메시지는 전달자가 가지고 있는 의미 그대로 수신자에게 전달되고 이해되어야만 한다.

선교사는 수용자의 문화와 그 문화가 정초定礎하고 있는 세계관을 정확히 이해하고 복음을 전해야 한다. 그렇지 못하면 아무리 열심히, 그리고 많이 복음을 전해도 그 복음의 메시지가 수신자에게 온전한 메시지가 될 수 없다. 그래서 선교사는 성경의 문화, 선교사 자신의 문화, 수용자의 문화를 알아야만 한다. 또한, 선교사는 다른 문화와 세계관에 적응할 수 있는 융통성을 훈련해야 한다.

그러나 선교사가 문화를 이해하는 것보다 더 중요한 것은 사실 영혼을 사랑하는 마음이다. 선교사가 그 땅의 영혼을 사랑하지 않고서는 결코 한 문화권에 들어가 그들의 문화와 세계관을 배우고 그것에 적응할 수 없다. 그렇기 때문에, 선교사는 자신이 복음을 전하는 문화권의 사람들과 동고동락同苦同樂하면서 복음을 전해야 한다. 예수님께서 성육신하셔서 자기 백성의 문화에 적합한 방법으로 사역하셨던 이유도 바로 그것 때문이다. 선교사 역시 예수님께서 보여주셨던 그런 삶을 선교지에서 살아내야 한다Jesus-Like Lifestyle.

예수 그리스도의 성육신은 타문화 커뮤니케이션의 대표적인 본보기이다. 참 하나님이셨던 예수님께서 온전히 인간이 되셔서 수신자 중심의 커뮤니케이션을 하셨다. "그는 하나님의 본체시나 하나님과 동등됨을 취할 것으로 여기지 아니하시고 오히려 자기를 비워 종의 형체를 가지사 사람들과 같이 되셨다"(빌 2:6-7). 사도 바울도 열린 마음으로 자신과 타인을 인식했고, 문화적 지식과 기술을 갖고 사역했다(고전 9:19-22). 이것이 올바른 커뮤니케이션의 기본이다.

## 3. 문화에 관련된 개념들

몇 가지 문화에 관련된 개념을 살펴보자.

### 1) 고맥락High Context 문화 vs 저맥락Low Context 문화

문화적 맥락은 문화에 따라 다르게 나타나는 커뮤니케이션의 유형을 의미한다. 이것을 문화 인류학자 에드워드 홀Edward T. Hall은 그의 저서 '문화를 넘어서'Beyond Culture에서 '고맥락 문화'와 '저맥락 문화'로 나누어 설명한다.73) 의사소통에 있어서 말이나 문자에 의존하는 부분이 클수록 저맥락 문화이고, 적을수록 고맥락 문화에 해당한다. 고맥락 문화의 의사소통에서는 대부분의 정보가 물리적 맥락 속에 있거나 내면화 되어 있다. 즉 비언어적 요소와 상황 중심적인 메시지가 많이 포함되어 있다. 이런 문화의 사람들은 이야기를 할 때 상대방이 이미

---

73) Edward T. Hall, *Beyond Culture* (Garden City, NY: Anchor Press, 1977), 105-16.

자신이 말하는 것을 안다고 믿고 구체적으로 이야기 하지 않는다. 당연히 이야기를 듣는 사람도 상대방의 말을 문자 그대로 받아들이지 않는다. 그렇기 때문에 고맥락 문화에서는 눈치와 직관을 발휘하여 행간에 숨은 의미를 정확히 읽고 대처해야 한다. 고맥락 문화의 의사소통을 보여주는 대표적인 말이 바로 호남지방의 사투리 '거시기'이다. '거시기'라는 말은 딱히 적절한 말이나 단어가 생각이 나지 않거나 상대방에게 정확하게 명시적으로 요구하기 난처할 때 사용한다. 그러나 듣는 사람은 상대방이 무엇을 말하는지 이해한다.

반면, 저맥락 문화권에서는 말이나 문자를 직설적으로 그리고 정확하게 의사표현을 한다. 예를 들어, 한국에서 사람에게 음식을 권하면 일반적으로 '괜찮습니다'라고 답한다. 그런데 여기서 '괜찮다'는 대답은 정말로 괜찮은 것이 아니다. 한국에서는 두세 번 거절하는 것이 겸손의 미덕이기 때문에 두세 번 사양하는 것이다. 그렇기 때문에 고맥락 문화에서는 괜찮다고 답했을지라도 두세 번 더 권해야 한다. 그러나 저맥락 문화에서는 그렇지 않다. 대화가 정확하고 직설적이기 때문에 상대방이 한번 거절하면 더 이상 물을 필요가 없다. '괜찮다'고 말하는 사람은 정말로 괜찮기 때문에 괜찮다고 말하는 것이다.

저맥락 문화와 고맥락 문화의 특성 비교[74]

| 저맥락 문화(Low Context Culture) | 고맥락 문화(High Context Culture) |
|---|---|
| 직접적 커뮤니케이션 형태로 의미 표현 | 사회문화적 맥락에 따라 암시적 의미 표현 |
| 개인주의 가치관 | 집단의식 중시 |
| 선적인 논리 강조 | 나선, 원형 논리 강조 |
| 직접적이고 언어적 표현 많이 사용 | 간접적이고 비언어적 표현을 많이 사용 |
| 아이디어 표현에 논리 존중 | 아이디어 표현에 감정을 존중 |
| 법칙이나 명시적 규약에 의한 일처리 | 묵시적 이해나 직관에 의한 일처리 |
| 고도도 구성된 이미지 | 모호한 메시지 |

## 2) 권력거리 Power Distance

기어트 홉스테드Geert Hofstede는 어느 사회의 문화가 그 사회 구성원의 가치관에 미치는 영향과, 그 가치관과 행동의 연관성을 연구하였다. 그리고 문화적 가치관을 분석한 네 가지의 차원을 제시하였는데, 그 중의 하나가 바로 '권력거리'power distance이다. '권력거리'란 "조직이나 단체(가족과 같은)에서 권력이 작은 구성원이 불평등한 분배를 수용하고 기대하는 정도"이다. 인간관계에 있어서 서열을 강조하는 정도라고 할 수 있다.

'권력거리'가 높은 문화에서 낮은 지위의 사람은 전체적이고 가부장적인 권력관계를 그대로 수용한다. 그래서 낮은 권력을 지닌 사람은

---

[74] Soo-Jin Park, "동서양 문화 특성에 따른 그래픽의 표현과 해석: 미국 원본과 한국 번역본의 표지 그래픽 비교를 통하여" 「온라인 자료」 http://www.aodr.org/_common/do.php?a=full&b=12&bidx=23&aidx=367, 2018년 12월 17일 접속.

높은 권력을 지닌 사람에게 의문을 제기하거나 저항하지 않고 복종한다. 높은 지위의 사람이 더 많은 권위와 존경을 받아야 한다고 믿기 때문이다. '권력거리'가 높은 사회에서는 공식적인 권위가 중앙집권화 되는 경향이 있다. 의사결정은 주로 위에서 아래로 이루어진다. 한국은 권력거리가 높은 나라이다. 유교문화, 군사문화, 가부장적 세계관이 오랫동안 자리 잡고 있었기 때문에 사회적으로 수직적 위계질서가 존재한다. 윗사람은 체통과 위신을 지키려 하며, 아랫사람은 권위자에 대하여 수동적이고 의존적인 태도를 취한다.

'권력거리'가 낮은 문화에서는 서로 의논하고 참여하는 민주적 의사결정 형태를 선호한다. 그래서 중요한 결정은 투표로 결정한다. 자녀들은 부모가 어떤 것에 대한 결정의 이유에 대해 구체적으로 설명해 주기를 바란다. 높은 지위의 리더들도 자신들에게 어떤 특권이 주어지기를 기대하지 않는다. 예를 들어 같이 식사하러 가도 각자가 먹고 싶은 것을 자유롭게 주문하면 된다. 높은 권력거리를 가진 문화에서는 자신의 감정을 직접적으로 솔직하게 표현하지 못하고 억제하는 경향이 강하지만, 낮은 권력거리의 문화에서는 각자의 감정표현이 매우 자유롭다. 이처럼 권력의 차이가 클수록 권위주의적이고, 낮을수록 평등주의적이다. 다음의 표가 그 차이를 잘 보여준다.

| 낮은 권력거리(평등주의 문화)<br>(Low Power Distance) | 높은 권력거리(권위주의 문화)<br>(High Power Distance) |
|---|---|
| 약자와 강자 사이는 상호 의존적 | 약자는 강자에게 의존 또는 반의존으로 양극화 |
| 의사결정에 전체가 참여 | 의사결정이 위에서 이루어 짐 |
| 부하 직원과 상의해도 됨, 능동적 | 부하 직원은 지시에 순종, 수동적 |
| 교사는 객관적 진리를 전달하는 전달자 | 교사는 자신의 지혜를 전달하는 스승 |
| 조직에서 권력분산이 흔하다. | 조직에서 권력집중이 흔하다. |
| 이상적인 상사는 수단 좋은 민주주의자 | 이상적인 상사는 선의의 전제자 |

### 3) 역동적 등가 Dynamic Equivalence

선교사들이 성경을 번역할 때 성경의 단어가 자신이 섬기는 문화권에 없는 경우가 있다. 이때 선교사는 새로운 단어를 소개해 줄 것인지, 아니면 이미 그 사회 안에 있는 다른 단어로 대체할 것인지를 고민하게 된다. 이처럼 성경번역 과정에서 성경에 표현된 단어가 없을 때, 그 단어의 사전적 의미를 바꾸어서라도 내연적 의미를 살리는 것이 바로 '역동적 등가'의 개념이다. 이것은 사전적 의미 form보다 내연적 의미 meaning를 더 중요시 한다.[75] '역동적 등가' 번역은 원문을 언어학적으로 분석하여 전달하려고 하는 의미를 추출해 낸 후, 그 의미가 수신자에게 가장 정확하게 전달될 수 있는 단어로 번역하는 것을 말한다.

예를 들어, 파푸아 뉴기니 Papua New Guinea에서 사역하고 있는 선교사

---

[75] 이 개념은 1969년 유진 나이다(Eugene A. Nida)와 찰스 타버(Charles R. Taber)의 공저 「번역이론과 실제」(The Theory and Practice of Translation)에서 처음 소개되었다. 나중에 나이다는 '역동적'이라는 단어를 '기능적'(functional)이라는 말로 대체하였다.

가 이사야 1장 18절의 말씀에서 "눈과 같이 희어질 것이다"라는 말을 설명한다고 가정해 보자. 눈雪의 사전적 의미는 "기온이 섭씨 0℃ 아래로 떨어져, 구름 안의 물水 입자나 대기 중의 수증기가 얼어서 결정화된 것"이다. 우리는 굳이 이런 설명을 하지 않아도 이미 눈이 무엇인지 알고 있다. 그러나 세상에 태어나서 눈을 한 번도 본 적이 없는 사람은 이 본문을 이해하기 어렵다. 그래서 선교사의 말을 듣고 있던 파퓨아 뉴기니 사람은 분명히 "눈이 뭐죠?"라고 물을 것이다. 선교사는 당황해 하면서 이렇게 설명한다. "눈은 색깔이 하얗고, 만지면 차갑고, 주로 겨울에 바람에 휘날리듯 하늘에서 내리는 것입니다. 현미경으로 보면 정육면체의 입자를 가지고 있고, 온도가 올라가면 녹고 반대로 온도가 내려가면 얼어버립니다." 아무리 구구절절 설명을 해도 파퓨아 뉴기니 사람들은 눈을 쉽게 이해하지 못할 것이다.

이 경우, 성경본문에서 '눈'이라는 단어를 통해 전달하려고 하는 내연적 의미는 '희다,' '깨끗하다,' '순결하다'이다. 그렇기 때문에 눈을 한 번도 본 적이 없는 사람에게 그들 문화 속에서 '눈'의 내연적 의미와 동일한 의미를 갖고 있는 단어로 그것을 대치하는 것이다. 파퓨아 뉴기니에는 '사고'Sago라는 야자나무 열매가 있다. 그 열매에서는 하얀 가루가 나오는데 그것을 통해 그 지역의 사람들은 그 나무를 잘라 속을 파서 잘게 으깬 뒤 묵처럼 만들어 먹거나 음식을 할 때 사용한다. 이들에게는 평생 본 적이 없는 '눈'이라는 단어보다는 '사고 나무의 흰 가루'라는 말이 더 이해하기 쉽다. 그래서 이사야 1장 18절의 말씀을 "너희 죄가 돼지 피처럼 붉을지라도 사고 나무의 흰 가루처럼 희어질 것이다"라고 이야기 한다면 보다 쉽게, 그리고 더 분명하게 말씀을 이해할 수 있게 된다.

한 가지 예를 더 들어 보자. 요한복음에는 예수님의 '오병이어'五餠二魚

사건이 기록되어 있다. 처음 한국에서는 이것을 '물고기 두 마리와 보리떡 다섯 개'로 번역하였다. 하지만 '보리떡 다섯 개'는 영어로 '다섯 개의 빵five loaves'인데, 이것을 '빵'이 아니라 '떡'으로 번역한 것이다. 만약 '파리바게트'나 '뚜레쥬르'가 없는 조선시대에 '떡' 대신에 '빵'이라는 성경의 용어를 그대로 사용했다면 과연 어땠을까? 메시지를 전달하는 선교사에게는 '빵'이 익숙하고 자연스러운 단어이지만, 그것을 처음 듣는 조선 사람들은 도대체 '빵'이 무엇인지 어리둥절해 했을 것이다. 이렇게 '빵'이라는 단어가 없는 문화적 상황에서 '빵'과 같은 의미를 가진 조선의 '떡'이라는 단어를 사용하는 것이 바로 '역동적 등가'의 개념이다.

### 4) 구속적 유비 Redemptive Analogy

구속적 유비는 '화해의 아이'Peace Child의 저자인 돈 리챠드슨Dawn Richardson에 의해서 주장된 원리이다. 인도네시아의 오지인 이리안자야Irian Jaya에서 사역하던 리챠드슨은 사위 부족들 간에 계속된 전쟁 가운데 휴전을 약속할 때, 화해를 제안한 부족의 추장이 자신의 아기를 상대방 추장에게 넘겨주는 것을 목격했다. 그리고 그 아이가 살아 있는 동안 두 부족 간에는 전쟁이 일어나지 않는다는 것을 알게 되었다. 이것을 본 리챠드슨은 '화해의 아이'라는 개념을 통해 사위 부족에게 복음을 전할 수 있게 되었다. 그 메시지의 내용은 이렇게 된다. "이전에 하나님과 인간 사이에는 커다란 전쟁이 있었다. 그 결과 많은 인간이 죽었다. 그런데 어느 날 하나님께서는 이 전쟁을 더 이상 하지 않기를 원하셨다. 그래서 하나님은 인간들에게 종전終戰의 상징으로 자신의 하나밖에 없는 독생자 아들을 내어 주셨다. 이 아들이 바로 예수님이다. 인간들의 화해의 아이는 시간이 지나면 늙어서 죽고 전쟁이 다시 날 수 있지만, 이 예수는 영원히 죽지 않는 '화해의 아이'이다. 이 예수님을 받아들이기만 하면 하나님과 화해하게 되고 전쟁이 그치게 된다."

이 개념은 서구 신학적 측면에서 볼 때에는, 다소 문제가 되지만, 사위인들의 가치관과 세계관 안에서는 복음의 의미를 정확하게 전달하는 통로가 되었다. 리챠드슨은 상당수의 문화권 내에 그리스도의 구속적 사건을 전달할 수 있는 문화요소가 있다고 주장한다. 이 문화요소를 '구속적 유비'라고 한다. 물론, 모든 문화권 가운데 이러한 유비를 항상 찾을 수 있는 것은 아니다. 이것이 하나님으로부터 주어진 구속사건의 그림자인지 확인하기도 쉽지 않다. 그러나 타문화권 커뮤니케이션 과정에서 선교사가 이런 구속적 유비로서의 문화요소를 발견할 수 있다면, 이것은 하나의 커다란 기회가 될 수 있다. 그렇기 때문에 선교사는 혼합주의Syncretism의 위험이 있다는 것을 인식하면서, 자신이 사역하는 선교지 문화 가운데 이에 해당될 만한 요소가 있는지 주의 깊게 살펴볼 필요가 있다.

### 5) 형식form과 의미meaning의 문제

복음의 메시지를 전하고자 할 때 전달자는 복음을 전달하고자 하는 수신자 문화의 형식form과 의미meaning에 대해 이해해야 한다. 그래야만 효과적인 의사소통이 가능해 진다. '형식'이란 "특정한 의미를 전달하기 위해 사용되는 표현 형태나 형식"을 의미한다. 인간은 자신의 생각과 뜻을 표현하기 위해 다양한 형식form, 상징들symbol, 제스처gesture, 행동양식pattern of behavior 등을 만들어 냈다. 그래서 동일한 의미를 가진 행동이 문화에 따라 다른 형식으로 표현되는 것이다.

문화별로 인사하는 방법이 상이한 것도 그 때문이다. 한국에서는 절이나 목례를 하지만 서양에서는 악수를 한다. 어떤 문화권에서는 키스를 하거나 코를 비빈다. 이런 인사법들은 의미는 동일하지만 그 형식에서 문화마다 전혀 다르게 표현되는 좋은 예이다. 사원이나 성당 혹은 교회가 도시 중앙의 언덕에 위치하는 것도 특별한 의미를 전달한다. 그것은 바로 종교가 사회 구성원들에게 갖는 중요성과 권위를 보여주기 때문이다. 단체마다 입는 유니폼uniforms도 그것을 입은 자의 신분이나 위치, 그리고 역할을 비구어적으로 전달한다. 캘리포니아 대학University of California, Los Angeles의 명예 교수인 알버트 메라비안Albert Mehrabian은 의사전달의 7%는 언어(말)로, 38%는 목소리로, 그리고 55%는 얼굴표정, 또는 몸짓으로 전달된다고 말한다. 즉 의사소통의 93%는 비구어적인 의사소통으로 전달된다는 것이다.

## 제4장 교회, 복음, 세상

예수님께서는 우리를 첫째, 복음으로(주님을 사랑하라고), 둘째, 문화로(우리 이웃을 사랑하라고), 셋째, 교회로(형제자매를 사랑하라고) 부르셨다.76) 그러나 교회가 그 임무수행에 실패한 이유는 다양한 교회 전통이 이 세 가지 부르심 가운데 단지 한 두 가지에만 충실했기 때문이다. 우리가 주님과 이웃과 형제를 동시에 사랑하지 못할 때, 우리의

---

76) Mark Driscoll, 「새롭게 복음 전하는 교회」, 정진환 옮김 (서울: 죠이선교회, 2007), 23.

사역은 ① 선교단체, ② 자유주의, ③ 근본주의 중 하나로 빠질 위험을 갖게 된다.

### 1) 첫 번째: 복음 + 문화 − 교회 = 선교단체[77]

많은 그리스도인이 너무나 좌절을 느낀 나머지 교회와 별개로 복음을 들고 문화 속으로 들어간다. 그러나 이런 사역은 대개 복음과 불신자를 연결할 수는 있지만, 교회 성도들과 연결시키지는 못한다. 이것은 불신자들을 구원의 경지에 이르게 하는 부분에 있어서는 탁월하지만, 성도들을 신학적으로 성숙하지 못하게 한다는 단점이 있다.

### 2) 두 번째: 문화 + 교회 − 복음 = 자유주의[78]

어떤 교회는 너무나 문화에 깊숙이 빠져서 복음을 등한시 한다. 사람들을 교회로 인도해 선행을 하게 하지만 예수님께로 인도하지는 못한다. 자유주의자들은 사회의 구조적인 악이나 죄에 대해서는 이야기하지만 개인의 죄에 대해서는 무관심한 경우가 많다. 자유주의자들은 주님을 사랑하는 일은 저버리고 형제와 이웃을 사랑하는데 몰두하는 위험성을 지닌다.

### 3) 세 번째: 교회 + 복음 − 문화 = 근본주의[79]

어떤 교회는 복음보다는 교회의 전통, 건물, 교회의 정치에 신경을

---

77) Ibid., 23-4.
78) Ibid., 24-5.
79) Ibid., 25-6.

쓴다. 신학적으로 이해는 하지만 그것을 교회 밖으로 가지고 나가지는 않는다. 내부로 눈을 돌려 성찰하기 때문에 규범, 율법, 도덕이 복음을 대치하며, 성경구절은 이를 뒷받침하는 도구로 전락하게 된다. 근본주의자들은 주로 주님을 사랑하고 교회의 형제를 사랑하지만 이웃사랑은 무시하는 경향을 보인다.

 적용과 실천을 위한 토론(Case Study)

▌Case 1. 불교와 기독교

**한 복음주의 여 선교사**는 암으로 죽은 일본 여성 사업가와 여러 해 동안 친밀한 관계를 유지해 왔다. 그 딸이 선교사에게 어머니의 불교 장례식에서 추모사를 해달라고 부탁해 왔다. 만약 선교사가 이를 받아들이면, 대부분의 친구들이 기독교 신앙과 타협한다고 생각할지 모른다. 반면에 거절한다면, 그녀는 슬픔에 잠긴 가족들의 심정을 상하게 하고 앞으로 복음을 전할 수 있는 기회를 잃게 될지도 모른다.

☞ 만약 당신이라면 어떻게 하겠는가? 그 이유는 무엇인가?


▌Case 2. 기독교와 전통문화

북인도 지역에서 사역하는 한 선교사가 터덜터덜 진흙길을 따라 걷고 있었다. 길가에 늘어선 집들은 힌두교의 신년축제인 '**디왈리**'Diwali를 축하하기 위해 형형색색形形色色의 등으로 장식되어 있었다. 그의 뇌리에는 '두와락'Dhuwarak의 질문이 떠나지 않았다. "왜 우리는 디왈리 때에 아름다운 등으로 우리 집을 장식할 수 없죠? 우리가 힌두 축제 때 할 수 없다면, 크리스마스 때에는 할 수 있나요?" 그의 목소리는 엄숙했지만 눈은 매서웠다. 도대체 뭐라고 대답해야 할까?

이 선교사는 2년 전에 이 지역으로 왔다. 그들은 여름성경학교를 여는 것으로 사역을 시작했다. 소수의 학생들이 참여했는데, 대부분이 '하리안'Harijan 카스트에 속한 사람들로 불가촉 천민이었다. 여름 방학에 그들 중 몇몇이 예수 그리스도를 영접했다. 그들 중 하나가 12살 난 '두와락'이었다. 그의 부모는 아들의 삶이 변했기에 그의 회심을 기뻐했다. 그 때에 부모들도 그리스도인이 되기를 원했고, 자연스레 주님께로 인도되었다.

수개월 후에 힌두교의 연례축제인 '디왈리'가 시작되었다. 디왈리는 힌두교의 신 쉬바Shiva가 악신 나라카수라Narakhasura를 능력으로 이긴 승리의 날을 축하하는 때이다. 선교사는 두와락의 신앙을 격려하고 믿음 안에서 굳게 세워나갔다. 그들을 초청하기도 하고, 자주 방문하기도 했다. 두와락의 부모는 그리스도인이 된 후에 그들의 공동체로부터 배척당했다. 그래서 그들은 더욱 교제를 필요로 했고, 선교사가 다른 지역에서 사역할 때에는 외로움을 느꼈다.

디왈리가 다가왔을 때, 마을은 장식품으로 가득했고, 사람들은 형형색색의 등을 준비했다. 사람들은 지붕을 새로 얹고, 새 옷으로 단장하기도 했다. 그러나 이 모든 것이 두와락의 가족에게는 우울한 일이었다. 선교사가 그들을 방문했을 때 두와락이 이 혼란스러운 질문을 했다. 선교사는 정확히 무어라 대답해야 할지 몰라 두와락의 가족을 초대하여 좀 더 이야기를 나누기로 하고 그 집을 나왔다.

그는 유럽의 초기 그리스도인들이 겨울에 열리는 이방 축제 기간 동안에 그리스도의 탄생을 축하했다는 것을 기억했다. 당시 그리스도인들은 노예였고, 그 때에만 주인들이 그들에게 자유시간을 주었기 때문이었다. 얼마 후에 그리스도인들은 이방의 상징이 장식된 상록수 나무를 그리스도의 오심으로 말미암는 영생의 희망을 상징하는 것으로 전환시켰다. 이를 힌두교의 디왈리 축제에서도 같은 방식으로 재해석 할 수 있지 않을까?

선교사는 새로운 회심자와 힌두교 사이에 명백한 구분이 얼마나 중요한가를 알고 있다. 만일 그들이 진정한 차이를 이해하지 못한다면 기독교는 힌두교의 우상 아래 흡수될 것이고, 결국 복음증거는 상실될 것이다. 반면에 선교사는 다시 두와락의 가족이 구원의 기쁨이 회복되도록 방법을 제시해야만 한다는 것도 알고 있다. 그는 어떻게 해야 하는지 도무지 알 수 없었다.

☞ 선교사나 현지 그리스도인이 전통문화화 된 이방축제에 참여할 수 있는가?

☞ 크리스마스의 예처럼 재해석이 가능한 영역은 무엇인가?

☞ 선교사가 두와락의 가족을 어떻게 도울 수 있을까?

## Case 3. 역라마단

무슬림들은 라마단 기간 동안 한 달간 금식을 한다. 기독교인들도 그 기간 동안 무슬림들처럼 금식을 해야 하는가, 아니면 자유롭게 음식을 먹어도 되는가?

# 제6부
# 선교 전략

제1장 전략의 이해

제2장 기독교 역사 속의 대표적인 선교전략

제6부

# 선교 전략

## 제1장 전략의 이해

### 1. 스마트(SMART)한 전략

선교의 목표가 무엇인지 정확하게 인식하고 명확한 목표를 설정해야만 선교가 어디로 가야하고, 무엇을 하며, 어떻게 해야 하는지 분명해진다. 그러기 위해서는 교회의 자원이 어디에 있는지, 그것을 어떻게 찾아내야 하는지, 그리고 어떤 방향으로 집중해야 하는지도 알아야 한다. 어떤 일이든 정확한 목표가 있어야 한다. 그리고 어떤 일을 성취하기 위해서는 목표를 스마트SMART하게 설정해야 한다. 그래야만 중도에 쉽게 포기하지 않고 끝까지 한 목표를 향해 전진할 수 있게 된다. 그렇다면 어떤 것이 스마트한 전략일 것인가?[80]

---

80) 피터 드러커(Peter Druker)가 목표의 타당성을 확인하는 방법으로 '스마트'(SMART) 방법을 사용한다. 그가 제시하는 목표설정과 관리의 원칙은 구체적이고(Specific), 측정가능하며(Measurable), 달성가능하고 도전적이어야 하며(Achievable), 결과 지향적이고(Relevant), 시간이 정해진(Time-bound) 것이어야 한

## 1) 구체적이고 명확한 전략Specific

전략은 구체적이고 명확해야 한다. 선교의 목표가 무엇인지를 구체적으로 명시해야 한다. 불분명한 목표는 방향성을 잃게 되고 결국 목표달성에 실패하게 된다. 선교의 목표는 하나님의 영광이다. 그 목표가 명확하지 않으면 어려움과 난관에 부딪칠 때마다 포기하거나 방향성을 잃고 표류하게 된다.

## 2) 측정 가능한 전략Measurable

전략은 측정 가능해야 한다. 애매모호하고 뜬구름 잡는 식의 목표는 일의 성취를 불가능하게 만든다. 서구권 선교사들이 이런 부분에서 탁월하다. 구체적인 전략을 세우고 단계별로 사역을 진행한다. 자신이 지금 어디까지 와 있는지 알기 때문에 다음 단계를 준비할 수 있다. 때론 그렇지 않은 선교사도 많지만 사역의 목표를 명확히 설정하고 자신의 사역이 어디까지 진행되었는지 안다면, 그 다음 단계를 준비하고 사역이 느슨해지지 않도록 촉진할 수 있는 원동력이 된다.

## 3) 공동체가 동의할 수 있는 전략Agree on(Attainable)

전략은 공동체가 동의할 수 있는 것이어야 한다. 때로는 자신이 하

---

다는 것이다. Peter F. Drucker, *The Practice of Management* (New York: Harper & Brothers Publishers, 1954), 63; George T. Doran, "There's a S.M.A.R.T. Way to Write Management's Goals and Objectives," *Management Review*, vol. 70 (November 1981): 35-36. Kenneth Blanchard, Patricia Zigarmi, and Drea Zigarmi, *Leadership and the One Minute Manager* (New York: William Morrow and Company, INC., 1985), 89-90.

나님으로부터 특별한 비전을 받았다고 하면서 공동체에 물의를 일으키거나 성경적이지 않은 방법으로 선교하는 사람이나 단체가 있는데, 그것은 바람직하지 않다. 전략은 한 지역교회나 개별 선교사뿐만 아니라 하나님 나라 확장을 위해 달려가는 교회, 선교단체, 그리고 선교사가 함께 공유할 수 있고 서로에게 덕이 되는 것이어야 한다. 그러나 모든 것을 다 공유하고 함께 할 수는 없다. 교회와 선교단체마다 자기들만의 특수성이 있기 때문이다.

### 4) 현실 가능한 전략 Realistic

전략은 현실 가능한 목표를 설정해야 한다. 현실성이 떨어지는 목표를 설정하게 되면 도중에 포기할 가능성이 높고, 진행해 가는 과정에서도 많은 문제를 야기할 수 있다. 그렇다고 선교의 목표를 세우는데 있어서 무조건적으로 현실적이고 가능한 목표만을 세워야 한다는 것은 아니다. 때로는 하나님의 능력과 성령의 역사를 믿고 믿음으로 선포해야 할 때도 있다. 심지어는 무모한 헌신이 요구될 때가 있다는 것을 인정해야 한다.

### 5) 기간이 정해진 전략 Timely

전략은 기간을 정할 필요가 있다. 어떤 일을 수행하는데 기한을 정하지 않으면 해이(解弛)해지고 집중도가 떨어지게 된다. 선교는 주님 오실 때까지 지속적으로 이루어져야 한다. 그러나 하나님 나라 확장이라는 커다란 과업을 이루어 가는 과정에서 세워지는 전략은 시대와 환경에 적합한 것이어야 한다.

위의 다섯 가지가 올바른 전략을 세우기 위해 필요한 모든 것이 될 수는 없지만 최소한 위의 다섯 가지 기본적인 원칙을 토대로 전략을 세워야 한다. 현명한SMART 전략이 풍성한 열매를 맺게 할 수 있다.

## 2. 전략의 정의

그렇다면 전략이란 무엇인가? 전략이란 "일의 성취를 위한 전반적 계획 및 그 근간을 이루는 원칙들 … 목표 달성 및 문제 해결을 위한 전반적 접근, 계획 또는 방법론"이다. 모든 일에는 나름대로의 전략이 있다. 바울의 경우, 그의 궁극적 목표는 온 세상에 그리스도를 전하는 것이었고, 그 목표를 달성하기 위해 그가 사용한 전략은 개척선교frontier mission였다(롬 15:20). 특별히 그는 주요 도시를 우선적으로 방문하고 그 도시 안의 회당에서 복음을 전했다(행 17:2). 이처럼 선교의 목표를 달성하기 위한 계획이 바로 선교전략이다.

전략은 또한 장차 하나님께서 어떠한 일을 이루실 것이며, 우리가 그분의 도구로서 그 일을 어떻게 구현할 것인지에 대한 믿음의 선언이다. 그런데 전략을 이야기 할 때 크게 두 가지 극단적인 입장이 있다는 것을 발견하게 된다. 하나는 전략을 너무 지나치게 강조하는 것이고, 다른 하나는 전략보다는 성령님께 의지하는 것만을 강조하는 입장이다. 이것을 도표로 그려보면 다음과 같다.

〈도표 1〉 선교전략에 대한 양 극단의 사고

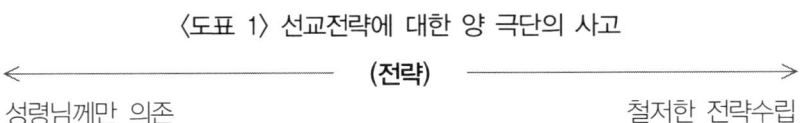

무엇이든 양극단의 사고는 옳지 않다. 모세의 장인 이드로가 재판을 위해 천부장, 백부장, 오십부장을 세워 백성을 재판하도록 한 것도 일종의 전략이다(출 18:17-26). 여호수아가 가나안을 점령할 때 중앙을 먼저 정복한 후 남과 북을 차례로 점령해 나간다. 이것은 탁월한 군사 전략이었다. 그런데 여호수아는 가나안 땅을 점령하는 과정에서 끊임없이 성령께 의지했다. 잠언 16장 3절은 "너의 행사를 여호와께 맡기라 그리하면 네가 경영하는 것이 이루어지리라"고 말씀한다.

우리가 어떤 일을 시작할 때에는 구체적인 계획과 전략을 세워야 한다. 하지만 이 모든 과정 속에서 무엇보다도 성령의 간섭하심을 인정하는 겸손한 태도를 가져야 한다. 어떤 일을 수행하는데 있어서 구체적인 전략을 세우는 일과 성령님께 의존하는 것은 별개의 것이 아니다. 이 둘 모두가 선교전략에서 필요한 것이다.

## 3. 전략의 종류

에드워드 데이튼Edward R. Dayton과 데이비드 프레이저David A. Fraser는 전략의 종류를 네 가지로 나누어 설명한다.[81] 첫째, 즉흥적(무계획) 전략Being-in-the-Way strategy이다. 이것은 하나님의 섭리전략이라고도 한다. 즉 전략을 세우지 않고 그냥 즉흥적으로 일하는 것이다. 이렇게 전략이 없는 것도 일종의 전략이다. 이것은 구체적인 준비와 계획이 없기 때문에 사역의 지속성과 방향성이 불안정하게 흔들릴 수 있다는 단점이 있다. 그리고 일이 뜻대로 되지 않거나 계획에 차질이 생기면 하나님께서 다른 계획을 가지고 계시기 때문이라고 생각해 버리기도 한다.

---

81) Edward R. Dayton and David A. Fraser, *Planning Strategies for World Evangelization* (Grand Rapids, MI: William Eerdmans Publishing Company, 1980), 17-8.

둘째, 초기계획 전략Plan-So-Far Strategy이다. 이것은 '이제부터 전략'이라고도 할 수 있다. 즉 사역을 시작할 때는 철저한 계획과 준비를 하지만 그 나머지는 하나님께 맡긴다. 이 전략은 결과에 초점을 맞추기 보다는 시작을 중요시 한다. 그리고 나머지는 하나님의 인도하심이나 상황, 변화요인에 따라 즉흥적으로 반응하는 전략이다. 대형전도집회가 그 대표적인 예이다. 대규모 전도 집회를 계획하면 처음에는 어떻게 전도하고 어떻게 VIP를 초청할지 등 구체적인 계획을 한다. 그러나 얼마나 많이 모일지, 어떤 사람들이 올지, 행사 당일 기후는 어떠할지 예측할 수 없기 때문에 상황에 맞게 적절하게 대처해야만 한다. 이처럼 계획은 하지만 백업과 후속조치follow-up는 구체적으로 계획하지 않는 것이 초기계획 전략이다. 그러나 이 전략을 장기적인 전략으로 사용하기는 쉽지 않다.

셋째, 상황형 전략Unique Solution Strategy이다. 이것은 '특유해법 전략'이라고 할 수 있다. 이 전략은 성령의 인도하심과 전략 간의 적절한 타협안처럼 보인다. 즉 그때그때마다 상황에 맞도록 전략을 수립하는 것이다. 그러나 이 전략은 그 효율성을 평가할 때 다분히 주관적으로 치우칠 수 있다는 약점을 가지고 있다.

마지막으로 표준형 전략Standard Solution Strategy이다. 이것은 한 가지 전략을 모든 지역과 상황에 일괄적으로 적용하는 것이다. 이 전략은 선교본부 차원에서는 관리가 쉽고 평가도 용이하지만 현장에서의 상황적 요인을 반영하기는 쉽지 않다. 따라서 성령이 간섭하실 수 있는 여지도 최소화 된다. 선교현장이 시시각각 변하고 선교지 상황이 너무도 천차만별인 상황을 고려할 때, 이 전략이 모든 곳에서 효율적일 수는 없다.

〈도표 2〉 전략의 종류

| 성령님께만 의존 | | | 철저한 전략수립 |
|---|---|---|---|
| 무계획전략 | 초기계획전략 | 상황형 전략 | 표준형전략 |

   데이튼과 프레이저는 이상의 네 가지 전략 중에 상황화 전략이 가장 바람직하다고 말한다. 상황에 맞게 전략은 변동 가능해야 한다는 것이다. 그러나 선교사가 초기에 입국전략을 세우기 어려운 지역도 있다. 이런 문화권에서는 때로 초기계획 전략이 유효할 수 있다. 이처럼 선교전략은 너무 경직되거나 틀에 박힌 것이 아니라 각각의 상황마다 적절하고 효율적으로 적용할 수 있는 것이어야 한다. 이때 성령의 인도하심과 영감을 구해야 한다. 전 세계 모든 지역과 문화에 공통적으로 적용할 수 있는 선교전략은 단 하나 밖에 없다. 그것은 바로 '하나님의 말씀'이다. 이것을 다시 도표로 그려보면 다음과 같다.

## 4. 전략의 필요성

   그렇다면 전략은 왜 필요한가? 선교에 있어서 전략이 필요한 이유는 첫째, 그리스도인들로 하여금 하나님의 마음과 뜻을 찾게 만들기 때문이다. 선교의 주체는 하나님이시다. 전 세계 복음화를 명령하신 분도 하나님이시다. 그렇기 때문에 하나님의 선교를 위해서 그 분의 마음과 뜻이 무엇인지 정확하게 분별하는 것이 무엇보다도 중요하다. 그리고 그 과정에서 구체적인 전략이 만들어져야 한다.
   둘째, 우리가 노력을 집중해야 할 영역을 알 수 있도록 한다. 전략은 전반적인 방향감각을 제공하고 일을 수행함에 있어서 응집력을 일으키도록 돕는다. 예수님께서 12제자를 파송하시면서 구체적으로 전략을 제시하셨다(마 10: 5-16). 그것은 특정 종족집단에 초점을 맞출 것(5), 말씀을 선포할 것(7), 능력대결(1, 8), 값없이 관대하게 베풀 것(8), 현지인들의 도움을 받을 것(9-10), 너무 많이 가지고 가지 말 것(10), 현지인과 더불어 지낼 것(11), 순수한 자세를 지니되 지혜롭게 처신할 것(16) 등이다.

누가복음 10장에서 70명의 제자를 파송하시면서도 동료와 함께 갈 것(1), 현지인과 함께 지낼 것(5, 7), 그들의 음식을 먹을 것(7-8), 전도자로서의 올바른 정체감과 위상을 견지할 것(16) 등을 말씀하셨다. 이것은 제자들을 훈련시키기 위해서 예수님께서 얼마나 구체적으로 안내했는지를 잘 보여준다. 우리가 어떤 일을 할 때 정확한 지침과 가이드가 있다면 그 일은 훨씬 더 쉬워질 것이다.

## 5. 선교의 목표

선교의 목표는 필수적인 논의 과제이며 실제적으로 가장 중요한 요소이다. 왜냐하면 이 목표에 따라서 선교전략과 방법, 수단의 선택 등이 결정되기 때문이다. 지금까지 선교의 목표는 복음전도를 통해 구원받은 자들로 하여금 계속해서 재생산할 수 있는 교회를 세워갈 수 있도록 만드는 것이었다. 그러나 선교의 궁극적인 목표는 하나님의 영광이어야 한다. 열방이 하나님의 하나님 되심을 인정하고 그 분을 예배하도록 만드는 것이 선교의 궁극적인 목적이다. 지금은 온 나라와 족속과 열방이 아직도 그 분을 찬양하지 않고 있기 때문에 선교가 필요하다. 그러나 선교의 목표가 완수되면 이것은 더 이상 필요 없게 된다. 그렇기 때문에 그 위대한 과업의 완수라는 사명을 위임 받은 교회는 열방 가운데서 열심히 복음을 전하고 교회를 개척해야 한다.

## 6. 효과적이고 성경적인 전략의 특성

선교지에 나가서 산다고 해서 그것을 선교라고 할 수는 없다. 선교사가 하나님의 보내심을 받아 선교하러 갔다면 그 사역에는 열매가 있어야 한다. 선교의 열매를 위해서는 효과적인 전략이 필요하다. 그렇다면 어떤 전략이 효과적인 선교전략인가?

첫째, 선교전략은 하나님 나라의 확장을 중심목표로 삼아야 한다. 많은 전략이 하나님 나라의 확장이 아니라 교회의 성장과 부흥을 목표로 하는 경우가 많다. 그러나 성경적인 전략은 하나님 나라의 확장이다.

둘째, 선교전략은 총체적이어야 한다. 전도활동, 제자훈련, 교회개척, 교회성장, 지도자훈련, 재정적 문제의 해결, 하나님의 사랑의 실천, 구제, 등을 목표로 해야 한다.

셋째, 선교전략은 성경적이어야 한다. 성경은 모든 방법론을 제시하는 사례집이나 교범은 아니다. 하지만 모든 전략은 성경에 근거해야 하고 성경적 가치관과 세계관 안에서 만들어져야 한다.

넷째, 선교전략은 연구조사에 근거해야 한다. 사역지에 대한 연구와 조사 없이 만들어진 전략은 무의미하고 시간만 낭비하는 결과를 초래할 수밖에 없다.

다섯째, 선교전략은 결과 지향적이어야 한다. 이것은 전략이 뚜렷한 목표를 향해 달려가야 한다는 것을 의미한다. 그렇기 때문에 전략이 처음 세운 목표와 부합되는 것인지, 질적·양적 혹은 유기적인 성장을 균형 있게 이루어 가고 있는지, 그리고 가시적 성과 때문에 발생하는 부작용은 없는지 점검해 보아야 한다.

여섯째, 선교전략은 보고체계와 평가방법이 명확해야 한다. 선교사는 하나님이 파송하지만 교회와 선교단체를 통해서 파송을 받는다. 그렇기 때문에 선교사는 선교단체나 교회에 정기적인 보고를 하고 자신의 사역을 점검받아야 한다.

이 외에도 효과적인 전략의 특징이 많이 있다. 그러나 우리는 하나님이 주신 지혜로 하나님께 간구해야 한다. 성령의 영감에 의한 전략을 찾아내야 한다. 전략이 무조건적으로 새로워야 하거나 고안되어져야 하는 것은 아니다. 전략은 마치 "밭에 감추인 보화"처럼 발견되어질 수 있는 것이다(마 13:44).

## 제2장  기독교 역사 속의 대표적인 선교전략

2천 년 기독교 선교 역사 가운데 사용되어진 전략을 대략적으로 살펴보면 다음과 같다.

### 1. 초대교회의 "한 영혼이라도 더 많이" 선교

초대교회 시대에는 뚜렷한 선교전략이 없었다. 그저 한 영혼이라도 더 많이 영혼을 구해야 한다는 사명감을 가지고 사도와 예수님의 제자, 그리고 무명의 선교사가 복음을 전했다. 그들은 주로 회당이나 가정에 모여 예배를 드렸다. 이들은 오직 복음에 대한 순수한 열정과 하나님에 대한 사랑으로 충만해 있었다. 그래서 많은 핍박 속에서도 담대하게 복음을 전했다. 초대교회 시대에는 요한복음 3장 16절의 말씀에 근거해 온 세상에 복음을 전하는 것이 선교의 목표였다.

## 2. 중세 식민주의 선교

중세시대가 되면서 식민주의 선교가 시작된다. 중세 유럽교회의 특징은 교회와 국가가 결합한 '제국의 교회'였다. 이것을 '크리스텐덤'Christendom이라고 부른다. 이 시대 선교의 특징은 첫째, '구원의 교회화'the Ecclesiasticization of salvation이다. '교회 밖에는 구원이 없다'extra ecclesiam nulla salus는 싸이프리안Cyprian의 말처럼 구원은 오직 가톨릭교회 안에서 성찬을 먹는 자만이 누릴 수 있는 특권이었다. 둘째, 교회와 국가가 연합되면서 교회의 선교적 책무 역시 국가의 정치적 정복의 형태로 나타났다. 왕권은 교회에 의해 신의 축복을 받음으로 신성화되었고, 대신에 교회를 지원하고 보호하는 의무와 책임을 감당해야만 했다. 그래서 식민지 개척은 결국 '선교적 전쟁'missionary wars으로 이해되었다. 그래서 요한복음 3장 16절 말씀보다는 "길과 산울타리 가로 나가서 사람을 강권하여 데려다가 내 집을 채우라"(눅 14:23)는 말씀이 그들의 선교 패러다임을 정당화하는 모토가 되었다. 다시 말해서, 중세 가톨릭교회의 대표적 선교 패러다임은 국가가 이교도들을 정치적으로 정복하여 강압적으로 세례를 받게 하는 형태였다.

## 3. 토착교회Indigenous Church 선교전략

19세기까지의 선교는 대부분 선교기지Mission Station를 중심으로 이루어졌다. 근대 선교가 본격화될 때까지 유럽 사회는 아시아, 아프리카, 남미에 대한 구체적인 정보가 없었다. 이런 상황에서 유럽교회와 선교사는 보안과 안전의 문제를 고려해야만 했다. 그리고 복음을 들고 해외로 나갈 수 있는 방법도 제한적이었다. 그래서 선교는 주로 서구 제국주의자들의 보호를 받으며 진행되었다.

근대 개신교 선교운동을 크게 세 시기로 구분하는데, 제1기를 '해안선 선교시대'라고 한다. 선교사들은 주로 해안가에 자신들이 거주할 선교기지를 세웠다. 그 이유는 당시 교통수단이 주로 선박이었고, 해안가가 물을 공급받기에 훨씬 유리했기 때문이다. 그러나 가장 중요한 이유는 바로 당시 서구 제국주의의 식민지 정책에 따라 외국인들은 모두 해안의 도시에 정착할 수 있도록 허락해 주었기 때문이다.

19세기에 들어서면서 선교에 있어서 커다란 변화가 일어난다. 토착교회 선교전략이 등장한 것이다. 이전에는 선교사가 직접 선교기지를 통해 사역하는 방식이었다. 그러나 이제는 '삼자원리,' 곧, '자치'自治, '자급'自給, '자전'自傳하는 토착교회를 건립하는 것이 선교의 목적이라는 개념이 정립되었다. 이것은 19세기 세계선교의 방향을 바꾼 획기적인 이론이었다. 기존의 '선 문명화, 후 복음화'先 文明化, 後 福音化의 구도에서 이제는 현지인이 직접 전도하고 교회를 개척하는 방향으로의 전환이 일어난 것이다. 대표적인 주창자는 영국교회선교회The Church Missionary Society의 총무였던 헨리 벤Henry Venn과 미국 해외선교회American Board of Commission for Foreign Mission의 총무였던 루프스 앤더슨Rufus Anderson이다.

벤은 선교의 목적이 복음 전파와 교회 설립이라고 보았다. 그는 선교와 식민주의의 결탁을 철저히 비판하고 배격하였으며, 현지인 지도자 양성과 위임을 강조했다. 또한 영국교회의 반대를 무릅쓰고 현지인 청년 사무엘 아드갓 크로우더Samuel Adgat Crowther를 나이지리아 최초의 감독으로 임명했다. 당시 이 일은 엄청난 파장을 일으켰다. 그는 선교사는 현지교회 설립 즉시 지도자를 세우고自治, 현지교회로 하여금 목회자에 대한 경제적인 책임을 지도록 하며自給, 지역교회 목사와 평신도 대표 중심의 협의체를 구성해야 한다고 생각했다.

헨리 벤은 또한 '선교의 안락사'euthanasia를 주장했다. 이는 현지교회는 흥하고 선교사는 쇠퇴해야 한다는 의미이다. 즉 선교사가 자립교회를 세운 후 다른 지역으로 이동해야 한다는 것이다. 이것은 성령의 역사에 대한 강한 확신이 있어야만 가능하다. 선교사는 현지교회가 자신들의 도움이 없더라도 성령의 인도하심 가운데 능히 설 수 있다는 것을 믿어야 한다. 대부분의 선교사가 현지인 지도자의 도덕적 결함이나 무능력을 이유로 선뜻 떠나지 못하고 머뭇거린다. 그러나 선교는 철저히 하나님의 사역이라는 것을 잊어서는 안 된다. 선교사가 충분한 시간을 가지고 현지 리더를 세우고 양육해야 하지만 계속해서 현지인들을 도울 수는 없다. 사람이 태어나 장성하면 결혼을 하고 부모를 떠나는 것처럼 선교사도 떠나야 한다.

루프스 앤더슨은 1856년 ABCFM 연례보고서에서 선교의 목적이 ① 죄인의 회심, ② 회심자들로 교회 조직, ③ 현지교회 지도자 양성, ④ 자립, 자전하는 교회가 될 때까지 도운 후 다른 지역region beyond으로 이동하는 것이었다. 그러나 그는 선교적인 면에서는 현지교회와 계속 협력해야 한다고 주장했다. 그리고 이러한 목표 달성을 위해 "구어체적 설교, 교육, 그리고 문화정책과 평신도 훈련"을 강조했다.[82]

벤과 앤더슨의 '삼자원리' 이론은 선교적인 측면에서 뿐만 아니라 사회학적 관점에서도 기여한 바가 크다. 그러나 이 이론은 몇 가지 점에서 취약점이 있다는 평가를 받는다.[83] 첫째, 자급자족에 대한 강조

---

82) J. Verkuyl, 『현대선교신학개론』, 최정만 역 (서울: 기독교문서선교회, 1991), 288-9.
83) Ibid., 290-1.

가 지나치게 교회 중심적이라는 것이다. 성경에서 말하는 교회는 하나님 나라와 연관이 있기 때문에 교회가 아닌 하나님 나라가 중심이어야 한다. 둘째, 자급자족을 지나치게 강조하다 보면, 이것이 마치 교회의 진정한 표지인 것처럼 오해할 수 있다는 점이다. 자칫 잘못하면 선교회의 재정적 부담을 줄이기 위한 하나의 방편으로 이 원리를 이용하는 것은 아닌지 의심하게 만든다. 셋째, 이 원리가 교회 간의 관계에 있어서 분열과 단절을 정당화 시키는 역할을 할 수도 있다. 넷째, 벤과 앤더슨이 자급자족하는 교회의 설립을 강조하면서, 이런 선교사역은 교회가 아니라 선교단체가 더 효과적임을 강조했다는 점 등이다.

현대에 이르러 토착교회 선교전략에 대한 다양한 평가와 비판이 존재한다. 벤과 앤더슨이 지나치게 자급자족을 강조한 것도 간과할 수 없는 사실이다. 그럼에도 불구하고 이 토착화 선교전략이 19세기 이후 선교의 커다란 흐름을 바꾸어 놓았다는 사실은 부정할 수 없는 사실이다.

### 3-1. 네비우스 정책

존 네비우스John L. Nevius는 미국인 선교사로 1856년에 중국에 파송되어 산동성에서 사역했다. 그는 1885년 선교잡지The Chinese Recorder에 기고한 글을 모아 책으로 편찬하였는데, 그 책의 제목이 「선교교회의 설립과 발전」Planting and Development of Missionary Churches이다. 이 책은 초기 한국에서 활동한 선교사들의 교과서이자 학생자원운동SVM 출신 선교사들의 훈련교재로 사용되었다.

〈사진 1〉 존 네비우스

네비우스의 책을 읽고 감동한 언더우드 선교사는 네비우스를 한국에 초청했다. 1890년 6월 한국을 방문한 네비우스는 두 주간 서울에 머물면서 자신의 선교경험을 토대로 선교사들에게 자립선교 원리를 가르쳤다. 언더우드 선교사는 네비우스 선교원칙을 다음과 같이 정리했다. 첫째, 한 사람을 그리스도에게 인도하면 그를 떠날 것이 아니라 그가 개인 전도하는 일꾼이 될 때까지 양육해야 한다(일대일 제자양성). 둘째, 교회의 운영과 기구조직을 그 교회가 자체적으로 운영하고 감당해야 한다(자치). 셋째, 교회의 전도 사업을 감당할 만한 인물이 나오거나 재정을 지원할 수 있는 자격자가 생기면 그들을 선임하여 교회의 지도 일꾼으로 세워 육성한다(자전 및 현지인 리더 양성). 넷째, 교회당 건축은 가급적 그 교인들 스스로 하게 하되, 건축의 구조나 모양은 한국 고유의 양식이나 그 지방의 특색에 맞게 건축하도록 한다(자립).

네비우스 선교전략의 핵심은 '삼자'Three-Self 원칙이다. 즉 자립Self-Support, 자치Self-Government, 자전Self-Propagation하는 교회를 세우는 것이다. 그러나 곽안련은 네비우스 선교정책의 핵심은 성경공부라고 보았다.[84] 그는 하나님의 말씀에 대한 연구와 그것을 삶에 구체적으로 적용하는 실천이 결국, 자립, 자치, 자전을 가능하게 했다고 본 것이다. 그 외에도 언어훈련, 평신도 운동, 성경에 근거한 엄격한 치리, 다른 지역 모임과의 협력, 법적인 문제 불간섭, 선교사간의 협력 등이 네비우스 선교정책의 특징이다.

초창기 한국에 온 선교사들은 성경의 권위를 철저하게 신뢰했다. 선교정책도 그런 토대 위에서 수립되었다. 네비우스 선교정책에서 강조

---

84) 박용규, "한국교회 선교 정책으로서의 네비우스 방법," 「신학지남」, 제272호 (2002년 가을): 61-2.

하는 성경공부는 일종의 제자훈련이었다. 모든 신자는 성경을 배우는 것이 의무화 되었고, 조직적인 성경공부를 통해 양육을 받도록 했다. 선교사로부터 사경회나 성경학교에서 훈련받은 사람은 나가서 반드시 사람들을 모아놓고 성경을 가르치고 양육했다. 그리고 훈련받은 것을 현장에 나가서 직접 전도하고 실천했다. 캠퍼스에서 선교단체들이 해왔던 제자훈련 방식과 유사하다. 한국교회가 처음부터 성경중심, 말씀중심이었던 것은 바로 '네비우스 선교정책' 때문이었다.

네비우스 선교정책을 정리해 보면, 그 핵심은 성경에서 바른 선교방법이 나오고, 성경을 통해 진정한 삼자 토착교회의 설립이 가능하다는 것이다. 특별히 현지문화에 대해서는 무관심했던 앤더슨이나 벤과는 달리 네비우스는 문화 변혁을 통한 토착교회의 설립을 주장했다. 그리고 문화변혁의 주체는 선교사가 아니라 현지인이어야 한다고 믿었다.

네비우스 선교정책에 대한 비판도 만만치 않다. 가장 대표적인 것이 바로 자립을 지나치게 강조하다 보면 경제적으로 어려운 현지교회의 몰락을 초래할 수 있다는 점이다. 그러나 네비우스는 선교기금의 사용을 무작정 금한 것이 아니라, 토착교회에 의존성을 심지 않는 범위 내에서의 신축적이고 자발적인 제한이었다고 보는 것이 타당하다. 또한 지역 분할 정책에 대한 비판의 목소리도 높다. 그러나 이것 역시 선교사나 단체의 불필요한 경쟁과 중복투자를 줄여 자원의 낭비를 막자는 것이었다.

선교사는 힘들고 시간이 좀 더 걸리더라도 현지교회의 자원을 동원하고 활용할 수 있도록 도와야 한다. 때로는 지원이 필요하다고 느낄 때가 있을 것이다. 그런 경우에도 직접적인 지원보다는 현지인들과 분담하는 형식을 취하면서 단계적으로 자립할 수 있도록 도와야 한다.

가난한 교인들이 십시일반十匙一飯으로 교역자를 부양하고 교역자가 교인들과 같은 수준으로 생활할 때 일체감을 가지게 된다. 그렇게 현지인에게 자립정신이 있어야 전도도 하고 교회도 부흥한다. 선교사에게 보수를 받는 현지인 사역자는 현지 교회보다는 오히려 선교사나 선교부에 더 책임감을 느끼고 충성할 수도 있다. 실제로 선교비와 해외원조에 의존하는 목사에게 역동적인 신앙과 사역을 기대하기는 어렵다. 오히려 성령님에 대한 전적인 믿음과 헌신이 영적인 목회를 가능하게 만든다. 그리고 자립정신으로 일하는 교회가 더 능동적으로 전도한다. 토착교회 지도자가 보수를 받으면 당장은 편할지 모르지만 적극성이 떨어지고 전도의 문도 좁아질 수밖에 없다. 선교지의 교회가 스스로 설 수 있도록 돕는 것이 더 효율적이고 성경적이다.

## 4. 교회성장Church Growth 전략

교회성장 전략은 3대째 인도 선교사로 30년간(1923-1954) 사역했던 도날드 맥가브란Donald McGavran에 의해 소개되었다. 1923년 인도 선교사로 파송된 맥가브란은 10년간 '연합기독선교회'the United Christian Missionary Society의 종교교육 담당자로 사역하였다. 안식년 동안 콜럼비아대학Columbia University에서 박사학위를 마친 후 '인도 선교회'Indian Mission의 비서 겸 총무로 임명되었다.

〈사진 2〉 도날드 맥가브란

맥가브란은 감리교의 감독이었던 와스콤 피켓Waskom Pickett을 만난다. 피켓은 서구선교의 개인주의적 전도와 선교 방식을 비판하였다.

그리고 인도와 같은 집단적 문화구조를 가진 사회에서는 '다중회심운동'이 가장 자연스러운 접근방법이라고 주장하였다. 맥가브란도 피켓의 영향을 받아 교회성장과 '대중운동'Mass Movement에 관심을 갖게 되었다. 그는 인도와 같이 공동체성이 강한 사회에서는 한 사람이 복음을 듣고 난 이후 자신이 속한 사회적 정체성을 버리지 않고 신앙생활을 할 때 교회가 더 건강하게 성장한다고 믿었다. 그는 1954-60년 사이에 자신이 발견한 원리를 확인하기 위해 아프리카, 필리핀, 태국, 카리비안 연안국 등을 여행하면서 교회성장 이론을 연구했다. 그리고 1961년부터는 자신이 발견한 이론을 수정 및 보완하여 오레곤Oregon에 있는 '북서기독대학'Northwest Christian College에서 '교회성장학'을 강의했다.

맥가브란은 1965년부터 풀러신학교Fuller School of Theology에 세계선교대학원the School of World Mission을 설립하여 활동하였다. 이후 알렌 티펫Alan Tippett, 랄프 윈터Ralph D. Winter, 아서 글래서Arthur Glasser, 찰스 크래프트Charles H. Kraft, 피터 와그너C. Peter Wagner, 에드윈 오르J. Edwin Orr 등이 가세하면서 '교회성장학파'를 형성하였다. 그의 교회성장 이론은 20세기 후반 선교전략에 지대한 영향을 미쳤다.

맥가브란은 1970년에 「교회성장 이해」Understanding Church Growth를 출판하였다. 그는 교회성장은 하나님의 뜻이며, 그 분이 기뻐하시는 일이라고 믿었다. 맥가브란은 또한 하나님께서 잃어버린 영혼을 찾는 것에 그치지 않으시고, 그 영혼이 온전히 회복되기를 원하신다고 주장했다.[85] 그렇기 때문에 맥가브란은 교회의 성장이 그것의 유일한 목적은 아니지만 중요하고 대체할 수 없는 목적이라는 것을 강조하였다. 그의 대표적인 선교이론은 다음과 같다.

---

85) Donald A. Mcgavran, *Understanding Church Growth*, 3$^{rd}$ ed. (Grand Rapids, MI, William B. Eerdmans Publishing Company, 1980), 5.

## 1) 탐색신학Search Theology과 추수신학Theology of Harvest

맥가브란의 신학의 기초는 '추수신학'Harvest Theology이다. 추수신학은 열정을 가지고 구원받을 영혼을 찾으시는 하나님의 사랑에 근거한다. 맥가브란 이전에는 주로 '씨뿌림의 신학'에 근거한 '탐색신학'Searching Theology이었다. 우리는 그저 열매에 상관없이 복음을 전하기만 하면 된다는 것이다. 그러나 맥가브란은 성경이 결코 숫자를 무시하거나 간과하지 않는다고 말한다. 탐색신학은 "열매에 대한 무관심과 해외선교에 대한 적대감, 종교적 상대주의, 동서양의 문화적 차이, 그리고 숫자적 증가가 없는 교회"에 기초하고 있다고 보았다.[86] 그는 하나님은 단순히 탐색하는 것만이 아니라 열매를 추수하기 원하신다고 믿었다. 즉 하나님께서는 교회가 성장하기를 원하신다는 것이다. 주님과 사도들은 파종이 아닌 추수할 일꾼을 부르셨으며(마 9:37), 복음을 잘 수용하는 사람들에게로 빨리 옮겨갈 것을 말씀하셨다(마 10:14). 바울과 바나바도 이런 가르침대로 사역했다(행 13:51). 그렇기 때문에 맥가브란에 있어서 선교는 복음을 선포하고 이를 영접하도록 권하여 지역교회의 책임 있는 지체가 되도록 하는 것이다.

## 2) 동질집단The Homogeneous Unit의 원리

맥가브란은 한 사회를 '문화적 동질성'Cultural Homogeneity을 가진 사람들의 집합체로 보았다. 그래서 효과적인 선교와 교회성장을 위해서는 이러한 문화적, 사회적 동질성을 파괴하지 않고 사역해야 한다고 주장한다. "사람들은 인종, 언어, 계급의 장벽을 넘지 않고 신자가 되기를

---

86) Ibid., 26-30.

원하기" 때문이다.87) 그는 또한 교회성장의 장애물은 영적, 신학적인 것이 아니라 사회적 요인이라고 보았다.

이러한 동질집단의 개종을 위해서는 '하나님의 가교'The Bridge of God가 필요하다. 그런데 가족, 부족, 혈연, 계급, 그리고 친구 관계가 이 불신자들을 하나님께 인도하는 '가교'(다리)가 된다는 것이다. 그렇기 때문에 교회는 많은 문화, 배경을 가진 사람이 각각 자신들의 특수한 모임을 갖고 주를 섬겨야 한다. 이렇게 될 때, 새로운 신자는 사회적, 문화적 장벽에 부딪히지 않고 교회에 자연스럽게 들어올 수 있게 된다.

### 3) 종족집단 운동 People Movement

맥가브란은 인도와 같이 공동체성이 강한 사회에서는 의사결정이 '개인'이 아니라 '집단'에 의해서 결정된다는 사실을 발견했다. 그래서 인도와 같이 집단적 문화구조를 가진 사회에서는 서구의 개인주의적 전도나 선교보다는 종족집단의 '다중적-개인적 상호의존적 회심'Multi-individual mutually interdependent Conversion이 효과적이라고 주장하였다. 이것이 '종족집단 운동'이다.

이 '종족집단 운동'은 동일한 종족집단 내에서 각각의 개인이 자신의 사회적 정체성을 포기하지 않은 채 그리스도인이 되도록 만드는 것을 말한다. 맥가브란은 이 '종족집단 운동'은 '대중운동'mass movement과 다르며, 명목상의 신자를 양산量産하지도 않는다고 주장한다.88) 그럼에도 불구하고, 이 원리가 피상적이고 명목상의 교인을 양산하거나, 그 집단의 지도자가 자연스럽게 교회의 지도자 역할을 감당하게 될 수

---

87) Ibid., 223.
88) Ibid., 22-3.

있다는 비판의 목소리를 피하기는 어렵다.

### 4) 수용성Receptivity의 원리

맥가브란은 복음을 전하고 선교를 할 때 사람들의 수용성을 고려해야 한다고 주장한다. 즉 복음을 듣고자 하는 열린 마음과 가능성이 있을 때 전도하라는 것이다. 우리 주변에 복음에 대해 반응을 보일 수 있는 사람은 어디든 존재한다. 하나님께서는 그런 사람을 이미 준비하셨다. 그렇기 때문에 복음에 대해서 적대적인 사람과 지역보다는 수용성이 강한 사람에게 먼저 복음을 전하는 것이 효율적이라고 하는 개념이 '수용성의 원리'이다.

신약성경에 보면, 예루살렘 보다는 갈릴리가, 데살로니가 보다는 베뢰아가 복음에 대한 수용성이 더 높았다. 또한 새로운 정착지로의 이동, 전쟁이나 무력에 의한 정복, 외국에서 돌아온 경우, 민족주의나 압제로부터의 해방, 급격하고 빈번한 문화변동, 천재지변이나 전쟁 등으로 인한 기존 가치의 붕괴, 문화 쇠퇴, 공허감, 사회적 불안감이 고조되거나 혼란이 있을 때 복음의 수용성이 높아진다. 여행자가 많은 곳이나 민족주의가 강한 사회도 수용성은 높아진다. 그렇기 때문에 이런 수용성을 아는 것이 복음전도에 도움이 된다. 그리고 복음에 대한 수용성이 높은 곳에 우선권을 두고 선교해야 효과적이다.

그 외에도 맥가브란은 사회과학의 원리를 사용하여 많은 원리와 원칙을 소개했다. 그러나 그의 이론은 선교전략가 자신의 사회인류학적 통찰력을 하나님의 뜻과 일치시킴으로써 인본주의적인 추수신학을 형성할 수 있다는 문제점을 안고 있다. 또한 선교의 남은 과업은 대부분 복음에 대해 적대적이고 수용성이 낮은 지역에 편중되어 있는데, 이런 추수신학적인 접근을 하다보면 과업의 완수가 불가능해질 수 있다. 그렇기 때문에 하나님의 주권적 경륜을 의지하면서 수용성이 높은 곳뿐만 아니라 기독교에 대해 적대적인 지역에도 복음을 전해야 한다. 선교는 분명히 하나님의 사역이고 성령님께서는 언제든 인간의 예상을 뛰어넘어 역사하신다. 그렇기 때문에 복음에 대해 수용성이 낮거나 거부하는 지역이라 할지라도 교회가 성장하고 복음에 대해 반응할 수 있다는 것을 간과해서는 안 된다.

　맥가브란을 중심으로 한 교회성장학은 로잔대회를 중심으로 복음주의 선교를 이끌어 갔다. 또한 전 세계 초대형 교회의 교회성장에도 지대한 영향을 미쳤다. 그리고 교회의 평신도운동을 이끌었다는 점에서 긍정적인 평가를 내릴 수 있다. 그러나 교회성장 이론은 물량주의적 자기팽창과 가시적 결과만을 강조하는 과도한 경쟁주의로 인해 '균형을 잃은 치우친 교회론'을 양산했다는 비판을 피할 수 없다. 그러나 교회성장학에 대한 관심은 지금도 여전하다. 건강한 하나님의 교회는 성장해야 하고 또 성장할 수 있기 때문이다.

## 5. 미전도종족집단Unreached People Group **선교전략**

　1910년 에딘버러Edinburgh 선교대회 이후 선교의 대상이 재(再)정의 되었다. 이제는 추수지역이나 복음화 된 지역이 아니라 '복음이 들어가지 않은 지역들'unoccupied fields에 대한 관심이 고조된 것이다. 그리고 1974년 로잔Lausanne 대회 이후 국가 단위가 아닌 '종족집단' people groups 별로 선교가 이루어졌다. 특별히 1980년 이후에는 'AD 2000년까지 모든 종족집단에 교회를 세우자'는 운동이 가속화 되었다. 이것을 'AD 2000 Movement'라고 한다.

'AD 2000 운동'은 대만계 미국인인 토마스 왕Thomas Wang에 의해서 시작되어진 복음주의 선교운동이다. 한국에는 '기독교 21세기 운동'으로 소개되었다. 데이빗 바렛David B. Barrett의 '세계복음화를 위한 700개의 계획'Seven Hundred Plans to Evangelize the World이 그 촉매제가 되었다. 이것은 중복과 경쟁의 문제를 해결하고자 "2000년까지 모든 종족에게 적어도 한 교회를 개척하고 모든 사람들이 복음을 듣게 하는 것"A Church for every people and Gospel for every person by 2000이다.

세부계획으로는 ① 2000년까지 모든 종족에게 복음이 증거 되도록 하는 것, ② 모든 미전도 종족과 도시에 선교마인드를 가진 교회를 설립하는 것, ③ 세계복음화라는 동일한 비전을 가진 기독교 지도자들이 협력 체제를 갖추도록 하는 것, ④ 현재 진행 중인 세계복음화 운동들과 기구들을 강화하고 보충하는 것 등이다. 이 운동은 세계복음화를 위해 촉매catalyst, 협동coordination, 대화communication의 중요성을 강조했다. 그리고 '국가별 복음화 전략회의'National Consultation for National Evangelization의 구성과 '범세계적 조직망'Global Network의 구축이 중요한 전략적 수단이었다. 1994년까지 251개국에서 모임이 구성되고 각 분야별 공동관심 그룹이 형성되었다. 이것은 전 세계를 12개의 지역으로 나누어 '지역 조직망'을 구성하고 각 지역 내 국가마다 '국내 조직망'을 조직하였다.

한편, 미전도종족의 복음화를 위해서 '미전도 종족 입양운동'Adopt A People Program이 시작되었다. 전 세계에는 미전도 종족이 12,000개가 있고, 전 세계에는 약 500만 개의 교회가 있다. 고로, 400개 교회가 (416.66교회) 한 종족씩을 입양하면, 전 세계 모든 미전도 종족을 복음화 할 수 있다. 이것을 위해 전 세계의 많은 교회가 이 운동을 통해 미전도 종족을 입양하기 시작했다. 이후 전 세계 선교전략은 대부분이 '미전도 종족' 선교로 전환되었다.

## 6. UUPG Unengaged Unreached People Group 와 FTT Finishing the Task

주님은 "모든 족속을 제자 삼으라"고 명령하셨다. 우리는 "각 나라와 족속과 백성과 방언에서 아무도 능히 셀 수 없는 큰 무리가" 주의 보좌 앞에 서게 될 것이라는 것을 믿는다(계 7:9). 그러나 세상에는 아직도 7,073개의 미전도 종족이 존재한다. 놀라운 것은 그 중의 어떤 종족은 어떤 선교사나 선교단체도 사역하고 있지 않았다. 선교전략가들은 그들을 '비접촉unengaged 미전도 종족'이라고 부른다. AD 2000년이 지나면서 새롭게 등장한 것이 바로 '남은 과업을 완수하라'Finishing the Task 운동이다. 이것이 'UUPG' 가운데 선교사를 파송하고 교회를 세워 남은 과업을 완수하려는 운동으로, 'FTT 운동'이라 불린다.

2006년에 FTT는 인구 10만 명 이상의 인구를 가진 도시 639개가 '비접촉 미전도 종족'이라고 발표했다. 이후 579개 이상의 종족 가운데서 교회개척이 일어났다. 현재 1,578개 교단, 선교단체, 교회가 함께 남은 과업을 완수하기 위해 협력하고 있다. 2018년 7월까지 963개 종족(3,200만 명)은 여전히 'UUPG'로 분류되었다. 이 운동은 모든 종족 가운데 현지종족 사역자에 의해 재생산 가능한 토착교회가 세워지도록 돕는 것을 목표로 한다. 그것을 위해 선교단체와 교회가 서로 연합했다. 그렇기 때문에 FTT 네트워크의 주안점 중의 하나는 바로 'UUPG' 가운데서 사역할 장기 사역자를 동원하는 일이다.

이상의 전략을 도표로 그려보면 다음과 같다.

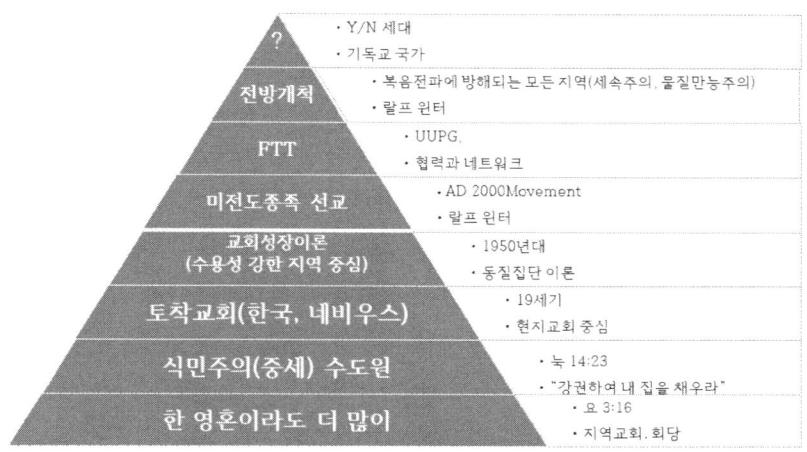

〈그림 1〉 시기별 선교전략의 변화

이상에서 살펴본 것처럼, 기독교 선교전략은 2천 년의 시간을 통해 계속해서 수정되고 보완되었다. 〈그림 1〉에서 보는 것처럼 복음이 전 세계로 확산되어 가는 과정에서 선교전략은 점점 세분화 되고 집중되었다. 어떤 의미에서는 '선택과 집중'이었다. 처음에는 모든 영혼이 대상이었다면, 선교의 초점은 점점 불신자들, 미전도 종족, 그리고 비접촉 미전도 종족에 초점이 맞추어졌다. 지금도 선교의 최우선 순위는 예수 그리스도를 믿지 않거나 그런 기회 조차도 갖지 못한 미개척 종족에게 복음을 전하는 것이다.

이제 우리는 그동안의 선교역사와 전략을 토대로 21세기에 맞는 전략을 찾고 개발해야 한다. 전 세계 복음화는 실현가능한 과업이다. 그러나 반드시 누군가의 희생을 필요로 한다. 예수 그리스도의 복음을 들고 문화적 장벽을 넘는 대가지불이 있어야 한다. 복음을 전파하는 자가 없으면 들을 수도 없다(롬 10:14). 누군가의 헌신이 없이는 선교가 불가능하다. 하나님은 여전히 그 분의 말씀에 순종할 일꾼을 찾고 계신다. 하나님의 전략은 변함없이 '한 사람'이기 때문이다.

**적용과 실천을 위한 토론(Case Study)**

▎Case 1.

**철수 선교사**는 S국 H기술 대학의 교수로 사역하는 전문인 선교사이다. H기술 대학은 무슬림 국가에서는 유일한 기독교 계통의 대학으로서 총장과 교수 대부분은 기독교인들이지만 학생들은 무슬림과 기독교인들이 혼재해 있다. 이곳에 부임한 철수 선교사는 언어 공부와 강의 외에 교수 및 학생들과의 공식 모임에 최선을 다하여 참석했다. 하지만 시간이 지나면서 자신의 사역이 캠퍼스 안에서 시작되었다. 이러한 이유로 교수와 학생들의 만남은 자연스럽게 적어지게 되었고, 다른 교수들 사이에 불만이 나타나기 시작했다. 어느 날 총장은 철수 선교사를 불러 교내 활동에 소극적인 것을 질책하고 시말서를 쓰라고 했다. 철수 선교사는 자신은 강의를 게을리 한 적이 없으며, 강의 시간 외의 시간에 무슬림 학생들을 상대로 사역에 집중한 것뿐인데, 기독교인 총장이 그것을 이해해 주지는 못할망정 너무하는 것이 아닌가 하는 서운한 감정이 생기게 되었다.

☞ 당신이 철수 선교사라면 어떻게 할 것인가? 그렇게 하는 근거는 무엇인가?

☞ 전문인 선교사의 직업과 사역은 어떻게 조화를 이룰 수 있을지 자신의 의견을 나누어 보자.

## Case 2. 선교사역과 비자

A선교사는 선교지에 도착한 지 벌써 10년째나 되는 중견 선교사이다. 그런데 두 번째 안식년을 마치고 귀국하려 할 때 문제가 생겼다. 장기간 체류할 수 있는 비자를 얻지 못했기 때문이다. 어쩔 수 없이 안선교사 가족은 관광비자로 현지에 입국했다. 하지만 비자기간이 겨우 3개월 밖에 되지 않았기 때문에 가족들 모두가 다시 귀국해야 했다. 이런 상황에서 다시 출국한다는 것은 여러모로 엄청난 손실이었다. 항공료 등을 포함해 여행비 손실이 이만저만이 아니었다. 그렇다고 후원하는 교회들에게 매번 이런 상황을 이해시키기도 쉽지 않았다. 선교현지의 여러 사역에도 A선교사의 손길이 절실히 필요했다. 하지만 나가지 않으면 불법 체류자 신분이 되기 때문에 다음 사역이 불가능하다. A선교사는 긴급히 파송교회와 선교부에 요청하고 귀국하기로 결정했다. 그런데 선교부와 파송교회는 잦은 A선교사의 귀국을 환영하지 않았다. 파송교회 담임 목사님은 자주 찾아오는 A선교사를 반기지 않았고, 성도들 역시 '또 오셨어요?'라는 눈치였다. 선교부도 상황은 마찬가지였다.

지난 10년 동안 A선교사는 여러 형태의 비자를 가지고 있었다. 한 때는 현지에서 사업하는 교민 사업장의 직원으로, NGO 요원으로, 관광객으로, 학생으로 비자를 받기도 했다. 이제는 비자 받는 것이 오히려 더 중요한 사역이 되어버렸다. 오랫동안 사역을 했지만 아직도 가장 근본적인 비자 문제로 이렇게 시간과 정열을 낭비하는 듯해서 A선교사는 안타까운 마음을 금할 수 없다. 이제는 현지 정부가 다른 비자는 주지 않고, 다만 1-3개월의 단위로 관광비자만 내어준다는 것을 알게 되었다.

☞ 선교부와 파송교회가 선교사의 잦은 귀국, 방문을 어떻게 볼 것인가?

☞ 당신이 A선교사라면 어떻게 해결할 것인가?


☞ 비자를 받을 수 있는 다른 전략은 무엇이 있을까?

# 제7부
# 변화하는 세상, 다양한 선교사

제1장 선교사의 개념 변화

제2장 선교사의 자질

## 제7부

# 변화하는 세상, 다양한 선교사

## 제1장 선교사의 개념 변화

### 1. 전통적인 선교사의 개념

전통적으로 선교사는 특정 선교지에 장기 체류하는, 전임full-time 사역자로, 신학교육을 받은 목회자여야 한다고 생각했다. 그러나 선교지의 상황이 급변하고 선교의 형태가 다양해지면서 선교사의 개념도 점차로 바뀌기 시작했다. 이제는 장기가 아닌 단기 선교사, 전임사역자가 아닌 비즈니스/전문인 선교사, 선교지에 체류하지 않고 사역하는 순회 및 비거주 선교사, 그리고 신학교육을 받지 않은 평신도 선교사 개념이 등장했다.

### 2. 변화하는 선교사의 개념

선교사의 개념이 다양해진 것은 일차적으로 선교현장의 변화 때문이다. 선교대상국이 선교사의 비자를 제한하거나 거부하고 있다. 그래서 전통적인 선교사 신분으로는 입국 자체가 불가능하다. 그런데 선교사의 비자를 제한하는 나라들도 지역사회 개발, 경제 활성화, 교육 및 의료 환경개선 등 자국의 발전에 도움이 되는 사람들은 적극적으로 받아들인다. 목회자 선교사는 안 되던 일이 평신도 전문인들에게는 가능해진 것이다. 그렇기 때문에 이제는 선교사가 반드시 신학교육을 받은 목회자여야 한다거나 장기여야 한다는 고정관념에서 벗어나야 한다.

또한, 한국교회의 침체와 선교지의 물가상승으로 선교사가 본국의 후원에만 전적으로 의존하기도 어려워졌다. 게다가 제2차 세계대전 이후 민족주의와 토착종교의 부흥으로 전통적인 패러다임의 선교사 개념으로는 접근이 어려운 나라가 많다. 이제 세상의 변화와 다양해진 선교지의 상황만큼 선교의 형태도 다양해질 필요가 있다. 이와 더불어 새로운 패러다임의 선교와 선교사의 개념을 모색해야 한다.

## 3. 선교사의 구분

일반적으로 사역기간에 따라 선교사를 구분하면 장기선교사Long Term Missionary, 단기선교사Short Term Missionary, 그리고 인턴선교사Intern Missionary로 구분한다. 장기선교사는 보통 4년 이상 선교지에서 사역을 감당하는 전임Full-Time 직업선교사Career Missionary이다. 가장 보편적이고 효율적인 선교사역의 유형이다. 그러나 선교사의 비자를 제한하거나 입국이 허락되지 않는 지역이 많아 새로운 형태의 입국전략이 필요한 상황이다.

단기선교사는 짧게는 몇 주에서 최대 3년까지, 일정 기간 동안 선교지에 나가 사역을 감당하는 선교사를 의미한다. 인턴선교사는 장기와 단기에 속하지는 않지만 그리스도인들이 삶과 사역의 현장 가운데서 선교사적 삶을 살도록 동원하고 훈련하기 위해 각 교단이나 단체가 운영하는 선교사 훈련 프로그램의 하나이다.

 선교사를 선교지의 체류 형태에 따라 분류하면 주로 체류선교사 Residential Missionary, 순회선교사 Itinerate Missionary, 비거주선교사 Non-Residential Missionary, 그리고 지금은 잘 운용을 하고 있지 않지만 '전략조정가' Strategy Coordinator가 있다. 여기서 '전략조정가'란 비거주선교사로서, 하나의 교회를 개척하는 대신에 그 지역 전체가 복음을 들을 수 있도록 전략적 자원들을 끌어들이는 중간매개체의 역할을 감당하는 선교사를 말한다. 전략조정가는 선교현장에 대한 충분한 경험과 언어능력, 그리고 원만한 대인관계와 창의력 등의 은사를 필요로 한다.

## 4. 텐트메이커 Tent-Making Missionary

 텐트메이커 선교사는 1970년대 후반 크리스티 윌슨 Christy Wilson에 의해 제시되었다. 선교부나 교회로부터 후원금을 모금하거나 요청하지 않고 스스로 필요한 재정을 조달하는 선교사를 뜻한다. 이 선교사 개념은 사도행전 18장 3절에서 바울이 장막 만드는 직업을 가지고 있었다는 데서 유래했다. 이들은 평신도, 전문인, 단기간 해외에서 자비량으로 섬기는 그리스도인들을 지칭하였지만, 점차 '창의적 접근지역에서 선교사라는 공적 신분을 가지지 않고 입국하여 사역하는 모든 선교사'를 일컫는 개념으로 바뀌었다. 최근에는 전임 목회자 중에서도 자비량 선교사가 있고, 전문인 선교사이지만 신학을 공부하고 목회자가 된 선교사도 있다.

 텐트메이커 선교사는 급변하는 선교지 상황과 한국교회의 현황을 고려할 때 매우 효율적인 선교사 개념이다. 이들의 장점은 첫째, 창의적 접근지역에 입국이 가능하다. 둘째, 자비량이 가능하다. 셋째, 전문직업을 통해 입국하기 때문에 신분이 보장될 수 있다는 것이다. 그러나 단점도 많이 있다. 그것은 첫째, 일에 너무 바쁜 나머지 사역할 시간이 부족하다. 둘째, 현지 언어를 배우기 어렵다. 셋째, 현지인과 분리된 생활을 하게 된다. 넷째, 제대로 된 훈련을 받지 못하고 기도의 지원이 없을 수 있다. 다섯째, 대부분 단기체류하게 되어 열매가 없을 수 있다는 점 등이다.

이런 여러 단점에도 불구하고 텐트메이커 선교사의 가장 큰 장점은 창의적 접근지역에 들어 갈 수 있다는 것이다. 그렇기 때문에 이런 단점을 극복할 수 있는 방안을 찾고. 이들을 적극적으로 활용할 필요가 있다. 그리고 자비량 텐트메이커 선교사라 할지라고 타문화권 선교훈련을 받고 전문적인 선교단체에 소속되어 파송되고 관리되어야 한다. 그리고 가능하면 장기선교사와 팀을 이루어 사역하는 것이 효과적이다.

### 생각해 보고 가기  바울은 왜 후원을 받지 않고 사역하려고 했을까?

바울은 예수님이나 열두 사도와 달리 장막 만드는 직업을 갖고 사역했다. 그런데 우리가 주목해 볼 것은 바울이 왜 그랬는가 하는 것이다. 바울이 밀레도에서 고별설교를 하면서 "여러분이 아는 바와 같이 이 손으로 나와 내 동행들이 쓰는 것을 충당하여 범사에 여러분에게 모본을 보여준 바와 같이 수고하여 약한 사람들을 돕고 또 주 예수께서 친히 말씀하신 바 주는 것이 받는 것보다 복이 있다 하심을 기억하여야 할지니라"고 말한다(행 20:34-35). 바울은 또한 "어찌 나와 바나바만 일하지 아니할 권리가 없겠느냐"고 말하면서 자신도 직업을 갖지 않고 후원을 받을 권리가 있다고 말한다(고전 9:6).

그러나 바울은 자비량으로 사역했다. 물론 빌립보교회로부터 재정적 지원을 받기도 했다(빌 4:15-16). 고린도, 데살로니가, 에베소 교회로부터는 재정적 지원을 받지 않았다(고후 11:9; 살후 3:6-12). 바울은 오히려 "주는 것이 받는 것보다 복이 있다"고 가르쳤다(행 20:35). 이처럼 바울은 목회하면서 어떤 지역에 머무는 동안에는 그 지역 교회로부터 경제적 지원을 받지 않았지만, 그 지역교회를 떠난 후에는 빌립보 교회의 경우처럼 경제적 도움을 받았다.

바울이 자신이 개척하여 설립한 교회로부터 물질적 후원을 받을 권리가 있었지만, 그렇게 하지 않은 이유가 무엇일까? 첫째, 대중의 신뢰를 얻기 위해서였다(고전 9:12; 고후 6:3). 바울은 자신이 하나님의 말씀을 전하는 것이 이윤을 얻기 위해서나 사람을 기쁘게 하기 위해서가 아니라는 것을 보여주려고 했다. 둘째, 바울은 자신의 메시지를 듣는 대중들과 일체감과 동질감을 갖기 원했다(고전 9:19). 그리고 마지막으로 사람들에게 본을 보이기 원했기 때문이다(고전 11:1).

## 5. 시니어 선교사 Senior Missionary

### 1) 시니어 선교사란?

'시니어'Senior란 용어는 '연장자' 혹은 '은퇴자'를 뜻한다. 일반적으로 선교단체에서는 현장에서 장기사역을 하다가 65세에 은퇴한 선교사를 '시니어 선교사'로 부른다. 이 용어는 단체나 기관에 따라 '시니어 선교사'나 '실버 선교사'로 불려진다. 이에 대해서는 의견이 분분하지만 '실버 선교사'라는 용어가 '인생의 막차를 탄 사람,' 혹은 '인생의 황혼기'

라는 부정적 이미지를 주기 때문에 요즘은 '시니어 선교사'라는 개념을 주로 사용한다.[89] '시니어 선교사'란 전임 선교사가 아니라, 평신도로 직장생활과 사회생활을 하다가 50세가 넘어서 두 번째 인생을 선교사로 헌신하는 그리스도인을 의미한다.[90]

### 2) 시니어 선교사의 등장

시니어 선교사의 개념이 대두된 것은 사회의 구조적 변화 때문이다. 전 세계가 의학과 과학기술의 발달로 인한 평균수명이 증가했다. 사회적으로는 저출산과 고령화로 인한 사회적 불균형이 심각한 수준이다. 우리나라 역시 전 세계에서 가장 빠르게 고령화되어가고 있다.

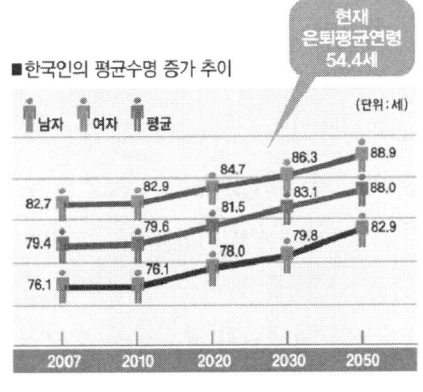

〈그림 1〉 한국인의 평균수명 증가

게다가 직장에서는 조기은퇴 제도가 활성화되었다. 이제는 명예퇴직이나 조기 은퇴한 분들이 '제2의 인생'을 계획해야 하는 형편이다. 지금은 그야말로 100세 시대이다. 그래서 '인생 제2막 준비는 필수'라는 말이 공공연하게 나온다. 이런 시대상황 속에서 '시니어 선교사'의 개념이 소개되었고, 그 관심이 점점 커지고 있다.

평균수명의 증가로 인해 시니어들은 이제 은퇴 후의 인생을 계획해

---

89) 이현모, 「인생의 후반전은 시니어 선교사로」 (서울: 죠이선교회출판부, 2007), 12-4.
90) Ibid.

야 한다. 미국 남침례교 선교부International Mission Board의 경우 장년과 노년의 선교사역을 위한 '마스터즈 프로그램'Masters Program을 운용한다. 주로 50세 이상으로 풍부한 사회경험과 전문성을 가진 남침례교인 중에 엄격한 선발과정을 거쳐 2~3년 정도 단기 선교사로 파송하는 것이다. 한국의 많은 교단이나 선교단체에서도 이러한 시니어 선교사 제도를 운용하고 있다.

### 3) 시니어 선교사의 필요

성경에 등장하는 아브라함(75세), 모세(80세), 여호수아(80세), 갈렙(85세)은 시니어가 아니라 노년에 부름을 받은 인물이다. 그런데 성경에 노년기에 부름 받은 몇몇 사람이 있다고 해서 그것이 시니어 선교의 성경적 기초가 된다고 말할 수 있는가? 지금처럼 평균수명이 높아지고 사회가 고령화 되지 않았을 때는 전혀 인식을 하지 못했는데, 시대적 상황과 교회의 형편상 섣부르게 시니어 선교사의 필요를 이야기 하는 것은 아닌가?

여기서 우리가 다시 주목할 것은 선교의 주체가 하나님이시라는 것이다. 하나님께서 불러 쓰시겠다고 하시면 나이는 그저 숫자에 불과하다. 하나님께서는 준비된 사람을 불러 그 분의 사역을 위해 사용하신다. 때로는 준비가 조금 부족하더라도 그 중심을 보시고 부르신다. 그리고 하나님께서는 그 사람을 준비시키시고 연단하신 후 사용하신다. 이렇게 볼 때, 선교에 있어서 기준은 나이가 아니라 열방을 구원하고자 하시는 하나님의 필요여야 한다. 그렇기 때문에 교회는 선교지의 필요에 부합하도록 시니어 선교사의 활용방안을 모색해야 한다.

### 4) 시니어 선교사의 장·단점

나이가 들어서 선교지에 나가는 시니어 선교사의 장점을 살펴보면 첫째, 시니어들은 오랜 사회생활의 경험을 통해 대체적으로 대인관계가 원만하다는 것이다. 대개가 평생 동안 사회생활을 통해서 자신의 모난 부분이 다듬어졌고, 인간관계에서 상처를 덜 받게 되므로 선교사역에 더 잘 적응할 수 있게 된다. 둘째, 이들 시니어는 자녀양육의 부담이 없다. 대부분 자녀들이 다 성장하여 출가한 나이이기 때문이다. 셋째, 재정적 부담이 상대적으로 적다. 오랜 직장생활로 연금이나 자녀들의 보조를 받을 수 있기 때문이다. 넷째, 일의 효율성이 높다. 젊은 선교사는 주로 사명감으로 일한다. 하지만 나이 드신 분들은 무언가 할 일이 있다는 것만으로도 즐겁고 행복해 한다. 마지막으로 이들 시니어 선교사가 신학이나 기술면에서는 다소 부족할지 모르지만 더 정성스럽게 한 영혼 한 영혼을 돌봐 줄 수 있다.

이런 여러 장점에도 불구하고 시니어 선교사가 극복해야 하는 단점도 존재한다. 첫째, 신학교육을 받지 않은 평신도들이기 때문에 사역적인 한계가 있을 것이다. 물론 필요하다면 평신도를 위한 신학 과정이나 훈련을 통해 이런 약점은 보완될 수 있지만 말이다. 둘째, 건강상의 문제로 장기간 사역이 불가능하다. 이는 부정할 수 없는 부분으로 사실 이것이 시니어 선교사의 가장 큰 단점이기도 하다. 그럼에도 불구하고 인생의 한 부분을 하나님의 선교에 동참할 수 있다는 것은 기간에 상관없이 커다란 축복이다. 셋째, 나이가 많아 젊은 사람에 비해 언어습득이 어려울 수 있다. 그러나 분명히 알아야 할 것은 젊은 사람들에 비해 언어습득의 속도가 느린 것일 뿐 불가능한 것은 아니라는 점이다. 그렇기 때문에 시간이 조금 더 걸리더라도 열심히 언어를 배운다면, 시니어 선교사가 할 수 있는 사역은 너무도 많다. 그리고 평생 사회생활을 통해서 습득한 경험이 때로는 언어의 부족을 대체할 수도 있다.

이들 시니어가 모두 인격적으로 준비된 것은 아니다. 그렇기 때문에 선교현장의 필요와 제2의 인생을 계획한다는 차원에서 아무런 준비와 소명도 없는 시니어를 선교사로 파송해서는 안 된다. 시니어 선교사도 엄격한 선발과정을 거쳐 동원, 훈련, 파송, 감독해야 한다. 시니어 선교사가 선교지에서 단독으로 사역하는 것보다는 경험이 풍부한 선교사와 협력하는 것이 좋다. 그리고 가능하면 시니어 선교사들에게 사역의 한계와 범위를 미리 정해 주는 것이 효과적이다.

## 제2장 선교사의 자질

선교사는 하나님의 부르심을 받아 타문화권에 가서 복음을 전하는 일을 한다. 그런데 하나님께서는 인격적으로 완벽하고 고상한 사람만을 선교사로 부르시는 것은 아니다. 때로는 좀 부족하고 모자를 지라도 부르시고 사용하신다. 그렇지만 선교사라면 다음과 같은 준비와 기본적인 자질은 갖추어야 한다.

### 1. 소명 Calling

선교사에게 있어서 소명은 매우 중요하다. 오스왈드 스미스 Oswald J. Smith 는 소명을 "하나님의 간청 divine urge 이며, 강권적인 충동 compelling impulse이고, 내가 저항할 수 없게 만드는 열정"Passion with that makes it impossible for me to resist으로 정의한다.91) 폴 히버트Paul G. Hiebert는 "모든 선교사는 선교에 대한 하나님의 부르심을 경험해야 하며, 하나님과 그의 영광을 위한 사랑, 그리고 사람들의 구원과 그들의 삶을 위한 사랑에 뿌리를 두어야 한다. 이것만이 선교사들이 어려움을 겪게 될 때에도 계속해서 전진해 갈 수 있도록 만드는 원동력"이라고 말한다.92) 이처럼 선교사에게 있어서 소명은 자동차의 엔진과도 같은 것이다.

선교는 보내는 것이고 선교사는 보냄 받은 자이다. 그렇기 때문에 선교사는 자신이 하나님의 부름을 받고 보냄 받은 존재라는 분명한 정체성을 가지고 있어야 한다. 바울은 자신이 쓴 서신서의 서두에 "하나님의 뜻을 따라 그리스도 예수의 사도로 부르심을 받은"이라는 말을 자주 사용하였다(고전 1:1; 고후 1:1; 갈 1:1; 엡 1:1; 골 1:1; 딤전 1:1; 딤후 1:1). 로마서 1장 1절에서도 바울은 "예수 그리스도의 종 바울은 사도로 부르심을 받아 하나님의 복음을 위하여 택정함을 입었으니"라고 말하면서, 자신이 부름 받은 자라는 분명한 정체성과 함께 그 부름의 이유가 무엇인지를 분명히 밝히고 있다.

어떤 사람은 다른 사람에게 존경받고 싶은 영웅심이나 타문화권에 대한 호기심, 혹은 자기만족을 위해서 선교지로 나간다. 자기 교회나 교단의 영향력을 확대하기 위해 선교사를 파송하는 교회도 있다. 때로는 국내에 더 이상 머물 수 없는 상황에서의 현실도피, 혹은 개인의 이익과 성장을 목적으로 선교사로 헌신하기도 한다. 그러나 이런 여러

---

91) Oswald J. Smith, *The Challenge of Missions* (Bromley, England: STL Books, 1959), 93.
92) Paul G. Hiebert, *Anthropological Insights for Missionaries* (Grand Rapids, MI: Baker Book House, 1985), 10.

가지 잘못된 선교의 동기를 가지고 선교지에 가서는 안 된다.

선교는 단순히 타국을 여행하거나 방문하는 차원이 아니다. 때로는 그 땅에 순교의 피를 흘려야 하고, 억울하게 추방을 당하거나 고난을 경험하기도 한다. 바울은 자신이 옥에 갇히기도 하고 매도 수없이 맞았으며 여러 번 죽을 뻔했다고 고백한다(고후 11:23-27). 그럼에도 복음 전하는 일을 쉬지 않았다. 사실 선교사가 선교지에 가서 복음 전하는 것은 무척이나 힘들고 어려운 일이다. 그러나 바울처럼 감옥에 갇혀 매를 맞거나 생명의 위협을 느끼면서도 기쁘게 찬양하고, 핍박과 어려움 속에서도 계속해서 사역해 나갈 수 있게 만드는 것은 바로 선교사의 분명한 소명의식이다.

## 2. 능력 Competence

선교사는 선교사역을 위한 적절한 능력을 소유하고 있어야 한다. 타문화권에 가서 현지 문화와 언어를 배워야 하고 선교사로서의 사역을 감당할 수 있어야 한다. 선교사는 복음을 전하러 가는 것이다. 그렇기 때문에 한 영혼에게 복음을 전해 그를 제자로 만들 수 있는 사람이어야 한다. 심장외과 의사는 심장수술에 수백 수천 번 참여해 봐야 혼자 가슴을 열고 수술을 할 수 있다고 한다. 선교도 마찬가지이다. 한 영혼에게 복음을 전해 그로 하여금 제자로 만들어야 하는 선교사가 복음전도나 제자훈련의 경험과 능력이 없다면 선교사로 갈 이유가 없다. 그렇기 때문에 선교사는 영혼구원에 대한 강렬한 열정과 능력의 소유자여야 한다. 바울처럼 "나의 달려갈 길과 주 예수께 받은 사명 곧 하나님의 복음을 증거 하는 일을 마치려 함에는 나의 생명을 조금도 귀한 것으로 여기지 아니하노라"(행 20:24)고 고백할 수 있는 사람이어야 한다.

## 3. 인격 Character

선교사가 분명한 소명의식이 있고 선교사역을 위한 능력을 겸비하고 있다고 하더라도 인격이 뒷받침되지 않으면, 결국 그 선교사는 오래 갈 수 없다. 그렇기 때문에 선교사는 먼저 겸손해야 한다. 선교는 철저히 하나님의 사역이며, 선교사는 그저 하나님의 도구로 쓰임 받는 것이다. 바울이 그랬던 것처럼 사역의 열매가 많아지고 사역의 경륜이 깊어질수록 겸손해져야 한다. 예수님께서도 근본 하나님의 본체시나 동등 됨을 취하지 않으시고 성육신하셨다. 마찬가지로 선교사도 보냄 받은 선교현장에서 날마다 예수 그리스도의 성육신적 삶을 살아가야 한다. 선교사가 선교현장에서 성육신적 삶은 살아간다는 것이 쉬운 일은 아니다. 하지만 이것은 선교사가 평생을 통해 노력해야 하는 삶의 방식이다.

## 4. 사랑 Compassion

선교사로 헌신한 선교사 후보생들의 동기를 보면, 현실도피, 단순한 호기심이나 모험심, 해외생활에 대한 동경, 영웅의식, 인도주의적 박애정신 등 매우 다양하다. 그러나 선교의 기본적인 동기는 바로 '사랑'이어야 한다. 선교는 물론 주님의 명령에 대한 순종이 있어야만 가능하다. 그러나 이 순종 역시 하나님과 주님에 대한 사랑에서 비롯된다. 하나님께서는 세상을 사랑하사 독생자 아들 예수 그리스도를 주셨다(요 3:16). 그 하나님의 사랑을 깨달은 사람만이 올바르게 선교할 수 있다. 열방을 구원하시기 원하시는 아버지의 마음, 그래서 독생자 아들 예수 그리스도를 십자가에 못 박히게 하신 그 사랑, 그 사랑이 선교를 가능케 한다. 바울 역시 선교사역의 동기가 그리스도의 사랑이라는 것을 분명히 한다. "우리가 만일 미쳤어도 하나님을 위한 것이요 만일 정신이 온전하여도 너희를 위한 것이니 그리스도의 사랑이 우리를 강권하시는도다"(고후 5:13-14).

## 5. 관계 Connection

선교사는 하나님께 부르심을 받아 선교지로 보내진다. 그리고 보냄받은 그 땅에서 여러 사람과 관계를 맺어야 한다. 가깝게는 가족, 동료사역자, 현지인들, 본국의 파송교회나 후원교회 등과 원만한 관계를 유지해야 한다. 또한 선교사가 현지인들과 어떤 관계를 맺느냐에 따라 선교의 성패가 좌우된다. 아시아처럼 관계성을 중시하는 사회에서는 특별히 더 관계가 중요하다.

중국에는 눈으로 직접 볼 수 있는 담장 말고도 중국 사람의 마음속에 존재하는 '꽌시'关系라는 담장이 있다고 한다. 눈으로 볼 수 있는 담장은 담장 안의 내 편과 담장 밖의 상대편을 구분한다. 그러나 마음속에 자리 잡은 '꽌시'라는 담장은 담장 안의 자기사람自己人과 담장 밖의 기타사람外人을 구분한다. 중국 사람은 이 '꽌시'를 기준으로 완전히 다른 태도와 대우를 한다. 중국에서는 선교사가 복음을 전하기 이전에 이 '꽌시'를 형성하는 것이 무엇보다도 중요하다. 이것은 동료사역자나 본국과의 관계에 있어서도 마찬가지이다.

선교사가 효과적으로 복음을 전하기 위해서는 무엇보다도 먼저 현지인과 올바르고 건강한 관계를 형성해야 한다. 선교사가 관계에서 실패하면 사역에서도 실패할 수밖에 없다. 선교사 중도탈락의 가장 큰 이유 중의 하나는 바로 이 관계의 실패 때문이다. 그렇기 때문에 선교사에게 필요한 자질 중의 하나가 바로 원만한 대인관계이다.

그런데 이런 수평적인 관계보다 더 중요한 것은 하나님과의 수직적인 관계이다. 선교지에서 생활하는 선교사는 어떤 면에서 아무런 통제도 받지 않고 자유롭게 생활할 수 있다. 그렇기 때문에 선교사는 날마다 주님과의 긴밀한 영적인 관계를 소홀히 해서는 안 된다. 치열한 영적전쟁터에서 위로 하나님과의 관계를 온전히 세우지 않고서는 올바르게 사역을 해 나갈 수 없다. 그렇기 때문에 선교사에게는 기도와 말씀훈련 같은 영성훈련이 무엇보다도 중요한 것이다.

## 6. 전략Concept

예전에는 열악한 선교지에 가고 그런 곳에 가서 산다는 것만으로도 선교사가 대우받고 존경받던 시대가 있었다. 그러나 이제는 세상이 바뀌었다. 선교사가 정말로 열악한 환경의 오지로 떠나도 예전처럼 다시 만날 그날을 기약하며 슬퍼하지 않는다. 마음만 먹으면 다음날이라도 가서 만날 수 있고, 또 언제든지 선교사가 본국에 돌아 올 수 있는 시대를 우리가 살고 있기 때문이다. 선교사가 선교지에서 하루하루를 살아가는 것만으로는 충분하지가 않다. 이제는 선교사가 효과적으로 사역할 수 있어야 한다. 한국교회가 점점 쇠퇴하고 재정이 감소하면서 요즘은 '저비용 고효율'의 전략을 모색하고 있다. 선교사는 자신이 사역하고 있는 현장에 맞는 전략을 개발해야 한다. 그 전략은 선교사에게 익숙하고 적용하기 편한 것이어야 한다. 전략이 무조건적으로 새로운 것일 필요는 없다. 기존에 사용되고 있는 전략이라도 현장에 적합하고 선교사가 활용할 수 있는 것이면 된다. 다만, 선교사는 하나님의 말씀에 기초해 성경적이고 신학적으로 균형을 갖춘 전략을 찾아야 한다. 그리고 끊임없이 그런 전략을 연구하고 개발해야 한다.

이 외에도 선교사에게는 하나님을 향한 비전Vision, 역경과 반대에도 불구하고 주님의 사역을 계속해 나갈 수 있는 끈기Tenacity, 하나님 나라 확장을 위해 거짓됨 없이 최선을 다하는 성실Integrity, 자신의 영광과 권력을 위해서가 아니라 하나님의 영광과 다른 사람을 위해 일하는 낮아짐과 섬김Servanthood의 모습이 필요하다. 자신의 건강, 시간, 지성, 인성, 영성을 관리할 수 있는 능력도 요구된다. 그러나 무엇보다도 선교사에게 하나님에 대한 전적인 믿음과 기도, 그리고 희생이 없다면, 결국 선교는 실패할 수밖에 없다. 선교의 주체는 하나님이시다. 선교는 그 분의 계획과 목적 가운데 수행해 나가야 하는 삼위일체 하나님의 사역이기 때문이다. 그런 의미에서 선교는 철저하게 하나님의 필요에서 시작되어야 한다.

**적용과 실천을 위한 토론(Case Study)**

▌Case 1.

H 선교사는 선교사로 선정된 이후 선교지의 선교부 지도자로부터 보내온 준비물 목록을 보다가 당황하지 않을 수 없었다. 자신은 'Simple Life'를 생각하고 꼭 필요한 것 이외에는 가지고 가지 않고, 필요하면 현지에서 구하려고 계획을 하고 있었다. 그런데 그곳에서 보낸 목록을 보면 마치 생활에 필요한 모든 것을 가져오라고 말하는 것 같았기 때문이다. 목록은 아주 길고 값비싼 품목도 꽤 있었다. 그것을 사려면 경비도 만만치 않겠지만 자신이 생각하는 선교사의 삶과는 너무도 거리가 먼 것처럼 느껴졌다. 현재로서는 다른 결정을 내릴 수 있는 어떤 정보도 없는 상태이다. 선교부에 순종하겠다는 마음은 분명하지만 이대로 따르고 싶은 마음은 없다.

☞ 당신이 H 선교사라면 어떻게 할 것인가? 그렇게 하는 근거는 무엇인가?

▌Case 2.

**선교사**라면 항상 가난해야 하는가? K 선교사는 항상 이 질문에 불편함을 느끼고 있다. 조금만 좋은 물건이 생기면 괜히 주변 한인 선교사나 한국에서 오는 사람들이 어떻게 생각할까를 항상 고민하게 되었다. K 선교사는 수년째 현지에서 살다보니 어느 정도 정착이 되어서 상당히 넓은 집에 여기저기에서 받기도 하고 모으기도 한 가구들이 가득 차 있었다. 특히 집안 꾸미기를 좋아하는 부인은 솜씨를 발휘해서 아이들의 방이라든지 거실을 아주 멋지게 꾸며 놓았다. 그러자 문제가 생긴 것이다. 이 집을 방문하는 손님마다 첫마디가 "야! 선교사 부자네!"라는 감탄(?)을 하는 것이다. K 선교사는 항상 이 말이 듣기 거북하고 신경이 쓰였다. K 선교사는 한국인을 집에 초청하는 것을 점차로 꺼리게 되었다. 방문하는 단기 선교팀에게는 항상 자신이 힘들게 고생하고 있는 모습만을 보여주려고 노력했다. 물론 자신의 집에는 절대로 초청하지 않았다. 한국에서 목사님이 방문해도 밖에서 만나고 집에 모시지는 않았다. 그러면서 K 선교사는 자신이 위선자처럼 느껴지는 것이 너무나 힘들었다. 겉으로는 힘들고 가난한 것처럼 보여야 하고 집은 숨겨야 하고……. K 선교사의 부인은 이런 K 선교사를 핀잔했다. "조금만 이렇게 아름답게 꾸미면 정서적으로 안정을 얻을 수 있는데 굳이 초라하게 살아야 선교사 같다고 생각하는 것이 오히려 위선"이라는 것이다.

☞ 만일 당신이 K 선교사라면 어떻게 하겠는가?


# Case 3.

**선교지에 도착한 L 선교사는** 1년쯤 지나자 동료 한인 선교사들에게 배신감을 느끼기 시작하였다. 가정적인 성향인 L 선교사는 초기부터 매주 하루를 가족과 함께 보내며 괜찮은 식당도 함께 가고 인근의 산이나 유원지에 아이들을 자주 데리고 갔다. 그리고 호탕한 성격이어서 동료 선교사와 모일 때마다 이번 주에 어디를 가보았는데 참 좋더라는 말을 쉽게 하였다. 그럴 때마다 동료 선교사들은 부러운 눈초리로 "야! L 선교사 대단한데……. 우리는 그런 좋은 데 한 번도 못 가봤는데……. 그럴 만큼의 경제적 여유나 시간이 없어"라고 대답하곤 하였다. L 선교사는 동료 선배 선교사에게 미안한 마음이 많았다. 그래서 한번은 일부러 선배 선교사의 아이 2명을 함께 데리고 좋은 식당을 찾아가서 자신의 아이들과 함께 식사를 사주었다. 그런데 아이들의 대화를 듣다보니 그 아이들은 이미 이

식당을 여러 번 와 보았다는 것이다. 부모들은 "우리는 그런 좋은데 다닐 형편이 안 돼요"라고 항상 이야기했는데……. 시간이 지나면 비밀이 없는 법인지라 K 선교사는 선교사들이 실제로 거짓말을 하고 있었다는 것을 알게 되었다. 겉으로는 부러워하는 것처럼 말하지만 이미 가 볼만한 곳은 다 가 보았다는 것을 알게 되었다. 그러면서 겉으로는 자신들이 돈이 없고 후원이 잘 안 된다는 등 어려운 티를 내는 것을 당연시 여기고 있고 자기처럼 떠벌리는 사람을 이상한 존재처럼 본다는 것을 알게 되었다. 선교사들은 왜 주변에 자신은 후원이 안 되고 어렵다는 듯이 보여야만 속이 편한가?

☞ 만약 당신이 L 선교사의 상황에 있다면 어떻게 대처하겠는가?

☞ L 선교사의 입장과 동료 선교사의 입장에 대해 당신은 어떻게 생각하는가?

제**8**부
# Mission Possible

제1장 지역교회와 선교
제2장 지역교회와 단기선교여행
제3장 지역교회와 선교사 파송

## 제8부

# Mission Possible

요한계시록에서 말하고 있는 것처럼 "각 나라와 족속과 백성과 방언에서 아무도 능히 셀 수 없는 큰 무리"가 주님을 예배하도록 하는 것이 교회의 궁극적인 목표이다(계 7:9). 그래서 존 파이퍼John Piper는 교회의 궁극적 목표는 예배라고 주장한다. 그런데 온 열방이 아직도 주님을 예배하지 않고 있기 때문에 지역교회는 가서 열심히 선교를 해야 한다. 땅 끝까지 가야 한다. 주님의 위대한 지상명령을 부여받은 교회는 세계선교의 모판으로서의 사명과 책임이 있다. 선교공동체로서의 교회의 올바른 모습을 구현해야 한다. 그렇다면, 교회가 하나님의 선교에 동참하도록 만드는 방법은 무엇일까?

## 제1장  지역교회와 선교

### 1. 세계선교의 모판으로서의 지역교회

　교회가 선교사 자원을 발굴, 동원, 훈련, 파송, 후원해 주지 않으면 선교가 건강하게 이루어 질 수 없다. 그렇기 때문에 교회는 세계선교의 모판과도 같다. 교회가 세계선교의 모판인 이유는 첫째, 선교의 자원이 교회에 있기 때문이다. 교회는 그리스도의 몸이며, 그리스도께서는 그 교회의 머리가 되신다. 우리가 타문화권에 가서 예수 그리스도의 복음을 전하려면 주님이 그곳에 가셔야 한다. 그런데 그 주님이 가시기 위해서는 몸인 교회가 가야 한다. 즉 교회의 몸을 이루고 있는 선교 자원 중 누군가가 가야 한다.

　둘째, 교회에 선교를 위한 물적 자원이 있기 때문이다. 선교는 돈이 있다고 할 수 있는 사역은 아니다. 그러나 선교는 돈이 있어야만 가능한 사역이다. 선교사역이 원활하게 이루어지기 위해서는 재정적인 공급이 있어야 한다. 그런데 이 재정이 바로 교회에서 나온다.

　셋째, 교회에 선교의 연료인 기도가 있기 때문이다. 주님은 "두세 사람이 내 이름으로 모인 곳에는 나도 그들 중에 있느니라"고 말씀하셨다(마 18:20). 이처럼 교회는 "만민이 기도하는 집"이다(사 56:7). 역대하 7장 14절에서도 "내 이름으로 일컫는 내 백성이 그들의 악한 길에서 떠나 스스로 낮추고 기도하여 내 얼굴을 찾으면 내가 하늘에서 듣고 그들의 죄를 사하고 그들의 땅을 고칠지라"고 말씀한다. 선교는 하나님의 사역이기 때문에 교회는 그 분께 기도함으로 하나님이 일하시도록 해야 한다. 그 기도의 불꽃을 계속해서 타오르게 할 수 있는 곳이 바로 교회이다.

## 2. 지역교회와 담임목회자

지역교회의 선교에 있어서 가장 중요한 역할을 하는 것은 바로 담임목회자이다. 담임목회자가 가지고 있는 선교열정이 바로 그 교회의 선교의 분량이라 해도 과언이 아니다. 그렇기 때문에 담임목사는 교회의 선교를 장려하고 지도해 나가야 한다. 그것을 위해서는 첫째, 목회자가 주기적으로, 그리고 지속적으로 선교의 성경적 근거를 가르치고 설교해야 한다. 목회자는 성경이 선교에 대해서 무엇을 말하는지, 그리고 선교하시는 하나님 아버지의 마음이 무엇인지 정확하게 가르쳐야 한다. 선교사나 선교담당자를 교회로 초청하여 특강과 세미나를 열거나, 선교관련 특별행사(단기선교보고대회/선교축제 등)를 통해 선교교육을 실시할 수도 있다. 선교에 관심 있는 사람을 발굴하여 선교위원으로 세우고 그들을 소그룹으로 교육하는 것도 필요하다. 선교에 반응하는 사람을 중심으로 조금씩 시작해 보는 것이다. 그리고 선교사역이 점점 많아지면 담임목사가 모든 것을 담당할 수 없게 된다. 그러면 보통은 교회 안에 선교사역위원회나 선교담당 사역자를 두게 된다. 그런 경우라도 한 지역교회의 선교사역에 있어 가장 중요한 역할을 하는 것은 담임목회자이다.

둘째, 목회자는 또한 교회가 선교회와 선교사를 위해 중보 하도록 지도해야 한다. 앞에서 여러 차례 언급한 것처럼 선교는 하나님의 사역이기 때문이다. 지역교회가 선교사를 파송하고 선교사가 나가서 복음을 전하지만, 선교사를 파송하고 복음을 전해 열매를 맺게 하시는 분은 결국 하나님이시다. 하나님께서 지역교회를 통해 선교사를 파송하시며, 선교사로 하여금 담대히 복음을 전할 능력과 지혜를 주신다. 그렇기 때문에 선교에 있어서 기도는 그 무엇보다도 중요하다. 이런 의미에서 기도는 선교의 도구나 수단이 아니다. 기도는 하나님께서 일하시도록 만드는 가장 강력한 선교전략이다.

셋째, 목회자는 교인들이 선교에 직접 그리고 물질로 헌신하도록 지도해야 한다. 예배시간에 선교에 헌신할 사람을 초청하는 기회를 갖고, 그 초청에 응답해 온 교인을 양육해야 한다. 선교교육을 위한 지도자나 리더를 세우는 것도 한 방법이다. 이렇게 담임 목회자는 활기 있고 매력적인 범凡 교회적 선교행사를 계획하고 직접 참여해야 한다. 담임 목회자가 말로만 할 것이 아니라 솔선수범率先垂範 할 때, 교인들의 참여도는 높아진다. 그리고 이것이 결국 물질적 헌신으로 이어진다.

넷째, '백문불여일견'百聞不如一見이라는 말이 있다. '백 번 듣기보다 한번 보는 것이 낫다'는 말이다. 아무리 탁월한 선교사가 와서 특강을 하고 선교지의 필요를 설명해도, 자신이 직접 가서 눈으로 보는 것이 더 효과적이다. 어떤 사람은 선교지에 가는 경비를 절약해서 선교사를 돕자고 말한다. 그러나 선교여행 경비를 줄인다고 해서 그것이 다 선교사에게 보내지거나 선교하는 일에 사용되지는 않는다. 오히려 선교지에 가서 그 땅의 필요를 보고, 하나님 아버지의 마음을 깨닫게 됨으로써 얻는 유익이 더 크다. 때론 선교지 방문으로 사용된 것보다 더 많은 물질적 축복도 경험하게 된다. 그렇기 때문에 선교에 대해 관심 없는 사람을 선교지로 데려가 보는 것은 매우 중요하다. 그렇게 되면 대부분 선교를 자연스러운 일상으로 받아들이게 될 것이다.

일반적으로 교회에서 선교하자고 할 때, 그것을 거부하는 사람은 없다. 다만 선교에 부정적인 사람은 대부분 선교가 아닌 다른 것부터 하자고 말한다. 이렇게 선교가 교회의 본질인데도 교회 내에서 '하자파'와 '하지말자파'가 갈등을 벌일 때 교회는 지혜롭게 행동해야 한다. 선교는 하나님이 가장 기뻐하시는 일인데, 이 선교로 인해 교회가 분열되고 갈등하는 것을 하나님께서는 결코 기뻐하지 않으신다. 이런 경우, 목회자가 하나님의 지혜를 가지고 교회가 효율적으로, 그리고 성공적으로 선교사역을 감당할 수 있도록 안내하고 지도해야 한다. 선교를 조금 늦추더라도 인내하면서 교육하고 훈련해서, 교회 공동체 모두가 기쁜 마음으로 선교에 동참할 수 있도록 해야 한다. 목회자가 의도적으로 교회가 선교에 동참할 수 있는 기회를 만들어 나가야 한다.

## 3. 지역교회와 기도

선교는 하나님의 사역이다. 그렇기 때문에 선교는 성령의 능력으로만 가능하다. 그런데 성령의 역사는 기도를 통해서 나타난다. 지상명령을 주신 예수님께서도 자신의 사역을 기도와 성령으로 시작하셨다. "백성이 다 침례를 받을 새 예수도 침례를 받으시고 기도하실 때에 하늘이 열리며 성령이 비둘기 같은 형체로 그의 위에 강림하시더니 하늘로부터 소리가 나기를 너는 내 사랑하는 아들이아 내가 너를 기뻐하노라 하시니라"(눅 3:21-22). 예수님은 제자들에게 성령을 받을까지지 예루살렘을 떠나지 말고 기다리라고 하셨다(행 1:4). 성령의 능력이 없이는 선교가 불가능하기 때문이다. 주님의 명령을 들은 제자들과 여자들, 마리아와 예수의 아우들은 다 같이 모여 "오로지 기도"에 힘썼다고 성경은 말한다(행 1:13-14). 그리고 실제로 오순절 성령강림 이후 교회가 급속도로 성장해 나갔다.

안디옥교회가 선교를 시작할 때도 금식하며 기도할 때였다. 2천 년 기독교 역사에서도 교회의 부흥은 기도를 통한 성령의 역사였다. 18세기 미국의 '대각성운동'The Awakening Movement, 1904년 영국 웨일즈의 부흥운동, 1907년도 평양대부흥운동도 회개와 기도운동을 통한 성령의 역사였다. 그렇기 때문에 선교에 있어서 기도는 중요한 선교전략이다. 지역교회는 열방을 위해 기도해야 한다. 20억 명 이상의 미전도 종족을 위해 기도해야 한다. 지금도 열방 가운데서 복음을 전하는 선교사를 위해 기도해야 한다. 온갖 고난과 박해를 견뎌내면서 자신의 신앙을 지켜내고 있는 우리의 형제자매를 위해 기도해야 한다. 하나님의 뜻을 분별하지 못하고 방황하고 있는 이 땅의 수많은 영혼과 한국교회를 위해서도 기도해야 한다.

## 제2장 지역교회와 단기선교여행

### 1. 단기선교여행의 유의사항

단기선교여행은 선교를 활성화하고 선교자원을 동원할 수 있는 가장 효과적인 방법 중의 하나이다. 단기간의 사역을 통해 현장의 장기선교사가 감당하지 못하는 사역을 감당할 수도 있고 직접적으로 복음을 전할 수도 있다. 이런 경험을 통해 단기선교사는 자신을 향한 하나님의 비전과 계획을 발견하게 되고 자신의 소명을 확인하기도 한다. 그렇다면 단기선교여행을 하면서 우리가 조심해야 하는 것은 무엇인가?

#### 1) 단기팀이나 교회의 필요보다는 현장의 필요가 우선시 되어야 한다

선교팀의 사역은 지역 사람들에게 복음을 전하고 그들을 새롭게 개척한 교회로 인도하는 것이다. 따라서 사람들에게 다가가서 효과적으로 복음을 전하기 원한다면 선교팀이 가서 봉사하려고 하는 지역 사람들과의 격차를 최소화시켜야 한다. 그리고 그들의 필요가 무엇인지 정확히 알아야 한다. 그것을 위해서는 현장의 장기선교사와 오랜 시간동안 소통하면서 준비해야 한다.

## 2) 단기선교여행은 단순히 여행이 아니기 때문에, 지역연구를 철저히 해야 한다

우리가 단기선교를 떠날 때 선교지에 대해 충분히 연구한다면, 그 선교여행은 매우 유용하고 풍성한 축복의 시간이 될 것이다. 그러나 반대로 그렇게 하지 못하면, 그 선교여행은 문화적 실수를 연발하는 관광차원의 선교가 될 수 있다. 교회의 선교팀이 방문하려고 하는 지역의 역사, 문화, 최근 현황에 대해 충분히 알고 선교여행을 한다면 실수와 오해를 최소화할 수 있다. 선교여행 팀은 선교지에서 만나는 사람에게 감사한 마음을 표현하고 기본적인 대화가 가능하도록 언어도 익혀야 한다. 또한 기회가 생길 때마다 복음을 전하기 위해서는 선교지의 세계관을 이해하고 복음전파에 어려움을 주는 문화적 장벽에 대해서도 알아야 한다. 이런 최소한의 준비와 연구가 단기선교 팀원들에게 하나님나라를 확장하기 위해 필요한 통찰력을 제공할 것이다.

## 3) 현지 문화나 종교를 무시하는 일방적인 태도를 피해야 한다

단기 선교여행을 가는 가장 중요한 목적은 현지인들이 주님의 제자가 되도록 돕는 것이다. 그렇지만 복음을 전하고 싶은 성급한 태도가 가끔 문제를 일으킬 수 있다. 때로는 복음전도를 완전히 가로막는 우를 범하기도 한다. 단기팀이 처음부터 복음만 전하겠다는 식의 접근방법은 현명한 방법이 아니다. 그것은 우리가 복음을 값싸게 파는 것처럼 보이게 만들 수 있다. 또한 우리가 복음을 전하는 것을 지나치게 서두르다 보면 만나는 사람들을 단순히 내가 하고자 하는 프로젝트의 수단 정도로 간주하게 될 수도 있다. 좋은 팀원들은 예수 그리스도 안에서 그들의 삶이 어떤지를 사람들에게 말하고 보여주어야 한다. 이것을 위해서는 함께 식사를 하거나 궁금한 것을 물어야 한다. 또한 집을 방문하거나 직접 만나서 사람들을 사귀어야 한다. 예수님께서도 사람들을 만나시고 교제하셨다. 예수님은 식사에 초대되셨고 의도된 진리의 말씀으로 시작하셨다. 주님께서는 자기가 만나는 사람들의 필요를 보시고 거기서 대화를 시작하셨다.

### 4) 복음을 전할 수 있는 기회를 놓치지 말아야 한다

단기선교 여행 중 복음 전하는 것을 지나치게 서두르는 것도 문제지만, 복음을 전할 수 있는 기회를 놓치는 것은 더 큰 잘못이다. 문화적으로 민감해지려고 하다가 많은 단기선교 팀이 자신이 만났던 사람에게 복음을 전하지 못하는 경우가 있다. 그러나 예수 그리스도가 그들을 구원하시기 위해 이 땅에 오셨다는 것을 전할 수 있는 기회를 놓치지 말아야 한다. 그 목적을 위해 하나님께서 단기 팀을 그곳에 보내셨기 때문이다. 단기선교 여행의 목적이 무엇이냐에 상관없이 하나님께서 허락하시면 복음을 전할 수 있어야 하고, 그것을 위해 철저히 준비해야 한다. 그리고 가능하다면 그 나라의 언어로 된 전도지를 휴대하거나 현지어 성경을 나누어 주는 것도 한 방법이다.

단기선교 여행을 떠나기 전, 단기선교 팀은 현장에 있는 선교사나 현지 지도자에게 복음전도의 가장 효과적인 방법이 무엇인지 배워야 한다. 때로는 복음을 전하기에 '적합한' 방법이 제한적일 수도 있다. 또한 우리가 연약하고 불완전해서 복음을 전하기 어려울 수도 있다. 그러나 단기선교 팀은 최선을 다해 준비하고 훈련해야 한다. 국내에서의 복음전도 훈련을 충분히 받아야 한다. 처음에는 믿는 친구에서 시작해서 점점 믿지 않는 친구들에게도 복음을 전해봐야 한다. 그리고 가능하면 자신이 살고 있는 도시에 거주하는 이주민이나 타문화권의 사람들에게 가서 복음을 전하는 훈련도 필요하다. 그런 준비와 훈련이 선교지에서 일어날 수 있는 실수를 줄이고, 문화에 대한 이해부족을 극복할 수 있도록 도울 것이다.

## 5) 단기선교는 배우는 학생으로 가는 동시에 사역자라는 것을 잊지 말아야 한다

단기선교여행을 떠나는 사람은 선교지에 가서 그들의 문화와 세계관, 그리고 선교를 배우는 학생의 자세를 가져야 한다. 그렇기 때문에 계속해서 묻고 질문해야 한다. '자문화중심주의' 사고를 가지고 다른 문화를 비판하거나 섣부르게 판단해서는 안 된다. 짧은 선교여행을 통해 한 나라의 문화를 모두 이해하고 알 수는 없다. 그러나 가능한 많이 현지 문화를 경험하고 배워야 한다. 뿐만 아니라 단기선교는 제한된 시간 동안 현장에서 사역을 경험하게 된다. 그렇기 때문에 배우는 학생이지만, 동시에 장기선교사의 사역을 돕거나 팀이 준비한 사역을 어느 정도 감당해야 하는 사역자가 되어야 한다.

### 6) 선교지 방문 이후 계속해서 후속조치가 필요하다.

선교지에 가서 영적인 필요와 빈민들을 보면 많은 것을 생각하게 된다. 본국에서의 편안한 삶과 미래를 포기하고 하나님을 위해 헌신한 선교사를 만나면서 도전도 받는다. 그러나 대부분의 그리스도인은 단기선교여행을 마치고 집으로 돌아오면 자신이 선교현장에서 보고 경험한 것을 쉽게 잊어버린다. 단기선교여행 중에 사람들은 선교사를 만나고 헌신된 팀원과 함께 지내면서 매우 실제적으로 그리스도의 삶과 교회, 그리고 선교가 무엇인지 경험된다. 심지어 커다란 감동과 도전도 받았다. 그러나 거기에서 그치면 안 된다. 그 선교여행의 감동이 당신의 삶을 변화시키도록 만들어야 한다. 그리고 자신의 경험과 결단을 일상생활 속에서 적용해 나가야 한다. 하나님께서 더 많은 것을 깨닫게 하실 것이기 때문이다.

### 7) 뱀처럼 지혜롭고 비둘기처럼 순결하게

우리가 복음을 전할 때 언제든 위험이 도사리고 있다는 사실을 알아야 한다. 그렇기 때문에 항상 조심해야 한다. 하나님께서는 우리를 그분의 영광을 위하여 천국으로 인도하실 것이라고 분명히 약속하셨다. 그러나 타락한 세상에서 어디를 가든 너희가 100% 안전할 것이며, 어떤 위험도 없을 것이라고 말씀하신 것은 아니다. 하나님의 사람이 시험이 없고 고난이 없어야 한다는 것은 우리의 생각이다. 때로는 우리도 어려움을 경험하거나 위기상황에 처할 수도 있다. 그렇기 때문에 단기선교 팀은 장기 선교사들의 조언과 지도를 철저히 따라야 한다. 자칫 잘못하면 단기 팀의 실수 때문에 현장의 장기선교사에게 위험이

닥칠 수도 있기 때문이다. 단기선교를 준비하는 사람은 선교여행을 통해 당하게 될 위험과 어려움은 없을지 꼼꼼히 살펴야 한다. 또한 단기 선교여행을 통해 얻게 된 유익에 대해서도 점검해야 한다.

　미전도 지역은 대부분 위험하고 쉽게 접근하기 어렵다. 복음에 대해서도 적대적이다. 그런 지역으로 복음을 전하러 간다는 것은 어쩌면 무모한 모험일 수도 있다. 그러나 때로는 그런 위험과 고난을 감수하고서라도 가야 한다. 그러나 위험을 무릎 쓰는 모든 일이 다 가치 있다고 말할 수는 없다. 그러나 누군가는 분명 위험을 무릎 쓰고 하나님께서 주신 사명을 감당해야만 복음은 땅 끝까지 전파될 수 있다. 그렇기 때문에 우리는 늘 하나님의 말씀에 귀 기울여야 한다. 단기 선교여행은 "뱀 같이 지혜롭고 비둘기 같이 순결"하게 진행되어야 한다(마 10:16). 우리의 무모함이나 어리석음으로 인해 당하게 되는 핍박과 고난은 결코 하나님의 뜻이 아니라는 것을 명심해야 한다.

## 2. 세계복음화는 교회의 순종에 의해 좌우된다.

　세계 복음화는 과연 가능한 일인가? 만약 그것이 가능하다면 세계 복음화의 과업은 언제 완수되어질 수 있는가? 이 질문은 교회에 사명감과 책임감을 부여한다. 그러나 분명한 것은 우리가 그 때와 기한을 알 수 없다는 것이다. 주님은 "이 천국 복음이 모든 민족에게 증언되기 위하여 온 세상에 전파되리니 그제야 끝이 오리라"라고 말씀하셨다(마 24:14). 우리가 그 때를 알 수는 없지만, 주님이 다시 오시는 시점은 세계 복음화와 분명히 관련이 있다. 그것은 또한 우리의 순종과도 연관이 된다. 마태복음 24장 14절에서 주님의 지상명령 완수를 위해 주님께서 주신 두 가지 구체적인 판단기준이 있다. 첫째는 인종적인 것(모든 민족)이고, 둘째는 지리적인 것(온 세상)이다. 복음은 모든 민족과 온 세상에 전파되어야 한다. 그 때야 끝이 올 것이다. 그리고 이것은 선택이 아니다. 그리스도인이라면 누구나 순종해야 하는 명령이다.

　전 세계의 많은 교회와 성도가 안타깝게도 아직도 전도와 선교에 동참하지 않고 있다. 교회는 적극적으로 선교를 활성화하고 선교에 참여하지 않는 그리스도인이 선교에 동참하도록 도전해야 한다. 저스틴 롱 Justin D. Long은 "누구나 세계선교를 위하여 할 수 있는 10가지"를 다음과 같이 제시한다.93)

### 1) 선교적 관점에서 성경을 읽어보라

　하나님이 우리들에게 열방에 대하여 '복'(복의 근원)이 되라고 말씀하신 성구를 찾아보라. 하나님의 지식을 전파하라는 명령에 비추어서 성경말씀을 점검해 보라. 성경의 각 장에 관하여 당신이 깨달은 바를 적어보라. 그리고 당신의 목회자나 가까운 친구들에게 당신이 깨달은 것에 대하여 물어보라.

### 2) 선교에 관하여 배우기 위한 시간을 가지라

　선교훈련 강좌에 참석해 보라. 매 3개월 또는 매 6개월마다 새로운 선교사 전기를 읽어 보라. 선교사의 실제 삶, 그리고 선교의 문제점과 승리한 내용을 다루는 책들을 모으기 시작하라. 특별한 선교사역에 초점을 둔 비디오를 구해보라.

---

93) "누구나 세계선교를 위하여 할 수 있는 10가지" [온라인 자료] http://www.missionmagazine.com/main/php/search_view.php?idx=383, 2018년 11월 14일 접속.

### 3) 선교사들과 친분관계를 개발하라

여러분의 교회가 잠깐 방문하는 선교사들을 초청하는 특별한 집회에 참석해라. 여러분의 가정에 선교사들을 초청하고 그들의 삶에 관하여 물어보라. 선교사들과 펜팔Pen-Pal 관계를 맺어보라. 그들에게 편지를 쓰고 그들을 격려할 수 있다. 여러분이 알고 있는 다른 사람들에게도 선교사들을 소개하라.

### 4) 특별히 세계상황에 친숙해지라

여러분은 전문가가 될 필요는 없다. 그러나 어떤 지역을 더 잘 이해하는데 도움이 되는 몇 가지의 기본적인 사항을 배울 수 있을 것이다. 국가 이름을 암기할 시간을 가지라. 국가의 위치와 크기, 종교분포, 복음에 대한 주요 방해요소, 주요 기도제목을 알아보라. 적어도 각국의 제일의 주요사역을 종이에 목록으로 만들어 보라. 여러분이 보는 신문에 이들 국가들에 관한 새로운 기사들이 실렸는지 점검해 보라.

### 5) 날마다 세계복음화를 위해 기도하라

위 정보 모두를 사용하여 매일 기도제목에 미전도 종족을 포함시키라. 세계기도정보 책자와 같은 기도 안내서를 사용하라. 특별히 중요한 것으로 여러분의 가족과 함께 미전도 종족을 위한 기도를 하면서 매일 경건의 시간을 가지라.

### 6) 한번 이상 단기선교여행을 떠나라

미전도 종족에 한번 이상 단기선교여행을 떠날 것을 헌신해 보라.

예를 들어, 땅 밟기기도, 성경운반여행, 또는 의료선교여행 등을 생각해 보라. 선교지에서 선교사에게 최소한의 부담을 주고 여러분이 가장 도움을 많이 줄 수 있는 곳을 선교 여행지로 삼으라.

### 7) 여러분 교회의 선교위원회에 참여하라

여러분의 교회에 선교위원회가 없다면, 그것을 형성할 수 있도록 요청하라. 선교위원회에서 섬길 것을 제안하거나 어떤 방식으로든 조력할 것을 제안하라. 선교위원회의 노력을 치하하고, 정보를 제공하고, 교회의 선교의 노력을 홍보하는데 도움을 주는 것을 통하여 그 선교위원회를 지원하라. 위원회가 타문화권의 선교와 토착선교의 지원을 포함한 선교의 모든 측면을 고려하도록 격려하라.

### 8) 여러분이 속한 교단선교부가 무엇을 하는지 알아보라

선교부의 주소록을 구해 보라. 거의 모든 선교부는 연락처가 알려져 있으나 모든 교회나 교단의 임원직은 그렇지 못하다. 선교부를 통해서는 어떤 종류의 기회가 제공되는지 알아보라. 여러분의 교회에서 선교부의 기회나 행사를 후원하라. 다른 교회 교인들이 해외선교부에 관하여 배울 수 있도록 격려하라.

### 9) 매월 어떤 한 사람에게 선교를 깨닫도록 하라

매월 동료 그리스도인과 만나 세계복음화의 큰 사명을 그들에게 소개하라. 여러분의 교회와 교단이 세계복음화의 목표를 이루어나가기 위해서 무슨 일을 하는지 전해 주라. 그들도 선교에 참여하도록 격려하라.

10) 여러분의 자녀들이 선교사가 되도록 격려하라.

우리들은 매우 자주 선교를 승진의 기회가 거의 없는 이류Second-Tire의 직업으로 생각한다. 그러나 실제로 선교는 우리가 할 수 있는 가장 중요한 일이다. 이는 그리스도께서 우리에게 남겨 두신 실제 명령이다. 여러분의 자녀가 잠재력 있는 선교 자원임을 깨닫고, 그들을 격려하고 지원하라. 특히 최소 몇 번은 단기 선교여행을 떠날 수 있도록 도전하라.

교회는 주님의 지상명령에 순종해야 한다. 세계복음화는 교회의 순종과 비례한다. 그리고 사람을 지속적으로 동원하고 훈련해서 복음이 필요한 곳으로 파송해야 한다.

## 제3장 지역교회와 선교사 파송

### 1. 하나님의 섭리적 준비하심

사도행전 13장에 보면 이방인 선교의 전초기지 역할을 했던 안디옥 교회가 사울과 바나바를 파송하는 것에 대해 기록한다. 그런데 안디옥 교회가 사울과 바나바를 파송하기 까지는 하나님의 섭리적 준비하심이 있었다. 즉 하나님께서는 일련의 사건을 통해 복음이 유대인에게 뿐만 아니라 이방인에게도 전파될 수 있도록 상황과 사람을 준비하셨다.

당시 유대인들은 이방인 선교에 관심이 전혀 없었다. 그러나 복음이 예루살렘을 넘어 땅 끝까지 전파되기를 원하셨던 하나님께서는 스데반의 순교 현장에 있던 사울을 주목하셨다. "예루살렘에 있는 교회에 큰 박해가 있어 사도 외에는 다 유대와 사마리아 모든 땅으로 흩어"지게 하셨다(행 8:1). 베드로에게 환상을 보여주심으로 당신의 뜻을 깨닫게 하셨다(행 10:11-35). 그리고 다메섹 도상에서 사울을 이방인의 사도로 부르셨다(행 9:15).

## 2. 선교사의 준비

바울은 다메섹 도상에서 이방인의 사도로 부름 받았다(행 9:3-9). 그러나 하나님의 부르심과 동시에 사울이 사역을 시작할 수 있었던 것은 아니었다. 사울은 10여 년의 준비기간을 거쳐야 했다. 그 기간 동안에 복음이 점차로 확산되어 안디옥교회가 탄생했다. 안디옥교회에서 수많은 사람이 믿고 주께로 돌아온다는 소문을 들은 예루살렘교회는 바나바를 안디옥에 보냈다. 안디옥교회에 도착한 바나바는 다소에 내려가 사울을 안디옥교회로 불러 함께 사역했다. 그 사이 아가보가 예언한 대로 천하에 큰 흉년이 발생했다. 개척한 지 얼마 되지 않았던 안디옥교회는 구제헌금을 모아 예루살렘교회에 보냈다. 하나님으로부터 이방인의 사도로 부름 받은 바울은 안디옥교회에서의 사역을 통해 선교사로 준비되고 검증받았다. 이처럼 선교사는 교회로부터 자신의 소명을 검증 받아야 한다 Confirmed by the Church. 그리고 교회로부터 파송 받아야 한다 Sent through the Church. 선교사를 부르시고 보내시는 분은 하나님이시다. 즉 하나님께서는 교회를 통해 선교사를 파송하시며, 그분의 뜻을 이루어 가신다.

## 3. 선교사 파송과정

안디옥교회가 선교사를 파송하는 과정을 통해 우리가 알아야 하는 것이 있다. 첫째, 선교사를 부르시기 전에 이미 하나님께서 필요한 상황을 준비하신다는 것이다. 하나님께서는 예루살렘교회에 이방인을 구원하기 원하시는 당신의 마음을 보여주셨다. 하나님께서는 베드로에게 환상을 보여주셨고 사울을 변화시켜 이방인의 사도로 부르셨다.

둘째, 선교사는 하나님의 선택에 의해 부름을 받지만, 그 이후에도 준비기간이 필요하다. 사울이 이방인의 사도로 부름 받은 이후 곧장 선교지로 나간 것은 아니었다. 사울이 본격적으로 사역을 시작하기 전까지는 고향이었던 다소와 안디옥교회에서 준비과정을 거쳤다. 하나님께서는 또한 사울을 선교사로 파송하시기 위해 안디옥교회도 준비하셨다.

셋째, 안디옥교회가 금식하고 기도하면서 하나님께 집중했을 때. 성령이 바나바와 사울을 파송하라고 말씀하셨다. 교회는 항상 하나님이 기뻐하시는 일과 그 분의 마음에 집중해야 한다. 그 분의 지혜를 구해야 한다. 그리고 그 분의 말씀과 명령에 순종해야 한다.

넷째, 하나님께서 "내가 불러 시키는 일을 위하여 바나바와 사울을 따로 세우라"고 명령하셨을 때, 안디옥교회가 다시 금식한다. 앞의 금식은 오직 하나님께만 집중하기 위한 것이었다. 뒤의 금식과 기도는 하나님의 뜻을 분별하고 그것을 수용하는 차원이었을 것이다. 바나바와 사울이 가장 열심히 기도했음이 분명하다. 바나바는 이미 예루살렘에서 안디옥으로 보냄 받았다. 그러나 이제는 다시 이방인의 선교를 위해 파송 받는 상황이다. 한 교회의 담임목회자 역할을 했던 바나바가 남겨진 교회를 위해 기도하는 것은 어쩌면 당연하다. 사울 역시 10

여 년 전에 부름을 받았지만 드디어 그 부르심에 맞게 이방인 선교를 떠나야 했다. 바나바와 사울이 안디옥교회를 위해 얼마나 열심히 기도했겠는가? 감사의 기도, 헌신의 기도, 찬양의 기도가 나왔을 것이다. 안디옥교회 역시 두 사람을 보내면서 간절한 마음으로 기도했음은 의심의 여지가 없다.

드디어 안디옥교회는 두 사람을 안수按手해서 보낸다. 안수의 목적은 하나님을 섬기는 사역과 특별한 사명을 위해 구별하는 행위이다. 여기서 안수는 선교사로 파송 받는 사람에 대한 공동체적 인정의 표시임과 동시에 영적인 무장을 위한 것이다. 디모데후서 1장 6절에 보면, 바울은 디모데를 안수하면서 "내가 나의 안수함으로 네 속에 있는 하나님의 은사를 다시 불일듯 하게" 한다고 말한다. 바나바와 사울이 안수를 받음으로 선교사로서의 자격과 권위가 생긴 것은 아니다. 그들은 안수받기 이전부터 선교사로서의 자격을 갖추고 있었다. 다만, 교회가 안수함으로 그들의 자질을 다시금 확인하고 확증했던 것이다.

한 교회가 선교사를 보낼 때에는 사도행전 13장에서 보여주는 것과 같은 절차를 따라야 한다. 물론 이것이 절대적인 원칙은 아니다. 교회가 하나님의 뜻에 따라 한 몸의 지체를 보내는 것이 결코 쉬운 일도 아니다. 그러나 교회는 하나님께 집중하고 그 분의 음성에 민감하게 반응해야 한다. 교회의 선교자원을 철저하게 훈련하고 검증해야 한다. 이런 여러 과정과 작업을 거쳐야만 건강한 선교와 선교사 파송이 가능해진다.

### 적용과 실천을 위한 토론

1. 선교에 있어서 기도가 매우 중요하다. 그 이유가 무엇이라고 생각하는가?

2. 교회의 단기선교여행은 재정이 비교적 많이 요구되는 사역이다. 그렇다면 단기팀이 선교여행을 가는 것보다 그 재정을 선교사에게 보내 사역을 지원하는 것이 더 효과적이라고 생각하지는 않는가? 만약 그렇지 않다면 이유는 무엇인가?

3. 교회에서 선교를 하다보면 가끔 몇몇 교인이 반대하는 경우가 생긴다. 이럴 때 당신이 담임목회자라면 어떻게 할 것인가?

4. 단기선교여행을 통해 얻게 되는 유익이 어떤 것일까? 자신이 선교여행의 경험이 있다면 그 경험을 토대로 이야기해 보라.

제 **9** 부
선교동원

제1장 선교동원의 역사

제2장 한국교회의 선교동원 사역

# 제9부

# 선교동원

## 제1장 선교동원의 역사

21세기 기독교의 가장 큰 변화 중의 하나는 바로 이 기독교의 중심축이 서구에서 비서구, 북반구에서 남반구로 이동했다는 것이다. 20세기 후반부로 들어서면서 서구 사회에서 살고 있는 기독교인들보다 2/3 세계에서 살고 있는 기독교인들이 더 많아졌다. 19세기가 시작될 무렵 1%밖에 되지 않았던 비서구권의 기독교 인구가 어느새 절반을 넘어섰다. 이제는 서구 세계에서 파송한 선교사 보다 2/3세계 출신의 선교사 숫자가 더 많아진 것이다. 필립 젠킨스Philip Jenkins는 "1950년대에 기독교의 대표적인 나라는 영국, 프랑스, 스페인, 이탈리아였지만, 2050년이 되면 이 나라들은 그 이름을 찾아볼 수 없게 될 것"이라고 말한바 있다.94)

비서구권의 선교에서 가장 주목할 만한 성장과 역할을 하고 있는 것

---

94) Philip Jenkins, *The Next Christendom: The Coming of Global Christianity* (New York: Oxford University Press, 2011), 2.

이 한국이다. 한국교회는 기독교 2천 년 역사상 유래를 찾아볼 수 없을 정도로 기독교가 빠르게 부흥했으며, 교회의 성장과 함께 처음부터 선교적인 교회였다. 이것은 하나님의 은혜요, 축복이다. 그런데 최근 들어 한국교회가 이 선교에 상당한 부담을 안고 있다. 그 원인은 무엇보다도 선교동원이 힘들어졌다는데 있다. 선교동원이 원활하게 이루어져야 선교훈련과 그 이후의 사역이 가능해진다는 점을 고려할 때, 이것은 한국교회 선교의 위기이다.

## 1. 선교동원의 정의

선교동원Mission Mobilization "하나님의 백성들이 영적으로 각성하여 깨어나 지속적으로 성장하고 비전을 발견하여 하나님의 세계복음화 과업을 완성하기 위한 전략적인 참여를 위해 그 위치를 발견하고 성취해 가는 모든 과정"을 말한다.[95] 즉 선교동원은 존재하고 있는 모든 자원을 발견, 개발해 내고, 그것들을 전략적인 자리에 배치하여 그리스도의 지상명령을 성취해 가는 모든 과정이다. 그렇기 때문에 선교동원은 어떤 프로그램이나 행사가 아니며, 일시적으로 일어나는 것도 아니다. 오히려 장기적이고 지속적인 일련의 과정이다. 한국에 '선교동원'의 개념이 소개된 것은 1992년 랄프 윈터 박사가 '선교한국' 대회에서 "개척교회를 위한 선교동원"이라는 강의를 하면서 부터이다. 윈터는 선교동원이 남은 과업의 완수를 위한 최우선의 전략임을 강조하였다.[96]

---

95) 한철호, 「선교도원 도구상자」 (서울: 선교한국조직위원회, 1999), 9.
96) 정민영, "선교동원가는 누구인가," 「선교동원가」, 선교한국조직위원회 편 (서울: 선교한국조직위원회, 1999), 10.

## 2. 선교동원의 시작

기독교 역사상 선교운동의 대부분은 주요 지도자들에 의해 시작되었다. 그들 지도자는 전 세계에 대한 하나님의 주권과 더 나아가 문화, 인종 및 언어를 초월하여 모든 사람을 향한 하나님의 뜨거운 관심을 인정하고, 그들의 비전과 선교에 대한 관심을 다른 이들과 함께 나누기 시작했다. 그리고 여기에 반응한 사람은 대부분이 학생이었다. 케네스 라토렛이 '위대한 세기'라고 말했던 19세기 미국의 강력한 선교운동 역시 젊은 대학생들 사이에서 일어났다.

### 1) 학생자원운동Student Volunteer Movement의 시작

1882년 미국의 유명한 복음전도자 무디Dwight L. Moody가 캠브리지 기독학생단Cambridge Inter-Collegiate Christian Union의 초청으로 영국을 방문하여 캠브리지에서 집회를 가졌다. 이 집회 이후 많은 학생이 '영국교회 해외선교회'The Church Missionary Society of the Anglican Church에 지원했다. 1884년에는 허드슨 테일러Hudson Taylor가 창설한 '중국 내지선교회'China Inland Mission에 '캠브리지 세븐'Cambridge Seven이 자원했다. 이들은 선교사로 나가는 데만 그치지 않고, 여러 지역과 학교를 순회하면서 선교의 붐을 일으켰다. 이로 인해 캠퍼스를 중심으로 한 선교의 열정이 뜨거워지기 시작했고, 이 열기가 미국으로 확산되었다.

미국에서는 1886년 7월 6일부터 약 한 달간 헐몬산에서 '기독학생 수련회'Christian Student Conference가 열렸다. 이 수련회에 미국과 캐나다의 89개 대학에서 251명의 학생이 참여했다. 그리고 집회에서 은혜를 받은 100명의 젊은이가 "본인은 하나님께서 허락하신다면 선교사가 되기를 작정 합니다"라고 하는 '프린스턴 서약'Princeton Pledge에 서명했다. 그리고 그로부터 2년 후인 1888년 12월 6일 50명의 학생 대표가 모여 '학생자원선교운동'Student Volunteer Movement for Foreign Mission을 조직하였다. SVM은 세계선교에 있어서의 청년 학생들이 가지고 있는 무한한 가능성을 보여주었다.

## 2) 학생자원운동의 전개

학생자원운동은 프린스턴대학 졸업생 로버트 윌더Robert P. Wilder의 선교비전, 위대한 복음전도자 무디의 영적 지도력, 그리고 코넬대학 학생이었던 존 모트John Mott가 만나면서 성공적으로 태동되었다.97) SVM은 1866년 아더 피어슨Arthur T. Pierson이 헐몬산에서 주창했던 "이 세대 안에 세계를 복음화하자!"The Evangelization of the World in This Generation를 슬로건으로 삼았다. 1891년에는 오하이오 클리브랜드Cleveland, Ohio에서 '국제학생선교대회'를 열고, 매 4년마다 집회를 개최하기로 결정했다. 그리고 로버트 윌더는 SVM 리더 중 최초로 선교사가 되어 인도로 떠났다. 그의 영적인 영향력으로 인해 1892년에는 영국과 아일랜드에서도 SVM이 조직되었다. 이후 그는 노르웨이, 스웨덴, 덴마크 등 유럽에서 SVM 운동을 일으켰다. 존 모트 역시 영국, 독일, 스칸디나비아 반도 등을 순회하면서 '세계기독학생회총연맹'World's Student Christian Federation을 발족시켰다. SVM은 헐몬산 수양회 이후 50년 동안 약 20,500명의 젊은 청년을 해외 선교사로 파송했다.98)

---

97) J. Herbert Kane, *A Concise History of Christian World Mission* (Grand Rapids, MI: Baker Book House, 1978), 103.
98) Ibid.

### 3) 학생자원운동의 열매

학생자원운동의 대표적인 인물이었던 존 모트나 로버트 스피어 Robert E. Speer 등의 선교동원으로 인해 약 2만 명이 해외선교사로, 8만 명이 해외선교를 후원하는 일에 헌신하게 되었다. 이처럼 '선교동원' 사역은 세계복음화를 위해 매우 중요한 선교전략이다.

젊은 청년들은 세계선교의 미래이다. 세계 복음화가 이 시대 안에 완성되어진다는 확신이 있다면 지금의 그리스도인이나 사역자가 열심히 헌신하고 사역하면 된다. 그러나 선교는 우리가 주님 오시는 그 날까지 열심히 감당하고 완수해야만 하는 사역이라는데 문제가 있다. 그것은 우리가 그 날과 시간을 알 수 없기 때문이다. 그렇기 때문에 우리는 언제가 될지 모르는 그날까지 열심히 선교인력을 동원하고 사람을 키워야 한다.

이런 차원에서 볼 때, 21세기 세계복음화를 수행하는데 가장 시급한 과제중의 하나는 바로 젊은 청년을 선교사역으로 동원하는 것이다. 선교는 처음부터 끝까지 하나님의 일이기에 하나님께서 이루어 가실 것이다. 그러나 하나님께서는 사람을 통해 일하시는 분이다. 그 하나님께서 당신의 부르심에 반응할 젊은 청년들을 지금도 계속해서 찾고 계신다.

## 제2장  한국교회의 선교동원 사역[99]

지난 30년 동안 한국교회는 열심히 선교동원을 해왔다. 지금까지 국내 대부분의 교단과 선교단체가 선교캠프, 선교교육 및 훈련, 중보기도, 예배 등 다양한 선교동원 프로그램을 실시해 왔다. 침례교단도 그동안 BV 선교대회, 인투미션이나 카이로스와 같은 선교학교, 선교교육 및 선교세미나, 선교축제, 선교여행, 선교정보지 발간 등 다양한 선교동원 프로그램을 진행했다. 그런데 사실 과거에는 이런 선교동원 프로그램 없이도 선교 헌신자가 차고 넘쳤다. 그래서 잘 준비된 선교 헌신자를 어떻게 하면 잘 선별해 낼 것인가를 고민했던 시절이었다. 한국 파송선교사의 사역 연수를 고려하지 않고 숫자로만 봤을 때, 지난 20여 년 동안 한국교회의 선교동원은 그야말로 성공적이었다. 그러나 이제는 선교사의 평균연령이 상승하고 젊은 선교사의 헌신이 줄면서, 선교동원이 전체적으로 어려워졌다.

### 1. 한국교회의 선교동원 현황

한국교회는 1979년 본격적으로 선교를 시작하여 현재 선교사 동원, 허입, 훈련, 파송, 은퇴, 그리고 은퇴 후 사역까지 선교운동의 한 주기를 완성해 가고 있다. 그 동안 한국교회의 선교는 선교전략의 부족, 한국선교사의 권위주의적 선교, 지나친 중복과 경쟁 등의 문제를 안고 있었음에도 불구하고 놀라운 사역을 감당했다. 한국교회는 2017년 말까지

---

99) 최원진, "한국 침례교 선교동원과 훈련을 위한 전략적 제안," 「복음과 실천」, 제61집 (2018): 235-264을 참조.

170개국에 27,436명을 파송했다. 교회가 점점 쇠퇴하고, 재정적인 어려움에도 불구하고 선교사 파송은 지속되었다. 짧은 선교역사지만 전 세계에서 두 번째로 많은 선교사를 파송한 나라가 된 것이다.

그런데 한국교회의 연령별 선교사 파송 비율을 보면, 40대 42.1%, 50대 28.4%, 30대 17.9%, 60대 이상 7.2%, 20대 4.4%로, 40대 이상 선교사가 77.7%를 차지하고, 30대 이하 청년 선교사의 비율은 22.3%에 불과하다.[100] 2020년에는 65세 이상의 선교사 비율이 15%까지 올라가고, 지금부터 수년 내에 수천 명의 선교사가 은퇴할 것이다.[101] 게다가 젊은 자원은 더 이상 선교에 헌신하지 않는다. 2016년 한국교회 선교사 파송 증가 수는 "0"명이었다.[102] 한 해 동안 528명의 선교사를 파송했지만 사임하거나 은퇴한 선교사의 숫자를 고려하면 전체 파송선교사의 숫자에는 변함이 없었다.[103] 2006년 이래 매년 평균 1,200명씩 파송하던 한국교회의 선교사 숫자가 2015년 이후 급속하게 감소하기 시작한 것이다.[104] 또한 기존의 선교사가 점점 은퇴연령에 접어들면서 한국교회는 선교자원의 고갈을 피할 수 없게 되었다.

---

100) "한국 은퇴 선교사를 위한 마을 공동체가 필요한 때" [온라인 자료] http://m.newsnjoy.us, 2017년 6월 13일 접속.

101) Ibid.

102) "2016년 한국교회 선교사 수, '전체 0명 증가'" [온라인 자료] http://www.missiontoday.co.kr/ archives/5494, 2017년 6월 11일 접속.

103) KWMA 연구개발실, "2015년 12월 말 한국선교사 파송 현황," 「크리스천투데이」, 2016년 1월 9일 [온라인 자료] http://www.christiantoday.co.kr, 2017년 6월 11일 접속.

104) "2016년 한국교회 선교사 수, '전체 0명 증가'" [온라인 자료] http:// www.missiontoday.co.kr/archives/ 5494, 2017년 6월 11일 접속. 한국 선교사의 파송숫자는 2006년 14,896명에서 2015년 27,205명으로 10년 동안 12,309명이 증가하였다.

## 2. 선교동원 사역의 문제점

한국교회 선교동원 사역에 적신호가 들어왔다. 그렇다면 선교동원이 어려운 이유는 무엇일까? 첫째, 한국교회 선교동원의 가장 큰 문제점 중의 하나는 바로 선교단체의 약화이다. 1990년대 이후 선교의 중심은 전문 선교단체에서 교단과 개교회 중심으로 바뀌게 된다.[105] 그 이전에는 선교단체 중심의 선교동원이 많이 이루어졌다면 점차로 개교회가 직접 선교를 주도하게 되었다. 그리고 이것이 개교회 우선의 교회팽창추구 전략과 맞물리면서 전문성을 가지고 선교사역을 주도하던 선교단체는 점점 쇠퇴하기 시작한다. 지역교회가 선교단체와의 협력과 네트워크를 거부하고 각자의 입맛에 맞는 선교를 원하면서 그야말로 '선교의 사사시대'가 되어버렸다.

선교단체 내부에서도 서로 사분오열되면서 한국 선교는 중복과 경쟁의 문제로 심각한 몸살을 앓게 되었다. 이것이 결국 선교단체에서 꾸준하게 진행되어 왔던 젊은 자원의 선교헌신 감소로 이어진다. 실제로 '선교한국'에 참여한 대학생의 비율이 2004년도에 70%에서 2010년도에는 50%대까지 줄었고, 학생선교단체 출신의 참여비율이 급속히 떨어졌다.[106] 2017년 10월에 실시한 기독대학생들의 의식조사에서는 17.5%는 단기선교의 경험이 있지만, 51.2%는 해외선교에 마음이 없는 것으로 나타났다.[107]

---

105) 2004년의 135개에 불과했던 기독교 교단이 2014년에는 252개로 한 달에 한 개꼴로 교단이 생겨났다. 당시 예장명칭을 가진 교단은 204곳, 개혁이라는 이름을 가진 예장개혁파 교단만 40개가 넘었다.
106) 이윤복, "선교한국의 다음 과제: 대학생 선교단체 입장에서 본,"「선교타임즈」(2012년 9월호): 11.
107) 한철호, "변하는 세상, 변하지 않는 세계: 한국 기독청년 학생 운동을 위한 제안,"「전방개척선교」(2017년 11-12월호): 87.

둘째, 한국교회의 부담이 너무 커졌다. 한국교회는 지난 30여 년 동안 선교에 있어서 괄목할만한 역할을 해왔다. 5천만 명 중에서 2만 7천명의 선교사를 파송한 것도 놀라운 일이지만, 이것이 5만여 교회를 통해 이루어졌다는 것은 산술적으로 불가능한 일이다. 그러나 이제 선교의 한 사이클을 마무리하는 현 시점에 한국교회와 선교는 이미 상당한 피곤을 느끼고 있고, 몹시 지쳐 있다. 이것이 결국 선교사 파송은 물론 선교사 동원에까지 영향을 미치고 있다. 조성돈은 인구절벽 현상은 교회재정의 절벽으로 이어질 것이며, 많은 교회가 해마다 10% 정도 재정 감소현상을 보이고 있다고 말한다.108). 한국교회의 헌금액은 2008년 글로벌 위기를 겪으면서 10-20% 가량 줄었고, 베이비붐 세대 1,640명이 은퇴하는 2028년이 되면 2014년의 절반 내지는 1/3까지 감소할 것으로 예측된다.109) 이들의 생활비가 40-50% 정도 감소하면서 헌금도 줄어들 것이다.110) 한국 교회의 헌금이 감소하면 현실적으로 선교동원이나 선교사 파송은 타격을 받을 수밖에 없다. 왜냐하면 선교는 돈만 있다고 해서 가능한 사역은 아니지만, 재정이 필요한 사역이기 때문이다.

셋째, 급격한 고령화와 저출산으로 인구가 급감하고 있는 상황 속에서 젊은 층의 탈교회화 현상을 막지 못했다. 한국갤럽이 조사한 우리나라 개신교 종교 인구를 살펴보면, 지난 30년 동안 2030세대에서는 20% 선을 계속 유지한 반면, 40대는 6%, 50대는 10%가 증가했다.111)

---

108) "통계로 보는 한국교회 미래 ③인구절벽 시대를 대비하라." 「기독신문」, 2017년 2월 6일 [온라인 자료] http://www.kidok.com/news/articleView.html? idxno=101568, 2017년 7월 12일 접속.
109) 최윤식, 「2020 2040 한국교회 미래지도 2」 (서울: 생명의말씀사, 2013), 54.
110) Ibid., 55-6.
111) 한국갤럽, 「한국인의 종교 1984-2014」 (서울: 한국갤럽조사연구소, 2015), 20.

기독교를 언제 믿게 되었는지에 대한 조사에서도 10대는 6%, 20대는 7% 감소한 반면 40대는 7%가 증가해 신앙생활을 시작하는 평균연령도 점차 높아지는 것으로 나타났다.112) 이것은 한국교회의 고령화 현상 때문이다. 2028년이 되면 한국교회 교인들의 60-70% 이상이 55세 이상 은퇴자가 되고, 교회의 주력 세대가 60-70대가 될 것이다.113) '인구절벽'이라는 용어를 처음 사용한 해리 S. 덴트Harry S. Dent, Jr.는 젊은 인구의 감소가 인구절벽의 원인이라고 분석한다.114) 이런 인구절벽 현상은 한국사회의 빠른 고령사회화와 저출산 때문이다. 한국교회는 '3저低 3고高' 현상을 경험하고 있다. 출석 교인 수, 새신자, 재정은 지속적으로 감소하고, 교회 이탈자, 일하지 않는 직분자, 그리고 고령화 성도는 급속히 증가하고 있다. 이것이 결국 인구구조의 변화, 기독교 자체의 부흥동력 상실, 교회의 신뢰도 하락 등의 요인과 겹치면서 전체적인 교인 수 감소와 젊은 자원의 탈교회화 현상을 가속화시켰다.115)

한국교회의 연령별 구조를 보더라도, 고령화로 노년층이 두꺼워지고 젊은 연령층은 급속하게 감소하였다. 또한 기독교의 신뢰도가 하락하면서 그나마 있는 젊은 층은 교회로부터 등을 돌리고 있다. 통계청의 '2015 인구주택 총조사 표본집계 결과'에 따르면, 기독교인의 인구는 2005년 844만 6천여 명에서 2015년 967만 6천여 명으로 10년 전보다 123만 명이 늘었다.116) 그러나 실제로는 교회마다 출석 성도수

---

112) Ibid., 21.
113) 최윤식,「2020 2040 한국교회 미래지도 2」(서울: 생명의말씀사, 2015), 53.
114) Harry S. Dent, Jr.,「2018 인구절벽이 온다」(서울: 청림, 2015), 9-11.
115) 문상철,「한국 선교운동의 지속가능성과 재활성화 연구」(서울: 한국해외선교회 출판부, 2016), 12.
116) "기독교, 불교 제치고 한국 최대 종교로 부상,"「크리스천투데이」, 2016년 12월 19일 [온라인 자료] http://www.christiantoday.co.kr, 2017년 6월 19일 접속. 이 통계

의 감소, 성도의 고령화, 젊은 세대의 탈교회화, 교회의 신뢰도 하락 등으로 인한 위기의식이 팽배해 있다. 이처럼 전체적인 인구의 감소와 교회 내의 젊은 층의 탈교회화 현상은 선교자원을 동원하는 데 어려움을 준다.

넷째, 한국교회는 다소 편협한, 그리고 총체적이지 못한 선교동원 방식을 고수해왔다. 2013년 "선교현장의 관점에서 본 한국선교동원의 과제"라는 주제로 열린 방콕포럼에서는 그동안 한국교회의 선교동원이 현장의 필요보다 보내는 쪽의 입장에서 지나친 물량적 동원에 치중했다는 것을 지적했다.117) 그 동안의 선교동원이 교단이나 교회의 확장이라는 관점에서 진행되면서 선교지에 대한 이해와 현지교회와의 협력이 전혀 이루어지지 않았다는 것이다. 그러나 이제는 선교지 상황에 맞는 선교사를 발굴해서 파송해야 한다. 선교사와 동원주체(교회, 선교단체, 선교동원가 등) 간의 충분한 의사소통이 이루어져야 한다.118)

그동안 한국교회의 선교동원은 지나치게 감정에 호소하는 방식이었다. 대표적인 것이 미전도 종족 선교나 전방개척 선교이다. 전방개척 선교는 우리 그리스도인에게 마지막 남은 과업이며, 아직도 복음을 들어보지 못한 미전도 종족이 우리의 마지막 타겟(Target)이라는 것을 강조했다. 미전도 종족 입양운동도 마찬가지이다. 선교 동원가들은 교회가 미전도 종족을 입양하기만 하면 마치 세계선교가 곧 완성될 것처럼 광고했다. 최근에는 전문인 선교를 강조하면서 이제는 마치 목회자

---

는 전수조사가 아니라 전국의 20% 표본에 의한 조사이다.
117) "제10회 방콕포럼, 선교현장에 필요한 파송 이뤄져야," 「기독교개혁신보」, 2013년 6월 12일 [온라인 자료] http://rpress.or.kr/xe/287183, 2017년 7월 12일 접속.
118) Ibid.

출신 선교사 시대는 막을 내렸고, 전문인 선교사만이 대안임을 강조하는 분위기이다. 이것은 많은 교회가 선교에 동참하도록 유도하고 평신도들이 선교에 동참할 수 있는 기회를 제공하였다. 그러나 이렇게 감정적인 차원의 선교동원은 또 다른 차원의 문제를 야기한다.

미전도 종족 선교나 전방개척 선교가 중요한 선교전략인 것은 분명하지만, 그것만이 선교의 주류를 형성하는 것은 아니다. 실버선교사, 비즈니스 선교사, 디아스포라 선교, 단기선교 전략 등은 이 시대가 필요로 하는 효과적인 전략이지만, 모든 선교사가 그런 선교를 추구해야 하는 것도 아니다. 사실 이런 편중적이고 지나치게 감정적인 선교동원이 한국교회 선교를 건강하지 못하게 만들었다.

한국 사람은 유행에 민감한 편이다. 지난 10여 년 전만해도 우리나라엔 수많은 선교대회가 있었고, 그 때마다 선교동원 방식도 다양하게 바뀌었다. 그러나 그 내용이 너무 자주 바뀌다 보니 핵심이 없이 유행만 추구하는 결과를 초래했다. 이렇게 단기적이고 비연속적인 선교동원은 결국 불필요한 재정과 자원의 낭비를 가져올 수밖에 없다.

다섯째, 한국교회가 선교동원의 중심축이 아니었다. 그동안 한국에서의 선교동원은 주로 선교단체나 캠퍼스를 중심으로 이루어졌다. 한국교회가 선교사를 많이 파송했다고 하지만 모든 교회가 세계선교에 동참한 것은 아니다. 세계선교의 모판인 교회가 선교동향에 맞게 전략을 세우고 선교동원을 하지 못했다. 그저 교회나 선교단체의 필요를 채우는 정도였다.

한국교회의 선교동원은 그동안의 성과와 유행을 좇다가 때로는 편중적이거나 단시간적인 동원을 해왔다. 선교동원 전문가와 지도력 개발에도 실패했다. 선교동원의 주체가 명확하지도 않았다. 소수의 동원가나 비저너리Visionary가 선교집회나 특강, 혹은 선교학교를 통해 선교의 비전을 심어주는 정도였다. 선교동원의 주체가 되어야 할 지역교회는 오히려 소극적이거나 무관심했다. 선교동원이 하나의 과정이 아닌 이벤트성으로 끝나는 경우가 비일비재했다.

이제는 그동안의 선교동원 패러다임Paradigm에서 벗어나야 한다. 지금은 4차 산업혁명 시대이다. 인터넷과 멀티미디어의 발달로 인해 의사소통과 정보전달 방식이 놀라울 정도로 바뀌고 있다. 요즘 젊은이들은 한 장소에 모여 집회나 모임을 통하지 않고도 다양한 방법으로 원하는 정보를 전달하거나 얻을 수 있다. 그렇기 때문에 이제는 선교동원의 현주소와 동원의 대상을 정확히 파악하고 그에 맞는 다양한 선교동원 방법을 모색해야 한다.

## 3. 효율적인 선교동원을 위한 전략적 제안

그렇다면 한국교회의 선교활성화와 선교동원을 위해 필요한 것은 무엇인가?

### 1) 총체적이고 전략적인 선교동원이 필요하다

지금까지는 선교의 '4M'이 풍부했다. 선교단체를 제외하더라도 선교에 헌신적인 교회가 선교에 열정적으로 참여했고, 선교자원도 엄청나게 쏟아져 나왔다. 거기에 한국의 경제성장과 교회부흥이 일어나면서 재정적 헌신이 있었다. 그러나 지금은 교회, 재정, 사람 모두가 부족하다. 이런 상황에서 선교의 부흥을 가져오려면 선교 동원과 훈련에 커다란 그림을 논의할 수 있는 기구가 필요하다. 전문적인 선교단체와의 연합도 필요하다. 교단 선교부는 물론 초교파 선교단체가 주기적으로 만나 세계 선교현황을 점검하고 협력방안을 모색해야 한다. 그리고 필요하다면 '특별기구'를 만들어 연합적인 선교 사역을 진행해 나가야 한다.

## 2) 기다리는 선교가 아니라 찾고 투자하는 선교가 되어야 한다

예전에는 선교사들이 선교지에 가서 뼈를 묻겠다는 말을 자랑처럼 하고 다녔다. 그 말이 의미하는 바가 무엇인지 모르는 바는 아니지만 엄밀히 말해 선교는 죽으러 가는 것이 아니라 죽어서 가는 것이다. 그리고 선교지에서 건강하게 잘 살아야만 사역도 성공적으로 감당할 수 있다. 그렇기 때문에 이제는 가는 것으로만 끝나는 것이 아니라 가서 효율적으로 사역할 수 있어야 한다. 그것을 위해 한국교회와 선교부는 준비된 선교사를 발굴해야 한다.

지금은 준비 없이 맞이한 흉년의 시대이다. 앞서서 찾아오는 선교사를 기다릴 것이 아니라 적극적으로 준비된 자원을 찾아 나서야 한다. 그들에게 투자해야 한다. 선교소명이 있는 젊은이 중에서 실제 선교사로 헌신하는 비율은 그다지 높지 않다. 여러 이유가 있겠지만, 그 중에 가장 큰 이유는 바로 그들이 적극적으로 선교에 자신을 노출시키지 않기 때문이다.[119] 요즘 젊은 세대는 어떤 일에든 "무관심, 무참여, 무반응"의 '3무' 현상을 보인다. 그렇기 때문에 힘들더라도 그들을 찾고 만나야 한다. 그들에게 가서 그들의 눈높이에 맞게 그들의 고민에 귀 기울여야 한다. 요즘은 모든 연령대의 사람이 소셜 네트워크나 인터넷을 통해 소통하는 것을 선호한다. 그렇다면 교단 안에 선교동원을 위한 웹사이트를 개설해서 운영하는 것도 하나의 좋은 방법이다. 여기에서

---

[119] 이현모, "선교사의 소명과 헌신,"「선교운동의 지속과 재생산」, 문상철 편, (서울: 한국선교연구원, 2016), 159.

다양한 선교지 소식과 현장의 필요를 공유할 수 있다면 좀 더 쉽게 많은 사람에게 접근할 수 있을 것이다. 이런 다양한 방식으로 교단 안에 장기적인 선교의 DNA를 만드는 작업을 시작해야 한다.

### 3) 선교동원 차원에서 선교참여로의 패러다임 변화가 필요하다

그동안 한국 교회는 선교를 소유하는 차원에서 선교를 해 왔다. 즉 교회의 여러 책무 중의 하나로 선교를 바라보면서 선교에 관심이 있는 소수의 교회나 목회자에 의해서만 선교가 수행되었다. 그러나 이제는 모든 교회가 선교에 동참하고 모두가 선교에 헌신하는 패러다임으로의 변화가 필요하다. 왜냐하면 교회의 존재 자체가 선교이기 때문이다.

침례교단의 경우 이런 저런 모습으로 선교에 동참하고 있는 교회는 불과 1,000개 밖에 되지 않는다. 전체 교회의 2/3는 아직도 선교에 동참하지 않고 있다는 말이다. 이제 우리 교단은 기관의 대표나 소수의 헌신자를 찾아다니면서 선교자원을 동원하는 것에서 벗어나 모든 교회가 어떤 모양으로든 선교에 동참하도록 만들어야 한다. 요즘 청년 대학생들은 자신이 직접 일련의 과정을 통해 느끼고 배우고 변화되길 원한다.[120] 그동안 한국교회는 선교대회와 선교학교 등을 통해 선교에 대한 동기부여와 일차적 헌신을 끌어내는 것까지는 성공했지만, 그들이 깨어나 계속 발전해서 세계복음화를 위해 전략적으로 참여하도록 하는 부분에 있어서는 실패했다.[121] 이제는 선교동원의 패러다임이 '참여를 통한 구현'Embodiment이 가능하도록 변화되어야 한다.[122]

---

120) 이윤복, "선교한국의 다음 과제," 12.
121) 한철호, "한국 선교동원의 미래와 동원가," 「선교동원가」, 선교한국조직위원회 편 (서울: 선교한국조직위원회, 1999), 53.
122) Ibid.

### 4) 추수하는 주인에게 구해야 한다

주님은 선교동원을 포함한 선교사역에 있어서 기도의 중요성을 강조하셨다. 주님은 제자들을 향하여 "추수할 것은 많되 일꾼이 적으니 그러므로 추수하는 주인에게 청하여 추수할 일꾼을 보내주소서 하라"고 가르치셨다(마 9:37-38). 추수할 일꾼은 하나님께서 부르시고 보내셔야만 한다. 위의 본문에서 "보내주소서"에 해당하는 헬라어 '에크발로'ἐκβάλλω는 '밖으로'를 뜻하는 '에크'ἐκ와 '던지다'를 뜻하는 '발로'βάλλω의 합성어로, '밖으로 던지다'를 의미한다. 이 단어는 성경에서 주로 '쫓아내다'(마 10:1), '내쫓다'(막 11:15), '빼다'(눅 6:42)처럼 본인의 의사와 상관없이 강제로 이루어지는 축출을 의미한다. 즉 하나님의 일꾼은 본인의 자발적인 의지도 중요하지만, 더 근본적으로는 하나님의 선택에 의해 '그 분의 추수지'로의 강권적인 파송이 있어야만 한다.

이것을 위해서는 우리가 하나님께 열심히 구해야 한다. 기도해야 한다. 영어성경ESV에서는 이것을 '간절히 기도하라'pray earnestly고 표현하고 있다. 주님은 지금 제자들에게 추수할 것은 많은데 일꾼이 부족하니 주인에게 일꾼을 보내달라고 간청해야 한다고 가르치고 있는 것이다. 즉 효과적인 선교동원을 위해서는 다양한 동원전략과 프로그램 개발도 필요하지만 그보다 더 중요한 것은 우리가 하나님께 먼저 구하는 것이다. 선교는 하나님의 사역이고 우리가 그 분께 열심히 간구함으로 그 분이 일하시도록 만들어야 한다.

## 4. 나가는 말

전 세계복음화라는 중차대한 과업을 성취해 나가기 위해서는 한국

교회가 국내는 물론 선교현장, 그리고 세상의 변화에 민감하게 반응하면서 다방면으로 선교동원을 위한 전략적 접근을 시도해야 한다. 데이빗 보쉬가 강조하는 것처럼 선교 패러다임의 변화도 주목해야 한다. 복음은 변함이 없지만 그 복음을 전달하는 방법과 전략은 시대에 따라 변해왔고, 앞으로도 변해야 한다.[123] 지금까지 세계복음화의 중차대한 사명을 위해 열심히 달려 온 한국교회는 지상명령의 완수를 위해 다시 말씀으로 돌아가야 한다. 세상의 변화를 가장 잘 아는 분은 하나님이시기 때문이다. 특별히 선교동원에 있어서 세상의 학문이나 이론이 아니라 하나님의 말씀에 비추어 잘못된 부분은 없는지 살펴봐야 한다. 이것은 이전 것들을 부정하고 앞서간 선배들의 헌신과 노력을 비판하거나 폄하하기 위해서가 아니다. 하나님 나라 확장을 위해 우리가 기꺼이 바뀌어야 하는 것들이 있다면 그것을 바꾸자는 것이다. 우리가 버려야 하는 것이 있다면 과감히 내려놓고 새로운 마음으로 다시 시작해야 한다.

---

[123] 김요셉, "다음 세대 선교를 위한 한국 교회의 새로운 인식 변화,"「선교타임즈」(2017년 4월): 7.

## 가슴으로 품은 선교이야기 1

### 선교사로서의 헌신과 카자흐 교회

주바나바(FMB, 중앙아시아 카자흐스탄 지부)

나는 대학교 3학년 시절에 선교사로 헌신을 하였다. 돌아보면 벌써 36년 전, 내 나이 22세 때 있었던 일이다. 그 후 대학을 졸업하고 군대 근무를 마치는 과정에, 그리고 신학교를 졸업하는 과정에도 선교사가 아닌 다른 삶을 살라는 도전과 초청들이 꽤 있었다. 그러나 선교사적 삶에 대한 부르심과 선교사로서 헌신했던 사실에 대한 기억은 나의 선택과 순종을 명확히 하도록 도와주었다.

나는 32세 때 침례교 해외선교회(FMB) 소속 선교사로 보냄 받고, 가족과 함께 카자흐스탄으로 왔다. 이 땅에서 카자흐 민족과 함께 수많은 민족들 속에서 살기 시작한 지 26년이 지나가고 있다. 그 사이에 예수 믿는 사람이 없다고 평가되던 카자흐 민족 가운데 예수 믿는 사람들이 생겨나는 것을 옆에서 지켜보았다. 또한 카자흐로 구성된 교회들이 세워지는 과정들을 현장에서 목도하는 특권도 누렸다. 카자흐로 구성된 교회들이 무슬림 가족, 친척, 친구들로부터 여러 모양의 어려움을 경험하면서도 계속하여 성장해 가고 있으며, 선교적 교회와 선교하는 교회로서의 역할을 감당하고 있는 그 현장에서 그들과 함께 살고 있다.

이 짧은 글을 통해 나는 선교사로서의 헌신, 그리고 그 후에 경험하게 된 카자흐 교회와 관련하여 경험한 하나님의 축복을 나누기 원한다. 그리고 주님의 손에 사로잡혀서 보냄 받은 사람으로 살아가는 축복의 현장에 참여하라고 초청하고 싶다.

## 카자흐 교회와 성도들에게 듣는 감사 인사들

나는 예수를 믿게 된 카자흐들과 함께 살면서 그들로부터 적지 않은 감사 인사를 들었다. 이 땅에서 너무 많은 감사를 들어서 나중에 하늘에서 받을 칭찬과 상이 별로 없을 것이라고 말하며, 카자흐와 더불어 웃은 일이 몇 번 있었다. 카자흐들이 나에게 자주 표현하는 감사 인사 몇 가지만 소개하려고 한다.

• **카자흐를 찾아 와 준 것에 대한 감사**

카자흐 성도들이 표현하는 첫 번째 감사 인사는 "카자흐가 어디 있는 줄 알고 카자흐를 찾아와 주셨습니까? 우리도 카자흐인 것을 기뻐하지 않았을 때, 우리도 카자흐인 것을 자랑스러워 해 보지 못했을 때, 카자흐에게 와 주신 것을 감사합니다"하는 것이다. 카자흐들은 구소련 연방 민족들 가운데서도 왜 하필이면 카자흐로 태어났을까 라고 생각하며, 카자흐로 태어난 것을 기뻐해 보지 않았다고 한다. 유목민족인 카자흐는 통치민족으로부터 양이라고 불리며 하등민족으로 취급받았다. 그래서 카자흐로 태어난 것을 저주로 여기던 카자흐가 많았다. 그런 카자흐가 예수를 믿은 후 자신들의 정체감을 찾게 된 것이다.

예수님이 우리의 목자장이시며, 우리를 위해 어린 양으로 오셨다는 것에 감격한다. 이들이 예수님을 믿고 그 분 안에서 자신들의 정체감을 찾게 되면서, 자신들이 카자흐라는 것을 기뻐하기 시작했다. 그리고 그들을 찾아와 준 선교사에게 무한한 감사를 표하고 있는 것이다. 복음을 가지고 찾아와 준 선교사가 없었으면 복음을 들을 기회가 없었고, 자신들이 하나님 안에서 발견되어지는 일도 없었음을 이들은 알고 있는 것이다. 이런 감사를 들을 때 우리들의 가슴 속에서 터져 나오는 하나님을 향한 감사와 찬양이 있다. 그 감사와 찬양을 우리 후배 청년들도 들을 수 있고 느낄 수가 있다면 얼마나 좋을까?

- **자기들의 잊혀 진 모국어, 카자흐어를 말해 준 것에 대한 감사**

  카자흐 성도들이 하는 두 번째 감사 인사는 "우리도 잊고 살던 카자흐어를 말하고 사용해 준 것을 감사합니다"이다. 카자흐는 제정 러시아와 공산주의 러시아의 통치 밑에서 300여 년을 보냈다. 공산주의 치하에서 공식적으로 70년 이상 자신들의 언어를 빼앗겼고, 자신들의 모국어를 배울 기회를 제공받지 못했으며, 공식적으로 사용할 수도 없었다. 자신들의 언어를 하등민족의 하등언어라고 생각하도록 훈련 받았다. 자신들의 말을 하거나 듣는 것을 부끄럽게 여기도록 강제되었다.

  그런 카자흐들이 카자흐어로 복음을 전하는 선교사들을 만나게 된 것이다. 러시아어로 들었으면 오히려 반발하며 거부했을 복음을 자신들의 마음의 언어로 듣는 가운데 예수가 카자흐를 위한 구세주이시구나 하는 믿음이 생겨나기 시작했다. 자신들이 잘 이해하지 못하는 언어, 그러나 자신의 영혼 깊은 곳에서 울림을 주는 모국어로 복음을 들으면서 예수 믿는 젊은 카자흐가 한 명, 두 명 생기고, 드디어 교회가 되었다. 그리고 시간이 지나면서 카자흐 성도들은 자신들이 잊었던 모국어를 배우고 사용하는 선교사들에게 무한한 사랑과 신뢰를 보내게 되었다. 카자흐어를 배울 수 있는 언어 책자, 사전 등의 자료가 턱없이 부족하고, 언어 교사가 없던 상태에서 선교사들이 자신들의 언어를 배웠다는 것을 영웅담처럼 입에서 입으로 전하곤 한다. 이제 많은 카자흐는 선교사들 앞에서 부끄러워하며 자기들의 말을 배워가고 있다.

- **가정교회를 통해 카자흐다운 삶의 방식을 회복시켜준 것에 대한 감사**

  살렘교회에서는 카자흐 목회자와 평신도를 위한 가정교회 세미나를 해마다 1회씩 진행한다. 그 세미나에 참여한 카자흐 성도와 목회자들이 고마워하는 내용은 "성경적이면서도 카자흐적인 교회를 자신들에게 소개해주고 찾아준 것에 정말 감사합니다"라는 것이다. 주변의 많은 교회와 사역에서 보여 지는 한국적 문화나 신앙행습을 강요한 것이 아니라, 성경적인 것을 찾아가도록, 그러면서도 카자흐가 되도록 안내해 준 것을 고마워한다. 카자흐 성도와 교회는 특히 가정교회를 통해 지극히 성경적이면서도 카자흐적인 신앙실습을 할 수 있게 허용해 준 것을 선교사들에게 고마워한다.

사역 초창기부터 나와 우리 팀은 한국교회나 외부교회의 모습을 카자흐에게 강요하지 않기로 작정했었다. 예수 신앙의 핵심을 카자흐에게 전달하되, 그 적용은 우리 한국인에게 익숙한 신앙의 모습이 아니라 카자흐가 자기의 문화에 맞게 만들어갈 수 있도록 안내하려고 부단히 애를 썼다. 시행착오들이 있었지만 초창기부터 확인된 것은 선교사들의 집에서 모이는 모임을 통해 사람들이 늘어나고, 그룹들이 배가하고 발전해 갔다는 것이다. 그러나 자기 집을 갖지 못한 현지인 청년들이 리더가 되었을 때, 집에서 음식을 나누고, 교제하고, 양육하며, 예배하는 것이 불가능할 것처럼 보였던 것이 사실이다.

시간이 많이 지나서 우리가 다시 발견하게 된 사실은 성경의 교회들은 다 집에서 모이는 가정교회였다는 것이었다. 신분, 성별, 나이를 초월하여 하나님의 가족이라는 관계와 사랑을 바탕으로 살며 사역하고 있었다는 사실이었다. 집에서 모이는 것은 일시적인 편의를 위한 것이나 상황 때문이라기보다 그 자체로 의미가 있었다는 것을 확인하였다. 그런데 카자흐의 기본적 삶의 뿌리는 곧 가족 중심의 삶이요 문화였다. 작은 가족이 모여서 대 가족이 되고, 몇 대 가족이 모여서 '아울'(마을)을 형성하고, 아울들이 모여서 '루'(부족)를 형성하고, '루'들이 모여서 '쥬즈'(부족연합체)를 형성하며, 세 개의 '쥬즈'가 모여서 카자흐를 이룬다.

이제 카자흐 교회는 가정교회를 통해 성경적 교회가 되고, 카자흐 문화에 합당한 삶을 살아가는 법을 배워가고 있다. 가정교회를 하면서 무너진 가정들이 회복되고, 카자흐식으로 전도하고, 양육하며, 섬길 뿐만 아니라 지도자로 세워져 간다. 결코 쉽지 않고, 시간도 필요하지만 성경적이면서도 문화적인 복음의 적용을 찾은 것에 기뻐하고 있다. 그리고 시간이 지나면서 카자흐스탄의 침례교회들은 거의 다 가정교회 사역을 하게 되었다.

- **선교하는 교회, 선교적인 교회로 살며 사역하게 안내해 준 것에 대한 감사**

살렘교회의 카자흐 성도들이 시간이 지나면서 살렘교회의 성도됨을 많이 자랑스러워하는 것을 들을 수 있다. 선교지 교회이지만 카자흐스탄 내에 11개의 살렘교회들이 개척되어 있고, 국경을 넘어 다른 나라에도 2개의 교회 공동체가 있는데, 기도하면서 그곳의 성도들을 도우러 사역하러 간다. 그곳에 가서 그 현장의 성도들을 만나고, 함께 주변 사회와 이웃을 위해 사역하면서 카자흐 성도들은 선교사 됨을 배우고 있다. 즉 빛이 없는 곳에 빛으로 보냄 받는 의미를 알아간다. 긴 세월 사단이 점령하여 거짓 왕권을 휘두르는 지역에 진짜 왕의 사신으로 보냄 받고 들어가는 의미를 온 몸으로 경험한다. 그러면서 이들이 돌아와서 자신의 삶의 현장에 섰을 때 빛과 소금의 실재가 있는 선교적 성도로 바뀌는 것을 보고 있다.

최근 몇 년 동안 여름 단기봉사 사역을 하러 매년 250여 명의 성도가 움직이고 있다. 카자흐스탄 내에도 12개 지역으로, 키르키즈스탄, 우즈벡스탄, 우크라이나, 러시아, 아제르바이잔, 터키, 북인도, 이스라엘로 선교 팀이 나간다. 이들의 경제적 상황을 고려할 때 불가능한 일이지만, 매년 숫자가 늘고 팀들이 많아지고 있다. 내일 먹을 것이 없음을 걱정하며 비축하고 쌓아놓기보다 오늘 일용할 양식을 구하면서, 있는 것으로 최선을 다해 이웃과 지역사회 속에서 보냄 받은 사람으로 살아간다. 카자흐 살렘교회는 놀랍게도 선교적 교회, 선교하는 교회로 존재하며 사역하고 있다. 우리 카자흐 성도들은 이런 교회의 회원인 것에 감사하고 있음을 자주 듣는다.

## 선교사로서의 헌신

복음이 없던 땅에 복음이 전파되고, 성도가 없던 땅에 성도가 생기고, 교회가 없던 땅에 교회가 개척되는 것은 밖에서 선교사가 보냄 받아 들어가는 것을 전제로 한다. 카자흐 교회가 생기기 이전에 그들을 위해서, 그리고 그들이 모르는 시간과 상황에서 하나님께서 미리 이 일을 행하신 것이다. 이제는 감사하게도 카자흐도 이 일들을 알고 있고, 그것을 인해 감사하고 있다. 자신들도 자신의 민족을 위해, 그리고 복음이 필요한 다른 민족들을 위해 그 보이지 않는 과정의 일들을 행하고 있다.

카자흐 교회를 위해 헌신한 선교사 동료들께 참으로 감사하다. 모든 사람의 예를 들 수는 없으니 본인과 지금은 고인이 된, 내 아내였던 (고) 손현숙 선교사의 예를 들어서 선교사의 헌신과 관련된 몇 가지 영역을 설명하려고 한다.

• 나는 듣고 듣고 또 듣는 이 복음을 세대를 통해 단 한 번도 듣지 못하는 민족이 있다?

예수 믿는 대학생으로 살고 있던 나에게 하나님께서 던지신 도전은 누가복음 16장에 기록된 음부에 간 부자와 아브라함의 품으로 간 거지 나사로의 이야기였다. 대학교 3학년 겨울 방학 때 고향 집으로 가는 열차에서 이 본문을 읽었다. 음부에 간 부자가 "그러면 아버지여 구하노니 나사로를 내 아버지의 집에 보내소서. 내 형제 다섯이 있으니 그들에게 증언하게 하여 그들로 이 고통 받는 곳에 오지 않게 하소서"(눅 16:27-28) 하고 외치고 있었다. 부자 자신은 이미 죽어서 음부에 가 있다. 그런데 자신을 그곳에서 꺼내 달라거나 다시 한번 기회를 달라고 외치는 것이 아니었다. 아니, 자신에게는 그런 두 번째 기회가 없음을 이미 알고 있다고 해야 할 것이다. 다만 아직도 살아있는 자신의 형제들은 그렇게 고통스러운 음부에 오지 않게 해 달라는 것이다. 나 개인을 향해 적용을 해 보았을 때 예수 믿지 않고 돌아가셨기에 이미 음부에 가 계실 내 할아버지 할머니, 친척들 모두가 간절히 바라는 소원은 그들의 후손인 나는 음부에 오지 말라는 것이 아닌가?

이렇게 외치는 부자에게 아브라함이 들려주는 메시지는 일관되게 그들에게 있는 모세와 선지자를 통해 들어야 한다는 것이었다. "모세와 선지자들에게 듣지 아니하면 비록 죽은 자 가운데서 살아나는 자가 있을지라도 권함을 받지 아니하리라"(눅 16:31). 관건은 복음을 보여주고 들려주는 모세와 선지자들이다. 그 당시 나는 이미 내 주변의 모세와 선지자들을 통해 복음을 듣고 듣고 또 듣는 상황이었다. "그런데 주변에 모세와 선지자가 없기에 살아생전 이 복음을 제대로 한 번 들을 수 있는 기회가 주어지지 않는 사람들과 민족들이 있다면 그것은 너무 불공평한 일이 아니겠는가?"라는 생각이 들었다. 내 생각 속에서 그 음성이 계속 들려왔다. 그 당시 나에게 떠올랐던 이런 생각을 나 스스로가 한 것 같지는 않다. 하나님이 주신 음성이요 생각이었다고 믿는다. 나는 "제가 그들에게 가서 그들에게 모세와 선지자가 되어 주겠습니다"고 응답했다. 벌써 36년 전의 일이다. 돌아보면 참 잘했다 싶다. "어찌 그 때 그런 응답을 다 했니?" 하며 스스로가 만족스럽다. 주님의 인도하심과 확인을 알아듣고 응답했다는 것이 지금 생각해도 자랑스럽다.

### • 복음 사역을 위한 전략적 거점 지역에서 사역하라?

주님의 인도하심에 응답하여 선교사로 헌신하였지만 바로 선교사로 나온다는 것은 생각도 하지 못했다. 군 복무를 마치고 신학대학원에 진학했다. 그리고 교단 선교사로 허입되고 훈련도 받았다. 그런데 누구에게 갈 것인가? 어떤 민족에게 가서 사역할 것인가가 결정되지 않았었다. 선교사 훈련 마지막 과정에서는 이런 상황이 많이 힘들었다. "주님, 저와 우리 가정을 보내셔서 사역하라 말씀하시는 그 민족을, 그 지역을 보여 주소서!" 하며 날마다 기도하고 기다렸다.

주님께서는 1991년 4월 6일 아침 경건의 시간을 하던 중 "내가 아데마나 두기고를 네게 보내리니 그때에 네가 급히 니고볼리로 내게 오라 내가 거기서 겨울을 지내기로 작정하였노라"(딛 3:12)는 말씀을 통해 카자흐 민족에게 가라고 말씀하셨다. 디도서 이후에 기록된 디모데후서 4장 10절에 보면 "디도는 달마디아로 갔고"라고 보고하고 있다. 그날 아침 내가 사용하던 주석서에는 바울이 디도를 만나자고 했던 니고볼리를 "달마디아 지역으로 가기 위한 전략적인 거점 지역"이라고 설명하고 있었다. 바울의 말대로 디도는 니고볼리로 갔고, 거기서 바울에 의해 격려 받고 복음 사역자의 삶에 대해 다시 힘을 얻었을 것이다. 그리고 바울은 디도를 달마디아 지역으로 보낸 후 감옥에 갇히고, 얼마 후 순교로 최후를 맞는다.

그 당시 우리 가정을 향해 인도네시아로 가라는 제안과 중앙아시아 카자흐스탄으로 가라는 제안이 있었다. "복음 사역의 거점 지역에서 사역하라!"는 경건의 시간에 들었던 말씀은 카자흐 민족들에게로 가라는 인도하심으로 들렸다. "카자흐가 예수를 믿게 도우라. 그리고 그들로 하여금 예수님이 사역하시던 그 곳, 예수님이 오실 그곳을 향하여 놓여있는 나라, 도시들, 민족들에게 사역하게 하라! 예수님이 다시 오실 길을 실크로드 상에 준비하라!"는 확인으로 들렸다. 나는 주저함 없이 카자흐 민족에게 가기로 결정하고, 그 응답에 순종했다.

- 나의 헌신이나 소원보다도 주님의 뜻과 인도하심이 우선해야 한다?

함께 가야할 아내 (고) 손현숙 선교사는 카자흐 민족으로 인도함 받은 것을 나로부터 들었을 때 어렵지 않게 "주님의 인도하심으로 보입니다. 나도 당연히 기쁨으로 동참하겠습니다!"라고 응답했었다. 할렐루야! 그러나 시간이 지나면서 내적인 갈등을 하고 있음이 보였다. 특히 선교사 훈련 막바지에 인도네시아를 방문했을 때, 본인이 전공하고 사용 중이던 인도네시아어를 사용하여 원주민들에게 사역을 할 수 있었고, 그들이 보이는 반응을 보고 그녀의 갈등은 극에 달했다. 당시 우리에게는 인도네시아 사역을 마치고 싱가폴 해변에서 하루 종일 묵상하며 보내는 시간이 주어졌다. (고) 손현숙 선교사는 해변가에서 나와는 떨어져서 거의 전체 시간을 혼자 보냈다. 사실 그녀는 선교를 위해 인도네시아어를 전공했었고, 외국어대학교에서 그 언어를 강의도 하고 있었다. KBS 국제 방송국에서 그 언어를 사용해 8년이나 인도네시아어 방송을 하고 있는 상황이었다.

싱가폴 해변에서 하루 종일 씨름을 하던 시간이 거의 끝나갈 즈음에 그녀는 환하게 웃으며 나에게 와서 말했었다. "주님이 말씀하셨어요." (고) 손선교사는 한국외국어대학교로 편입시험을 칠 때 이사야 43장 18-21절 말씀을 약속으로 받았었다고 했다. 그런데 주님은 그 말씀이 그때만을 위한 것이 아니라 앞으로의 사역을 위한 약속이라고 싱가폴 해변에서 말씀하셨다는 것이었다. "딸아, 내가 부른 것이다. 너는 가라! 단순히 남편을 따라서 가는 것이 아니라 내가 보내는 보냄을 가지고 너도 함께 한 몸으로 가라! 내가 새 일을 행하리니 이제 나타낼 것이다. 내가 광야에 길을 사막에 강들을 내어 내 백성, 내가 택한 자에게 마시게 할 것이니 너는 카자흐들이 일어나는 것을 함께 보고 목도하거라"라고 격려해 주셨다는 것이다. (고) 손현숙 자매를 선교사로 헌신하게 했던 말씀의 주인도, 그 말씀을 붙들고 기도하며 소원을 모았던 그 모든 순종의 주인도 예수님이심을 확인 받았던 것이다. (고) 손현숙 자매는 그렇게 카자흐인들에게로 왔었고, 그들 속에서 살다가 그들의 사랑과 존경을 듬뿍 받으며 그렇게 사랑하던 주님께로 먼저 갔다.

나는 선교사로 살아가면서 선교사로 살도록 부르시고 인도하시면서 작은 헌신을 받아주신 주님께 무한한 감사를 드린다. 그리고 못나고 못한 선교사를 선임자로, 팀장으로 인정하고 함께 해주었던 팀 사역자들에게도 말로 다 표현 못하는 감사가 있다. 준비가 덜 된 선교사를 통해 복음을 듣고, 자신들의 목사로, 지도자로 받아준 카자흐 성도들께 일천에 일천을 곱하는 감사를 표현한다.[124] 한번뿐인 인생, 속히 지나갈 인생인데, 영원히 남을 일을 위해 주님을 향해 과감하게 자신의 인생을 헌신하는 후배들이 더 많았으면 좋겠다.

---

124) "일천에 일천을 곱하는 감사"는 무한한 감사를 표현하는 카자흐 방식이다.

# 제 10 부
한국의 이슬람, 어떻게 바라보아야 하는가?

제1장 이슬람은 어떤 종교인가?
제2장 이슬람과 기독교의 차이
제3장 한국의 이슬람과 한국교회의 전략적 대응

# 제10부

# 한국의 이슬람, 어떻게 바라보아야 하는가?

## 제1장 이슬람은 어떤 종교인가?

### 1. 이슬람의 이해

#### 1) 이슬람Islam

'이슬람'은 아랍어 '아스라마_Aslama_'란 동사에서 유래한 말로 '복종' submit이라는 의미이다. 여기에는 두 가지 의미가 있는데, 하나는 개인적인 복종(알라에 대한 복종)이고, 다른 하나는 종교의 이름이다. 이슬람은 "자발적으로 알라의 뜻과 명령에 순종"하는 사람들이 믿는 종교이다. 이것이 지금은 선지자 무함마드에 의해 소개된 모든 신앙체계 및 종교행위를 일컫는 말이 되었다.

#### 2) 무슬림Muslim

'무슬림'은 이슬람이란 종교를 믿는 사람을 일컫는 말이다. 이 무슬림이란 용어도 "신께 복종하다"는 의미가 있다. 즉 무슬림이란 이슬람의 삶의 방식을 받아들이고, 진실되게 이슬람의 가르침을 실천하는 자를 뜻한다. 신께 복종하는 사람들이 무슬림이고, 무슬림들의 종교가 이슬람인 것이다. 그렇다면, 인류 최초의 무슬림은 누구였을까? 무슬림들은 그것이 바로 아담이라고 믿는다. 아담은 알라에 의해 창조되었기 때문이다. 한편, 꾸란은 아브라함이 성실한 무슬림이었다고 언급한다(꾸란 3:67). 그리고 아브라함이 알라에게 복종하고 우상숭배를 거부했기 때문에 최초의 무슬림이라고도 주장한다.[125]

### 3) 이슬람의 상징, 초승달 al-Hilāl

이슬람의 상징은 왜 초승달일까? 이에 대해 몇 가지 주장이 있다. 첫째, 무함마드가 최초로 계시를 받을 때 하늘에 초승달과 별이 떠 있었다는 것이다. 무함마드는 AD 610년 히라Hira 동굴에서 가브리엘 천사로부터 계시를 받는다. "진실로 알라는 거룩한 밤에 이 계시를 내리나니"라는 꾸란 97장 1절 말씀을 근거로 무슬림들은 무함마드가 라마단월 권능의 밤에 알라의 계시를 받았다고 믿는다(cf. 꾸란 2:185). 그러나 꾸란에 초승달이나 별에 대한 언급은 없다. 보통 무슬림들은 라마단월 27일을 '권능의 밤' The Night of Power으로 여기지만, 이것도 확실치 않다.

무함마드가 계시를 받은 것이 '라마단월'이고, 그 날짜가 '권능의 밤'인 27일이라고 하자. 그럼 하늘에는 초승달이 아니라 그믐달이 떠 있어야 한다. 그런데 이슬람 성원의 첨탑에 솟은 초승달이나 이슬람 국

---

125) Rick Richer, *Comparing the Qur'an and the Bible* (Grand Rapids: Baker Books, 2011), 18-9.

기의 문양은 그믐달이다. 천문학적으로 볼 때, 초승달은 '☽'이 아니라 '☾'모양이어야 한다. 그런데 무슬림들은 27일에 왜 초승달을 이슬람의 상징이라고 했을까? 그것은 두 번째 주장에서 단서를 찾을 수 있다.

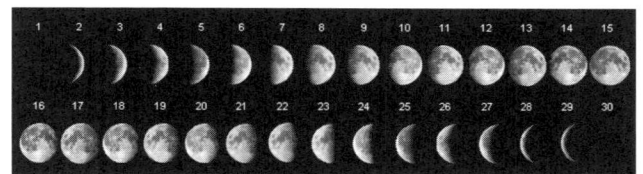

〈그림 1〉 음력 날짜별 달모양 변화

둘째, 이슬람의 상징 초승달은 종교적으로 이슬람이 '진리의 새로운 시작'이라는 의미를 갖는다. 깜깜한 그믐이 지나고 처음 떠오르는 달이 바로 초승달이다. 무슬림들은 '초승달과 별'이 유일신 알라가 무슬림들에게 새롭고 영원한 '진리의 빛'을 내려준 순간을 상징한다고 주장한다.

셋째, 꾸란 2장 189절은 "그들이 그대(무함마드)에게 초승달에 관해 질문할 때 그것은 인간과 순례를 위한 시간이라 말하여라"고 언급한다. 즉 초승달이 시기를 표시하기 위한 것이라는 것이다. 즉 무슬림들은 알라가 자신들에게 라마단 단식을 시작하고 깨는 시기를 알려주기 위해 초승달을 사용했다고 믿는다.

이슬람력은 달의 움직임을 관찰하는 태음력을 사용한다. 그래서 1년은 12달이지만 모두 354일로 태양력과 비교해 11일이 적다. 이것을 환산해 보면, 33년 마다 약 1년 정도의 차이가 생긴다. 태음력을 따르게 되면 하루의 시작은 해질 때이고, 한 달의 시작은 초승달이 뜨는 날이 된다. 이처럼 초승달은 무슬림에게 문화적으로나 종교적으로 매우 중요한 의미를 지닌다. 그래서인지 많은 이슬람 국가의 국기에는 이 초승달과 샛별이 들어가 있다.

### 4) 알라 Allāh

'알라'는 '하나님' the God 의 아랍어이다. 'Allāh'는 정관사 'the'를 뜻하는 '알' Al 과 명사로 '신'을 의미하는 '일라흐' ilah 의 합성어이다. 최근 꾸란의 한국어 번역은 '알라' 대신 기독교의 '하나님'을 사용하고 있다. 그러나 무슬림들은 '하나님'이란 단어보다는 '알라'라는 호칭을 더 좋아한다.

〈그림 2〉 비스밀라 Bismillah "자비로우시고 자애로우신 알라의 이름으로"

## 2. 이슬람의 신앙: 다섯 기둥 arkan

무슬림(이슬람을 믿는 사람)이라면 반드시 지켜야 하는 5대 의무가 있다.

### 1) 신앙고백 Kalimatu ash Shahadah

이슬람교 신앙의 핵심은 "알라 외에는 다른 신이 없으며, 무함마드는 알라의 예언자이다" La ilah illa Allah, Muhammad rasuul Allah 라고 하는 신앙고백이다. 모든 무슬림은 알라의 유일성과 선지자 무함마드의 독보적 지위를 선언하고 고백해야 할 의무가 있다(cf. 신 6:4). 이것은 이슬람 신학의 근본이며, 무슬림들의 도덕적 규범이다.

〈그림 3〉 샤하다

"알라 외에는 다른 신이 없다"는 이슬람의 신앙고백은 기독교의 삼위일체와 예수 그리스도의 신성을 거부하는 것이다. 이슬람의 교리 중에서 인류가 범할 수 있는 가장 큰 죄가 '쉬르크'$_{shirk}$이다. 이것은 "무언가 다른 존재를 알라와 동일한 위치에 올려놓는 행위"를 의미한다. 이 '쉬르크'에 근거해, 많은 무슬림 국가가 비무슬림이나 무슬림을 '신성모독죄' 명목으로 통제하기도 한다. 이런 맥락에서 보면, 기독교도 '신의 유일성'$_{Tawhid}$을 거부하는 '쉬르크'인 셈이다(꾸란 112장).

### 2) 기도$_{Salat}$

이슬람의 두 번째 기둥은 하루에 다섯 번 드려지는 '기도'이다. 꾸란은 하루에 세 번 기도하라고 가르치지만 무함마드가 다섯 번 기도하라고 했기 때문에 그것이 이슬람의 전통이 되었다. 꾸란 4장 103절은 "온전하게 예배를 하라 믿는 신도들에게의 예배는 정하여진 그 시간이니라"고 말한다. 모든 무슬림은 남녀를 불문하고 정당한 이유가 없는 한 하루에 다섯 번 정해진 시간에 예배해야 한다. 기도 시간은 해 뜨기 전$_{Fajr}$, 정오$_{Dhuhr}$, 해지기 전$_{Asr}$, 해진 후$_{Magrib}$, 그리고 자기 전$_{Isha}$인데, 해 뜨는 시간에 따라 매일 달라진다.126)

무함마드는 처음에 유대인들처럼 예루살렘을 향하여 기도했다. 그

---

126) 무함마드는 원래 아침, 저녁으로 하루 두 번 기도했었다. 예수님 당시 유대인들은 하루 세 번, 아침, 정오, 밤 시간에 기도했고, 그리고 중세 기독교 수도원에서는 8번 기도했다고 한다.

러나 AD 624년에 기도의 방향을 메카의 카바신전 방향으로 바꾸었다. 기도 전에는 반드시 세정의식_Wudu_을 해야 한다. 기도 시간이 되면 선창자_muezzin_가 이슬람 사원의 첨탑에서 꾸란을 낭송_Adhan_한다. 모스크에 모인 무슬림은 알라 앞에서 모든 인간은 평등하다는 의미로 바닥에 깔려 있는 카펫_Carpet_ 선을 따라 일렬로 줄을 맞춰 선다. 그리고 종교지도자_Imam_와 함께 정해진 순서에 따라 기도한다. 요즘에는 육성이 아니라 꾸란 낭송을 녹음해서 마이크나 확성기를 통해 틀어준다. 기도는 가능하면 함께 모여서 하는 것이 원칙이지만, 상황이 여의치 않으면 개인적 장소에서 해도 된다. 단, 금요일에는 다른 무슬림들과 함께 모여 예배하려고 노력한다.

### 3) 구제_Zakat_

'자카드'는 구제금을 의미한다. 아랍어로 '자카트'_Zakat_는 '정화' 혹은 '성장'이란 뜻이다. 모든 무슬림은 자기 재산의 2.5%(소유의 1/40)를 구제금으로 납부해야 할 의무가 있다(꾸란 31:4). 그들은 구제가 영혼을 순결하게 하는 수단이라고 믿는다(꾸란 2:43, 110, 112, 277; 4:162). 자카트는 과부, 고아, 병든 자, 가난한 사람, 이슬람으로 새롭게 개종한 사람, 채무자, 이슬람의 전파, 지하드에 종사하는 사람, 성지 순례객 등 도움을 필요로 하는 사람에게 사용된다. 종종 이슬람 국가의 경제 활성화를 위해서 사용되기도 한다. 자발적인 기부_Sadaqa_는 언제든지 할 수 있다. 가끔 특별한 목적을 위해 기부하는 무슬림도 있다.

### 4) 금식 Saum

금식 또한 무슬림에게 부과된 기본적인 종교적 의무이다. 무슬림들은 알라를 경배할 목적으로 해가 뜰 때부터 질 때까지 음식을 먹거나 물을 마시지 않는다. 부하리 Bukhārī 는 "라마단의 기간이 시작될 때, 천국의 문은 열리고 (지옥)불의 문은 닫히며 악마는 쇠사슬에 묶인다"고 말한다.[127] 무슬림이 금식을 하는 이유는 첫째, 알라의 명령에 대해 복종함으로 알라의 기쁨을 사기 위해서이다(꾸란 2:183-87). 둘째, 알라를 공경하고 알라에 대한 순종을 실천으로 증명하는 것이다. 셋째, 모든 죄와 잘못으로부터 구원을 얻기 위한 자기 정화 및 인내심과 자제심을 기르는 수행방법이다.

단식이 주는 유익도 있다. 첫째, 의학적으로 위에서 발생하는 질병을 예방하고 체중을 조절할 수 있게 된다. 둘째, 생리학적으로 단식은 혈당감소, 콜레스테롤 수치 저하(당뇨, 비만, 고혈압 환자 치료)에 효과가 있다. 셋째, 정신적으로 단식은 마음의 평화와 안정을 준다. 넷째, 단식은 알라의 말을 실천하기 위한 자기 훈련으로 내세를 위해 자기를 훈련하는 최고의 방법이 된다. 단식을 통해 무슬림들은 지속적으로 알라를 인식하게 되고, 사탄의 유혹에서 자신을 보호할 수 있게 된다. 다섯째, 단식은 '움마' Ummah 공동체의 결속력을 강화시켜준다. 이처럼 단식은 인간의 기본욕구인 배고픔과 갈증을 경험함으로써 알라를 향한 복종, 형제에 대한 사랑, 매일의 양식에 대한 감사를 갖게 해 준다.

모든 무슬림은 금식을 의무적으로 지켜야 한다. 그러나 이로 인해 병이 더 위중해질 수 있다고 판단되는 환자, 노인, 여행중이여서 한 곳

---

[127] Muhammad Mushin Khan, *The Translation of the Meanings of Sahih Al-Bukhari*, Vol. III (Al Nabawiy'a: Dar Ahya Us-Sunnah, 2000), 69.

에 머무를 수 없는 사람, 생리중이거나 산욕기에 있는 여성, 임신 중이거나 젖을 먹이는 산모, 통제할 수 없을 만큼 갈증과 배고픔을 느끼는 사람, 정신이상자나 기억상실 등의 병을 앓고 있는 사람, 전쟁에 참여한 군인, 여행자, 어린이, 노약자, 건강이 좋지 않은 사람 등은 금식에 참여하지 않아도 된다. 단, 나중에 자신이 금식하지 못한 기간만큼 추가해서 채워야 한다. 이 금식기간에는 흡연, 약물복용, 성관계, 향수 사용, 도박, 음담패설, 분노, 여자들의 화장이 금지된다. 엄격한 사람은 이 기간 동안 침도 삼키지 않는다. 꾸란은 무슬림에게 하얀 실이 검은 실과 구분되는 아침부터 밤까지 금식할 것을 명령한다(꾸란 2:187).

### 5) 성지순례 Hajj : 이슬람력 12월

성지순례란 메카에 있는 알라의 집을 방문하여 종교적 의식을 행하는 것이다. 순례는 몸과 정신이 건강한 무슬림이라면 누구나 지켜야 하는 이슬람의 의무이다(꾸란 2:196-203; 22:26-33). 건강이 허락하지 않거나 나이가 들어서 순례를 할 수 없는 경우를 제외하고 모든 무슬림은 평생 한번 이상 성지를 순례하고 싶어 한다. 맨 처음 메카로 성지순례를 하라고 명령한 것은 이브라힘(아브라함)이다(꾸란 22:27). 하디스 Hadith에 의하면, 무함마드가 "나의 사원(메디나의 선지자 사원)에서 예배를 드리는 것은 다른 사원에서 드리는 것보다 천 배나 더 좋다. 그러나 하람사원(메카)에서 드리는 예배는 다른 사원에서 드리는 예배보다 십만 배나 더 좋다"고 말했다. 메카의 '카바' Kabba는 아담과 하와가 알라를 경배했던 곳으로, 나중에 알라의 명령을 받은 이브라힘과 이스마일(이스마엘)이 건축한 이슬람의 신전이다(꾸란 2:127). 무함마드는 이곳에서 알라에게 순종하는 자(무슬림)가 되라는 명령을 받았다

(꾸란 27:91).

성지순례는 신성월神聖月의 12월 7일에 '카바' 설교와 함께 시작되며, 순례가 마쳐지면 가능한 한 빨리 집으로 돌아가야 한다. 성물들을 지나치게 접해서 성물의 권능이 감소하는 것을 방지하기 위해서이다. 순례자가 성지순례를 마치고 집에 돌아오면 가족이나 친지들의 축하를 받으며 명성을 누리게 된다. 그리고 이름에 '하즈'라는 호칭이 붙게 된다.

### 6) 성전 Jihad

'지하드'는 종종 이슬람의 6번째 의무로 간주된다. 꾸란은 지하드를 명령한다. "금지된 달이 지나면 너희가 발견하는 불신자마다 살해하고 그들을 포로로 잡거나 그들을 포위할 것이며 그들을 대비하여 복병하라 그러나 그들이 회개하고 예배를 드리며 이슬람 세稅를 낼 때는 그들을 위하여 길을 열어 주리니 실로 알라는 관용과 자비로 충만하심이라"(꾸란 9:5). 같은 장 123절에서도 "믿는 자들이여 너희 가까이에 있는 불신자들에게 투쟁하고 그들로 하여금 너희가 엄함을 알게 하라"고 설명한다. 이처럼 지하드는 꾸란과 하디스에서 규정한 이슬람의 종교적 의무이며, 꾸란에서 성전을 촉구하는 구절은 무려 109번이나 된다.

이슬람은 세상을 '이슬람의 집'Dar-al Islam과 '전쟁의 집'Dar-al Harb으로 구분한다. 무슬림은 '이슬람의 집'에 해당하고 비무슬림은 '전쟁의 집'에 속한 사람으로 무슬림의 적으로 간주된다. 그렇기 때문에 성전은 이슬람으로 개종하지 않거나 알라의 법에 복종하지 않는 불신자들과 대항하여 싸우는 것이다. 즉 "믿음을 위한 투쟁"을 하는 것이다(꾸란 2:190-93). 이처럼 성전은 전쟁을 통해 믿지 않는 자들과 대적하는 것은 물론 이슬람을 전파하는 방법이기도 하다(꾸란 8:37-39).

무슬림들은 구원에 대한 확신이 없다. 그러나 유일하게 구원이 보증되는 방법이 있는데, 그것은 바로 불신자들과 성전을 하다가 순교한 경우이다. 꾸란은 "알라의 길에서 순교한 자가 죽었다고 생각지 말라 그들은 알라의 양식을 먹으며 알라 곁에서 살아 있노라 그들은 알라가 주신 은혜 가운데서 기뻐하며 그들과 함께하지 못하고 뒤에 올 순교자들을 기쁘게 할 것이며 그곳에는 두려움도 슬픔도 없노라"고 분명하게 말한다(꾸란 3:169-170).

## 3. 이슬람의 신앙

이슬람에는 모든 무슬림들이 믿어야 하는 6가지 기본 교리六信가 있다.

### 1) 알라에 대한 믿음

이슬람에서는 알라Allah를 믿는다. 알라는 본래 무함마드가 속한 꾸라이쉬Quraish 부족이 섬기던 신神중 가장 높은 신의 이름이었다. 무함마드의 아버지 이름이 압둘라Abdullah였다. 압둘라Abdullah는 아랍어로 '종' 혹은 '노예'라는 뜻의 '압드'Abd와 '알라'Allah의 합성어이다. 즉 '알라의 종' 혹은 '알라를 섬기는 자'라는 의미를 갖고 있다. 이것이 무함마드 이전에 이미 알라신이 있었다는 것을 증명한다.

알라는 99가지 이름을 가지고 있다(꾸란 7:180). 무슬림은 신의 99가지 이름을 암송하는 자는 낙원에 들어간다고 믿는다. 알라의 속성Sifat은 생명Hayat, 지식Ilm, 능력Qudra, 의지Irada가 있고, 듣고Sama, 보고Basr, 말할 수Kalam있다. 이슬람은 무엇보다도 알라의 유일성Tawhid을 절대적인 교리로 받아들인다. 꾸란 112장 1-4절은 "알라는 한분이시고 알라는 영원하시며 성자와 성부도 두지 않으셨으며 그분과 대등한 것 세상에 없노라"고 말한다. 알라는 그분에 비유하려 한 자를 용서치 않으시며 그렇게 하는 자는 죄를 짓는 것임을 분명히 한다(꾸란 4: 48). 그 외에도 이슬람은 알라의 위대함$_{Takbir}$과 초월성$_{Tanzih}$을 믿는다. 또한 알라는 자신의 뜻이나 법을 계시$_{Tanzil}$한다.

## 2) 천사에 대한 믿음

이슬람에서 천사는 알라의 의지와 권능으로 창조된 영적 존재이다. 천사는 사람들의 좋은 행동과 나쁜 행동을 기록한다. 천사 중에서도 가장 높은 4명의 천사가 있는데, 그것은 모든 천사를 관장하며 무함마드와 선지자들에게 알라의 계시를 전달하는 지브릴$_{Jibril}$, 심판의 날에 나팔을 불어 심판을 알리는 이스라필$_{Israfil}$, 죽음의 천사 아즈라일$_{Azrail}$(꾸란 32:11), 이스라엘의 수호천사 미카일$_{Mikail}$이다. 그 외에도 장례식을 치른 날 밤에 찾아와 무덤 속의 죽은 자의 신앙을 조사하는 문카르$_{Munkar}$와 나키르$_{Nakir}$, 사람들의 모든 것을 기록하는 천사(꾸란 82:11-12), 메카의 카바 신전을 돌면서 알라를 찬미하는 천사도 있다. 꾸란은 천사는 빛으로, 사람은 흙으로, 그리고 진은 불로 창조되었다고 말한다(꾸란 55:15; 38:76; 15:27). 천사는 알라의 보좌를 지키고(꾸란 69:17), 사람을 수호한다(꾸란 13:11).

### 3) 책(꾸란)에 대한 믿음

알라는 시대마다 선지자를 통해 자신을 계시했다. 알라가 인류에게 준 거룩한 책은 104권이었다. 아담에게 10권, 셋에게 50권, 에녹에게 30권, 아브라함에게 10권, 모세에게 5권_Tawrat_, 그리고 다윗_Zabur_, 예수_Injil_, 무함마드_Quran_에게 한권씩 계시한 것이다. 그런데 모세오경, 시가서, 복음서, 꾸란을 제외한 100권의 책은 역사의 과정에서 모두 사라졌다(꾸란 2:4; 4:164; 10:47; 35:24; 40:78). 현존하는 4권의 경전 중 꾸란을 제외한 3권은 역사의 과정 속에서 변질되거나 왜곡되었다. 그래서 알라가 마지막으로 무함마드에게 계시한 꾸란_Quran_이 최고의 권위를 갖는다. 이 꾸란은 알라가 인류에게 준 마지막 계시이며, 가장 완벽한 경전이라고 믿는다.

### 4) 선지자에 대한 믿음

이슬람은 124,000명의 선지자_Anbiya_와 315명의 사도를 믿는다. 선지자와 사도는 알라가 선택한 사람으로, 알라의 말씀을 전하고 사람들을 유일신 알라에게로 인도하는 역할을 한다. 특별히 노아, 아브라함, 다윗, 야곱, 요셉, 욥, 모세, 예수, 무함마드(9명)는 능력의 소유자이다. 여성 선지자와 사도도 있다. 예언자의 언행록에 따르면, 여성 예언자는 예수의 모친 마리아_Maryam_, 모세의 모친, 파라오의 딸 아시야_Asiya_, 무함마드의 아내 카디자_Khadijah_, 무함마드의 딸 파티마_Fatimah_이다.

무함마드는 한 번도 기적을 일으킨 적이 없다(꾸란 6:37). 그는 그저 평범한 인간이고 죄인이었다(꾸란 47:19; 48:2). 그래서 알라는 무함마드에게 회개하라고 요구했고, 그 역시 알라에게 용서를 구하였다. 이슬람에서 무함마드는 모든 선지자 중 최후의 예언자일 뿐이다(꾸란 33:40).

### 5) 마지막 날과 심판에 대한 믿음 youm al-din

무슬림들은 부활과 최후의 심판을 믿는다. 꾸란의 많은 구절이 마지막 심판에 대해 언급한다. 심판의 날(꾸란 1:3), 결산하는 날(꾸란 21:47), 깨우는 날(꾸란 30:56), 분류하는 날(꾸란 77:13) 등이 그것이다. 모든 사람은 죽으면 부활의 날까지 무덤의 세계, 즉 '바르자크'al-Barzakh로 들어간다. '바르자크'란 사람이 죽고 난 이후 부활할 때까지 머무는 장소이다. 마지막 심판의 날이 되면 이곳에 있는 사람과 천사, 신령과 짐승이 모두 부활한다. 그리고 1,000년 간 심판이 이어진다(꾸란 70장 4절에서는 그 기간이 5만 년이라고도 함). 마지막 때에 각 사람은 자신의 말과 행위에 따라 심판을 받게 된다. 그리고 자신이 평생 동안 행했던 선한 행실과 악한 행실을 저울에 달아 천국과 지옥이 결정된다(꾸란 21:47). 이때 사용하는 저울은 어느 누구도 불공평한 대우를 받지 않도록 겨자씨만한 무게까지 측량할 수 있는 것이라고 한다.

이슬람의 천국에는 4개의 낙원이 있다. 그곳에는 두개의 샘이 흐르고 과일 나무들이 무성하여 침대에 누워서 손이 닿는 곳에 각종 과일이 열려 있어 마음껏 따 먹을 수 있다(꾸란 55-56장). 낙원에는 썩지 않는 물이 흐르는 하천, 맛이 변하지 않는 우유가 흐르는 하천, 달콤한 술이 흐르는 하천, 그리고 맑은 꿀이 흐르는 하천이 있다(꾸란 47: 15). 꾸란에서는 무슬림에게 술을 금한다(꾸란 5:90-91). 그러나 천국에서는 술을 마음껏 마실 수 있다(꾸란 56:18). 그리고 그 술은 "카푸르가 혼합된 술"(꾸란 76:5)로, 두통과 취하는 일이 없는 술이다(꾸란 56:19). 이처럼 천국에 가게 되면 무슬림들은 이 세상에서는 금지된 것들도 마음껏 즐길 수 있게 된다.

무슬림은 또한 천국에서 여러 명의 아름다운 처녀를 소유할 수 있게 된다(꾸란 56:35). 그들은 눈이 크고 아름다우며(꾸란 56:22), 아무도 손대지 않은 순결한 처녀들이다(꾸란 55:74). 하디스에 의하면, 그 처녀huri는 무려 72명이나 된다. 그 중에 70명은 특별히 창조된 처녀이고, 두 명은 인간 여성이다. 무슬림은 지상의 아내들 중에서 가장 마음에 드는 여자를 천국에 데려갈 수 있다. 꾸란은 이슬람의 최종 목적지인 낙원을 이처럼 매우 관능적이고 쾌락적인 장소로 묘사하고 있다. 이런 천국에 갈 수 있는 가장 확실한 방법이 바로 지하드聖戰를 통해 순교하는 것이다(꾸란 3:158, 169).

### 6) 선과 악의 운명론

무슬림들은 선과 악의 운명론을 믿는다. 이슬람의 운명론은 알라가 인간 세상에서 일어나는 모든 일을 알고 있다는 믿음에 근거한다(꾸란 6:59; 22:70; 29:62). 알라는 자신이 원하는 사람을 방황케 하고 회개하는 자를 인도할 수도 있다(꾸란 13:27; 16:93). 그는 자신이 창조한 모든 것의 운명과 숙명을 이미 결정해 두었다(꾸란 57: 22). 이 운명론과 밀접한 관계를 가지고 있는 것이 바로 마지막 심판의 날에 대한 믿음이다. 모든 무슬림은 마지막 심판의 날에 심판대 앞에 서게 되지만, 모든 결정은 알라의 의지에 달려있다. 인간은 알라의 결정을 무조건적으로 받아들여야 한다. 그것은 무슬림이 일상생활에서 입버릇처럼 사용하는 '인샬라'Inshallah(신의 뜻이라면)라는 말에서도 잘 드러난다.

## 제 2 장  이슬람과 기독교의 차이

이슬람의 선지자 무함마드는 꾸라이쉬 부족의 바누 하심Banu Hashim 가문에서 태어났다. 무함마드가 40세가 되던 해 가브리엘 천사로부터 받은 계시를 가르치면서, 이슬람은 시작된다. 그가 받은 계시를 기록한 것이 이슬람의 경전인 '꾸란'Qur'an이며, 그 외에도 무함마드의 언행록인 '하디스'Hadith를 꾸란 다음으로 중요시한다.

무함마드 A. 수하임은 「이슬람: 원리와 개론」이라는 책에서 이슬람은 "알라의 종교, 보편적이고 포괄적인 종교, 인간과 창조주를 직접 연계시키는 종교, 현세와 내세의 행복을 추구하는 종교, 쉽고 편안한 종교, 공정한 종교"라고 설명한다. 언뜻 보기에 이슬람은 기독교와 비슷해 보이지만 실제로는 그렇지 않다. 그렇다면, 이슬람과 기독교의 차이점은 무엇인가?

### 1. 이슬람은 단일신 알라를 믿는 종교이다

꾸란의 1장에서는 알라를 "자비로우시고 자애로우신" 분, "온 우주의 주인," "심판의 주관자," 그리고 인간을 "올바른 길로 인도하는 자"로 묘사하고 있다. 알라는 천지의 모든 것을 다스리며 전지전능한 존재이다(꾸란 5:18-19). 그러나 이슬람에서 가장 중요한 개념은 바로 알라의 유일성이다(꾸란 112:1-4). 꾸란의 많은 구절이 알라가 한 분이라는 것을 강조하고 있다. 이런 무슬림의 입장에서 볼 때, 기독교는 성부, 성자, 성령 세 명의 하나님을 예배하는 삼신숭배 종교인 셈이다.

이슬람은 알라 뿐만 아니라 종교 자체가 하나라고 믿는다. 이슬람과 기독교의 뿌리가 같다는 것이다. 그 근거는 꾸란 3:19절이다. "알라의 종교는 이슬람뿐이며 이전에 성서(구약 및 신약성서)를 받은 이들도 (유대인, 기독교인) 달리하지 아니하였으나 그 후 그들에게 그른 지식이 도래하였더라." 이 꾸란 구절을 근거로 무슬림들은 이슬람과 기독교는 한 알라를 믿었지만, 기독교와 유대인들이 교권 장악의 욕망 때문에 변질되었다고 주장한다. 꾸란이 "알라가 셋 중의 하나라 말하는 그들은 분명 불신자"라고 분명하게 밝히고 있기 때문이다(꾸란 5:73). 무슬림들에게 있어 참된 종교는 이슬람뿐이다. 왜냐하면 기독교는 역사의 과정 속에서 왜곡되고 변질된 종교이기 때문이다.

## 2. 이슬람은 예수 그리스도의 신성을 부인한다

꾸란은 15개 장, 93개 구절에서 마리아의 아들 예수Isa에 대해 언급한다. 성경에 기록된 예수는 동정녀 마리아에게서 탄생했다. 예수님은 삼위일체三位一體의 한 위位이시며 하나님과 동등하지만 인류를 구원하시기 위해 성육신하셨다(눅 1:30-31). 꾸란에 기록된 이사는 특별한 기적에 의하여 동정녀 마리아에게서 태어났다(꾸란 3:45-47). 꾸란은 "그러자 그녀는 그 애를 가리켰더라 이 때 모두가 요람 안에 있는 아기와 어떻게 말을 하란 말이뇨 라고 말하더라 아기(이사)가 말하길 나는 알라의 종으로 그 분께서 내게 성서를 주시고 나를 예언자로 택하셨습니다"라고 말한다(꾸란 19:29-30).

꾸란에서 예수는 죽은 자를 살렸을 뿐만 아니라 많은 이적을 행했다. 또한 메시야이며 죄가 없으시고 하늘가는 길을 알고 계신다. 그러나 예수는 아담, 노아, 아브라함, 다윗, 그리고 무함마드처럼 알라의 12만 4천 명의 선지자 중 하나일 뿐, 하나님의 아들(그리스도의 신성)이 아니다. 예수는 십자가에 못 박혀 죽지도 않았다. 다만 누군가 그를 대신해서 죽었다고 믿는다(꾸란 5:157). 아담이 범죄 했을 때 에덴동산에서 쫓겨나면서 모든 죄 값을 이미 지불했기 때문에 원죄도 없다. 원죄가 없기 때문에 예수가 십자가에서 인간의 죄를 대속(代贖)하실 필요가 없다. 이사가 십자가에서 죽지 않았기 때문에 부활할 이유도 없다.

이슬람에서 예수는 단지 유대인들을 위한 선지자였으며, 그가 이 땅에 온 이유는 뒤에 올 선지자, 무함마드에 대해 알리기 위함이라고 주장한다. "마리아의 아들 예수가 이스라엘 자손들이여 실로 나는 너희에게 보내어진 선지자로서 내 앞에 온 구약과 내 후에 올 아흐맏이란 이름을 가진 한 선지자의 복음을 확증하노라 그러나 그가 분명한 예증으로 그들에게 임하였을 때 이것은 분명한 마술이라 하였더라"(꾸란 61:6). 이 구절에서 '아흐맏'Ahmad은 '찬양받는 자'라는 의미로, 요한복음 14장 16절, 15장 26절, 16장 7절의 '보혜사'를 의미한다. 그 보혜사가 바로 무함마드라고 주장한다. 무함마드의 다섯 가지 이름 중의 하나가 바로 '아흐맏'이기 때문이다. 이처럼 이슬람은 기독교의 성경과 전혀 다른 주장을 하고 있다. 한마디로 말해 이슬람은 기독교와는 완전히 다른 종교이다.

## 3. 이슬람은 행위구원, 자력구원의 종교이다

꾸란 21장 47절은 "알라은 심판의 날 공정한 저울을 준비하나니 어느 누구도 불공평한 대우를 받지 않도록 함이라 비록 겨자씨만한 무게일지라도 그분은 그것을 계산하리니 계산은 알라만으로 충분하니라"라고 말한다. 알라는 믿음을 갖고 선을 행하는 자들에게 보상을 할 것이며, 축복과 아름다운 최후의 거처가 그들의 것이라고 가르친다(꾸란 11:115; 13:29). 무슬림은 선한 행위를 통해서 구원받을 수 있으며, 누구도 다른 사람의 죄를 대신 할 수 없다고 믿는다. 개인의 행위에 대한 책임은 개인에게 있으며, 마지막 심판의 날까지 자신의 운명에 대해서는 모른다. 그렇기 때문에 아무리 열심히 신앙생활을 하더라도 구원에 대한 확신은 없다. 오직 성전(지하드)에 나가 순교할 때만 구원을 보장받게 된다.

## 4. 이슬람은 선교 지향적인 종교이다

이슬람은 전 세계를 이슬람화 하려는 선교지향적인 종교이다. 이슬람은 기독교의 선교mission와 같은 '다와'Da'wah의 개념이 있다. 다와는 이슬람으로의 '초대'Invitation와 '부름'Call을 뜻한다. 무슬림들은 '다와'를 알라의 부름에 대한 응답이며, 알라의 명령에 대한 충실한 완성으로 받아들인다. 이슬람은 전 세계를 '전쟁의 집'과 '평화의 집'으로 구분한다. 무슬림은 전쟁을 해서라도 전쟁의 집에 사는 비무슬림을 이슬람으로 만들어야 한다고 믿는다. 그리고 전쟁에서 승리하기 위해서는 비무슬림을 속여도 된다고 생각한다.

## 5. 이슬람은 거짓의 종교이다

꾸란은 무슬림들의 자기방어나 자신의 신앙을 지키기 위한 거짓말을 허용한다. 무함마드의 언행록인 하디스에서는 누군가의 생명을 구하기 위해서나, 평화나 화해를 위해서, 그리고 여성을 설득하기 위해서 거짓말을 해도 된다고 주장한다. 그 외에도 상인들이 상업을 위해서나 누군가를 이슬람으로 개종시키기 위해서는 거짓말을 할 수 있다.

이것이 '타끼야' Taqiyah 교리이다. 무슬림은 한국의 이슬람화를 위해 이 '타끼야' 교리를 적극적으로 활용하고 있다. 이런 무슬림의 도전에 맞서 그리스도인들은 정신을 차리고 깨어 있어야 한다. 성경은 우리에게 "근신하라 깨어라 너희 대적 마귀가 우는 사자 같이 두루 다니며 삼킬 자를 찾는다"고 경계한다(벧전 5:8).

## 제3장 한국의 이슬람과 한국교회의 전략적 대응

이슬람은 기독교와는 다른 신을 믿고 있고 예수그리스도의 신성을 부인하는 종교이며, 기독교와 달리 행위에 의한 구원을 강조하는 거짓 종교이다. 그리고 이슬람은 전 세계로 자신의 종교를 전파하려는 선교 지향적인 종교이다. '지피지기백전불태'知彼知己百戰不殆라는 말이 있다. 이슬람에 대해 정확히 알아야만 올바른 대응책도 만들 수 있다. 특별히 한국에 고조되고 있는 "이슬람 포비아 Phobia 현상"도 어떤 의미에서는 이슬람에 대한 올바르지 않은 시각에서 비롯된 것이다.

### 1. 이슬람에 대한 한국교회의 시각

한국에서는 이슬람에 대해 말할 때 매파니 비둘기파니 하면서 많은 논쟁이 있다. 한쪽에서는 이슬람에 대한 부정적이고 위협적인 요소만을 부각시켜 위기감을 고조시킨다. 무슬림의 인구가 20만이 아니라 40만 명 이상이며, 조만간 100만 명을 넘을 것이라고 주장한다. "이슬람화 단계별 8단계 전략보고서"나 "꾸란에서 가르치는 이슬람의 13교리"13 Doctrines of Radical Islam and ISIS from the Qu'ran 등과 같은 자료를 제시하며 이슬람이 한국 사회에 미칠 위험성만을 부각시킨다.

다른 한편에서는 아직은 그 숫자가 미미하다는 이유로 무관심한 태도를 취한다. 한국에 거주하는 무슬림 인구는 15만 명이지만 국내체류 외국국적의 이슬람교도를 정확히 파악하기 어렵고, 법무부 출입국관리소의 통계도 이슬람권 국적 국내체류자의 단순취합 수치여서 비非무슬림까지 포함된 것이라고 말한다. 내국인 무슬림의 인구 역시 기존에 발표된 4만 명이 아니라 수백 명에 불과하며, 5-6년 이내에 무슬림 인구가 100만 명에 도달할 것이라는 통계는 과학적인 근거가 없다고 주장한다. 한국은 무슬림들에게 단기간 돈을 벌기에는 좋은 나라이지만, 언어와 문화적 장벽이 너무나 커서 장기간 정착하기에는 적합하지 않다고 생각한다.

### 1) 한국교회가 주목해야 할 것

통계는 누가 내느냐에 따라서 수치가 다를 수밖에 없다. 국내 무슬림 인구가 몇 명이고 어느 통계가 맞는가 하는 것이 우리의 궁극적인 관심은 아니다. 우리가 주목해야 할 것은 복음을 전해야 할 선교대상자인 무슬림이 이미 한국에 들어와 있고, 지속적으로 들어올 것이라는 사실이다. 이제는 이것이 한국교회에 위기가 될 것인지 아니면 기회가 될 것인지를 논해야 한다. 어떤 이는 무슬림의 인구가 통계청에서 낸 것보다 적을 것이고 오차가 많다고 이야기 한 바 있다. 그런데 그 오차 범위를 찾아내는 것보다 더 중요한 것은 그들이 지금 우리 곁에 와 있는데 우리가 그들에게 담대하게 가서 복음을 전하지 못하고 있다는 것이다. 우리는 가끔 무슬림을 급진적인 무슬림이냐 온건한 무슬림이냐를 가지고 논쟁한다. 또는 신실한 무슬림이냐 명목상의 무슬림이냐를 따진다. 우리는 한국에 들어오는 무슬림이 어떤 모습인가에 상관없이 그들 모두는 우리가 가서 복음을 전해야 하는 선교의 대상이라는 사실에 주목해야 한다.

### 2) 한국의 이슬람, 위기 혹은 기회?

1950년대 한국전에 참여했던 무슬림이 국내에 정착하기 시작한 이래로 한국 내 무슬림의 인구는 꾸준히 성장하고 있다. 그런데 우리나라에 들어오는 무슬림들의 국적을 보면 주로 선교사의 비자를 허락하지 않거나 허락하더라도 여러 가지 이유로 사역이 어려운 나라들이다. 누군가 그들에게 가서 복음을 전해야만 하는데 안타깝게도 들어갈 수가 없는 것이다. 그런데 오히려 그들이 우리 주위에 들어오고 있다. 그야말로 '온 자들에게 가는' 시대가 되었다. 이제는 비자 걱정 안하고 신변의 위협도 느끼지 않으면서 무슬림에게 가서 복음을 전할 수 있게 되었다.

그러나 이것이 단지 기회만은 아닐 수 있다. 왜냐하면 그들이 한국에 들어오면서 몸만 오는 것이 아니라 그들의 문화와 종교도 같이 가지고 들어오기 때문이다. 이것은 한국교회나 사회에 분명한 위험요소이다. 그런데 사실 이슬람의 대거 유입보다 더 큰 위험은 한국교회가 이 이슬람의 위협에 대처할 수 있는 힘을 상실했다는 것이다. 한국교회는 현재 말씀의 능력을 상실했을 뿐만 아니라 기독교의 신뢰도 하락, 기독교 지도자들의 타락, 그리고 교회의 무능력으로 인해 거대한 이슬람의 도전에 맞대응할 수 있는 능력을 잃어버렸다.

대전의 경우 현재 카이스트와 충남대 등 여러 대학에 무슬림 유학생이 들어와 있다. 그들이 궁동에 이슬람 센터를 구입하여 매주 금요일이면 수백 명씩 모여 기도를 한다. 그러나 대전 지역에는 이들 무슬림을 대상으로 사역하는 교회가 많지 않다. 이렇다 할 이슬람 전문가도 없다. 몇 명의 헌신된 사역자가 있기는 하지만 카이스트와 대전 과학연구단지에 연구원이나 유학생 신분으로 들어와 있는 무슬림을 대상으로 한 사역으로는 턱없이 부족하다.

한국에 무슬림이 얼마나 있고 얼마나 많이 들어 오느냐만 따지고 있을 것이 아니라, 우리 중 누구라고 그들에게 복음을 들고 가야 한다. 한국교회가 무슬림들에게 가서 복음을 전하고 그들을 주님께로 인도할 수만 있다면 이슬람의 유입은 위험이 아니라 오히려 기회일 것이다. 우리는 그것이 위험이라고 할지라도 기회로 바꿔야 한다. 성경은 "사랑 안에 두려움이 없고 온전한 사랑이 두려움을 내쫓나니"라고 말씀한다(요일 4:18). 이슬람은 결코 우리의 적수가 될 수 없다. 그들은 두려움의 대상이 아니라 사랑의 대상이다. 이슬람이라는 종교의 거짓성과 죄악은 막아내야 하지만, 그 이슬람이라는 종교를 믿고 있는 무슬림들에게는 우리가 사랑으로 다가가야 한다. 이슬람에 대한 두려움을 몰아내고 위험을 기회로 만들 수 있는 것은 결국 예수 그리스도의 피 묻은 십자가와 부활로 드러난 하나님의 무한한 사랑이다.

사탄은 계속해서 우리를 움츠러들게 만들고 머뭇거리거나 망설이게 만들 것이다. 그러나 예수 그리스도의 복음을 전해야 하는 한국교회는 그 위협에 결코 타협하거나 물러서지 말아야 한다. 이제는 "한국의 이슬람, 위기인가 기회인가"를 논할 것이 아니라 하나님께서 한국교회에게 허락하신 이 기회를 어떻게 십분+分 활용할까를 논의해야 한다. 한국교회는 이 기회를 최대한 살려서 국내에 들어와 있는 무슬림에게 복음을 전해야 한다. 무슬림 국가에 태어나 한 번도 복음을 들을 기회가 없었던 그들이 이곳에 와서 복음을 들을 수 있다는 것이 그들에게는 축복이요, 한국교회에게는 엄청난 기회인 것이다.

## 2. 한국교회의 전략적 대응

우리는 무슬림에게 어떤 태도로 다가가야 하는가? 어떻게 하면 그들에게 효과적으로 복음을 전할 수 있을까? 몇 가지 원칙과 태도에 대해서만 살펴보자.

### 1) 하나님 아버지의 마음으로 그들을 바라보라

하나님께서는 "하물며 이 큰 성읍 니느웨에는 좌우를 분변하지 못하는 자가 십이만여 명이요 가축도 많이 있나니 내가 어찌 아끼지 아니하겠느냐"고 말씀하신다(욘 4:11). 집 나간 둘째 아들이 집으로 돌아오자 "아직도 거리가 먼데 아버지가 그를 보고 측은히 여겨 달려가 목을 안고 입을 맞추었다"고 성경은 기록한다(눅 15:20). 이것이 하나님 아버지의 마음이다. 하나님 아버지는 무슬림들 모두가 그 분께 나와 예배하며 구원받기를 원하신다. 그 하나님 아버지의 마음으로 무슬림을 가슴에 품어야 한다. 열방을 향해 눈물 흘리시는 그 아버지의 눈으로 그들을 바라보아야 한다.

### 2) 무슬림은 복음을 들어 볼 기회를 갖지 못한 미전도 종족이다

무함마드는 많은 종교인과 기독교인을 만났지만 제대로 된 복음을 들어보지 못했다. 성경이 아랍어로 번역된 것도 이슬람이 태동된 지 227년이 지난 AD 837년이다. 아랍어 성경이 출판된 것은 그보다 훨씬 이후인 AD 1516년이다. 역사상 십자군 원정을 포함한 여러 번의 충돌과 갈등, 정치·신학적 장애, 그리고 법적·교리적 차이로 인해 전 세계 무슬림의 대다수는 복음을 들어볼 기회조차 갖지 못했다. 우리 곁에 다가온 무슬림 역시 빛이 되신 예수 그리스도에 대해 들어 본 적이 없는 잃어버린 영혼이다. 그들 모두 우리가 가서 복음을 전해야만 하는 미전도 종족이다.

### 3) 복음에 대해서는 담대하되, 그들을 태도에 있어서는 겸손해야 한다

무슬림을 만나 복음을 전하려고 하다 보면 많은 어려움에 부딪히게 된다. 무슬림은 삼위일체 하나님, 예수 그리스도가 하나님의 아들이라는 것, 예수 그리스도의 십자가 구속사건에 대해 믿지 않는다. 그래서 복음을 전하다 보면 기독교 복음의 근본을 거부하는 무슬림과 논쟁을 하게 된다. 때론 복음에 대해 오해하고 있는 무슬림에게 변증을 사용할 필요가 있다. 그러나 인간의 논리와 지식, 그리고 사변을 통한 논쟁은 결코 무슬림 전도에 효과적인 방법이 아니다. 타종교인 특히 무슬림에게 복음을 전하고자 할 때, 그들이 복음에 대해서 무엇을 오해하고 있는지, 그들이 왜 복음을 거부하는지 먼저 이해해야 한다. 복음을 전하는 사람은 겸손한 태도로 그들을 만나고, 그들과 대화하며, 그들의 목소리에 귀 기울여야 한다. 그러나 우리가 가진 진리 즉 십자가와 부활의 복음에 대해서는 한 치의 물러섬 없이 담대해야 한다.

### 4) 이슬람 선교의 가장 효과적인 방법은 예수 그리스도의 성육신적 삶이다

하나님은 세상을 사랑하사 독생자 아들 예수 그리스도를 보내셨다 (요 3:16). 성경은 "그는 근본 하나님의 본체시나 하나님과 동등됨을 취할 것으로 여기지 아니하시고 오히려 자기를 비워 종의 형체를 가지사 사람들과 같이 되셨고 사람의 모양으로 나타나사 자기를 낮추시고 죽기까지 복종하셨으니 곧 십자가에 죽으심이라"고 말씀한다(빌 2:6-8). 실제로 예수님은 "섬김을 받고자 함이 아니라 도리어 섬기려"고 이 땅에 오셨고, 정말로 섬김의 본을 보이셨다. 이 땅의 5만여 교회 역시 무슬림들에게 가서 예수님께서 친히 보여주신 섬김의 삶을 살아야 한다. 그리스도의 사랑으로 그들을 섬겨야 한다.

한국에 들어와 있는 무슬림의 상당수는 노동자이거나 유학생이다. 그들은 지금도 여전히 민족적 집단성이 강하고 단일문화권의 정서를 가진 한국에서는 외로운 이방인이다. 한국 교회는 그들 안에 깊숙이 들어가 빛과 소금으로서의 역할을 감당하며, 복음의 능력이 그들에게 가시적으로 드러나는 삶을 살아내야 한다. 실제로 지난 수십 년간 무슬림의 상당수가 그리스도인들의 삶을 보고 기독교로 개종하게 되었다. 그리스도인들이 무슬림에게 복음을 전하기 위한 가장 효과적인 방법은 바로 "예수그리스도의 성육신적 삶"Christ-Like Lifestyle을 통한 전도이다.

### 5) 이슬람에 대해서 정확히 알아야 한다

최근 상당수의 목회자가 이슬람의 '알라'와 기독교의 '하나님'이 같다거나, 이슬람의 '이사'와 기독교의 '예수'가 같다고 생각한다고 답했다. 이것은 이슬람에 대한 무지에서 비롯된 것이다. 이슬람은 기독교와 비슷한 교리를 가지고 있지만 완전히 다른 종교이다. 그들의 경전인 꾸란 역시 진리가 아니라 "사탄의 위대한 걸작품"에 불과하다. 사탄은 계속해서 우리를 미혹하려고 한다. 그 사탄의 미혹에 넘어지지 않으려면 우리가 하나님의 말씀은 물론 이슬람에 대해서도 정확하고 명확하게 알아야 한다. 우리가 타종교에 대해 공부하면 할수록 하나님의 말씀이 진리라는 사실은 더욱 분명해 질 것이다.

### 6) 이슬람 선교는 시간이 걸리는 작업이기에 인내를 가지고 지속적으로 해야 한다

무슬림에게 복음을 전하는 일은 전혀 결코 쉬운 일이 아니다. 이슬람의 태동과 함께 시작된 역사적 갈등과 충돌, 신학적·교리적 차이, 법적인 장애 등을 극복하고 그들에게 복음을 전하려면 오랜 시간 인내를 가지고 기도하면서 그들에게 다가가야 한다. 전 세계 18억의 무슬림을 포함한 세계복음화는 분명 성취 가능한 과업이다. 그러나 이는 불가피하게 시간이 걸리는 작업이다Time- Consuming Task. 이제 그 일을 한국교회가 시작해야 한다.

한국에 20만 명 이상의 무슬림이 이미 우리 주변에 와 있다. 선교사들이 가서 복음을 전해야 하는 선교의 대상이 제 발로 우리 곁에 와 있는 것이다. 한국교회는 그들에게 가야 한다. 그들에게 다가가 복음을 전하는 일은 어쩌면 밑 빠진 독에 물을 붓는 것처럼 지치고 힘든 일일 것이다. 그러나 때로는 그들에게 복음을 전하기 위해서는 밑 빠진 독에 물을 채우는 수고를 감내해야 한다. 그 '거룩한 과소비'를 통해 주변의 식물이 자라고, 도랑이 생기며, 커다란 강과 바다를 이루게 될 것이기 때문이다.

# 제 11 부
# 통일한국을 향한 한국교회의 역할

제1장 탈북민의 증가와 한국교회의 통일선교

제2장 남북통일을 위한 한국교회의 역할

# 제11부

# 통일한국을 향한 한국교회의 역할

## 제1장 탈북민의 증가와 한국교회의 통일선교

한반도 통일시대의 한국교회에 주어진 사명과 과제는 무엇인가? 이 질문에 대해서 모두가 '한반도의 복음화'라는 것에 동의할 것이다. 한때 평양은 '동양의 예루살렘'이라 불렸다. 그런데 지금 북한은 한반도 분단 이후 70여 년 동안 철저하게 복음과 단절된 나라가 되었다. 물론 북한에도 지하교회와 성도가 있다. 북한을 위한 제3국에서의 간접적인 선교도 이루어지고 있다. 하지만 여전히 북한은 전 세계에서 가장 박해가 심한 미전도 국가이다. 한국교회는 이제 통일시대를 바라보면서 북한의 복음화를 위해 구체적인 준비를 해야 한다.

### 1. 탈북민의 증가

최근 남북정상회담, 북미정상회담 등으로 한반도에 평화의 조짐이 보이는 것 같지만, 북한은 여전히 정치적인 고립, 불안정한 사회구조,

잦은 가뭄과 홍수로 인한 경제난, 인권탄압과 같은 문제로 어려움을 겪고 있다. 그리고 보다 나은 삶을 위해 목숨 걸고 탈북을 하는 북한주민의 숫자가 점차 늘고 있다. 김정은 정권이 들어선 이후 북한 당국의 탈북 통제가 강화됐지만, 체제에 불만을 가진 북한 주민들이 여전히 남한으로 넘어오고 있는 것이다. 한국에 입국해서 살고 있는 탈북 이주민의 숫자도 이제 3만 명을 훌쩍 넘어섰다. 1990년대 후반에는 '고난의 행군'을 거치면서 먹고살기 위한 '생계형 탈북'이 많았다면, 지금은 더 나은 삶과 미래를 꿈꾸는 '이민형 탈북'이 증가하고 있다.

## 2. 한국교회의 통일 준비

한국교회는 그러나 통일문제에 적극적으로 대처하지 못했고 준비도 미흡한 상황이다. 몇몇 대형교회나 단체가 민족의 분단 상황 속에서 간헐적으로 인도주의적 차원의 경제지원을 해왔다. 또한 헌신된 소수 선교사들에 의해 제3국에서 단기 체류 탈북자를 중심으로 한 선교활동도 이루어졌다.[128] 그러나 아직까지도 한국 교회는 통일에 대한 구체적인 그림과 전략이 없어 보인다. 현재 한국 교회는 하나님의 뜻과 계획을 깨닫지 못하고 있을 뿐만 아니라 맡겨진 사명을 제대로 수행하지 못하고 있다.

---

128) '탈북자'란 북한주민이 북한을 탈출하여 남한에 입국한 사람을 지칭하는 말로, 과거 '귀순용사,' '귀순자'로 불렸다. 1997년 「북한이탈주민의 보호 및 정착지원에 관한 법률」에 의해 '북한이탈주민'으로, 그리고 2005년부터는 정부에 의해 '새터민'으로 불리고 있다. 조요셉, 「북한선교의 마중물 탈북자」 (서울: 두날개, 2013), 17-8. 그런데 '새터민'이란 용어는 '순우리말+한자어'로 구성된 조어법상의 문제와 북한 체제를 거부하고 자유를 찾아온 사람을 경제 난민 취급하는 부정적 시각 때문에 사용을 꺼려한다. 최근에는 그냥 '북한이탈주민'이나 '탈북민'이란 용어가 많이 쓰이고 있다.

하나님께서는 온 열방을 복 받게 하시기 위해 아브라함을 선택하셨다. 또한 에스더를 통해 유대 민족을 구원하셨다. 같은 맥락에서 하나님께서는 북한의 수많은 영혼을 구원하시기 위해 우리나라를 축복하셨고, 한국교회를 놀랍게 부흥시키셨다. 이제 한국교회가 통일한국을 향한 하나님의 비전과 사명을 발견해야 한다. 그리고 한국교회가 지금부터라도 해야 할 통일준비가 무엇인지 고민해야 한다.

## 3. 한국교회의 통일선교 발자취

### 1) 최초 북한과의 접촉

북한과의 직접적인 접촉 모색은 1984년 3월 고종옥 신부의 북한 방문을 계기로 시작되었다. 그 후 여러 명의 천주교 주교와 신부가 북한을 공식적으로, 비공식적으로 방문하면서 북한 사회에 천주교를 알리는 계기가 되었다. 천주교회는 주로 교구 단위로 '북한선교위원회'를 설립하여 활동하고 있다.

### 2) 개신교의 북한선교

한국 개신교회의 북한선교는 여러 교회, 교파, 단체가 개별적으로 혹은 연합해서 활동하고 있다. 한국교회의 통일선교 운동은 1956년 개국한 '극동방송'과 함께 시작되었다. 극동방송은 "선교사의 파송이 불가능한 지역에 예수 그리스도의 복음을 전파"하려는 목적으로 설립되었다. 실제로 방송선교는 북한사회의 폐쇄성을 고려할 때, 가장 효율적인 선교방법이었다. 그러나 한국전쟁을 경험한 한국교회가 곧 바로 북한의 복음화를 위해 일하는 것은 말처럼 쉽지 않았다. 남한의 교회는 지도자의 부재와 경제적인 문제를 먼저 해결해야 했다. 그래서 1950년대와 1960년대에는 실향민 교회를 중심으로 한 기도운동을 하는 정도였다.

### 3) 전문선교단체의 등장

1970년대가 되면서 본격적으로 북한을 대상으로 전문선교단체가 등장했다. 한국 최초의 북한선교 단체는 1974년에 창립된 '씨앗선교회'이다. 이 선교회가 1977년에 "북녘 땅에 잃은 형제, 복음으로 다시 찾자"는 슬로건을 앞세워 충현교회에서 '북한선교회'로 개명하면서 본격적인 통일선교가 시작되었다. 이후 '예장통합 남북한 선교협력 대책위원회'(1971), '기독교 북한선교회'(1984), '북한선교 통일훈련원', '모퉁이돌 선교회' 등이 북한 선교활동을 주도했다. 한국의 보수 교단과 단체는 북한 당국에 의해 세워진 교회나 '조선그리스도교연맹' Korean Christian Federation과 연합하지 않고 직접적으로 복음을 전하는 사역을 하였다. '조선그리스도교연맹'은 출현 당시 북한 공산당의 조종을 받는 어용기구로 간주하였기 때문이다.

### 3) 진보진영에서의 통일운동

1980년대에 들어서면서 진보교단을 중심으로 한 '한국기독교교회협의회'The National Council of Churches in Korea는 '조선그리스도교연맹'과 연합하여 통일운동과 함께 사회봉사선교를 시작했다. 이들은 북한의 유일한 합법적 개신교단체인 '조선그리스도교연맹'과 연합하는 사역을 모색했다. 북한처럼 신앙의 자유가 없이 통제된 사회에서 합법적으로 사역하기 위해서는 선택의 여지가 없었기 때문이다. 아쉽게도 보수와 진보의 이런 견해 차이는 아직도 좁혀지지 않고 있다. 그럼에도 불구하고 이 시기 많은 선교기관과 연구원이 본격적으로 북한 선교관련 활동을 시작했다.129)

### 4) 보수와 진보의 연합 사역

1990년대에 들어 동유럽의 사회주의 몰락과 독일의 통일은 한국기독교의 통일운동에 큰 변화를 가져왔다. 민족통일의 염원 아래 많은 교회와 단체가 통일선교에 동참하기 시작했기 때문이다. 1970년대나 80년대와 달리, 1990년대에는 진보와 보수가 서로 연합하여 한반도의 화해와 통일을 위해 노력했다. 대표적인 것이 1993년 창립한 "남북나눔운동"이다. 이것은 "민족의 화해와 평화통일에 기여하기 위해 설립된 대한민국 최초의 대북지원 민간단체"로, 순수 기독교인들의 통일운동이었다. 같은 해, '한국기독교총연합회 남북교회협력위원회'도 발족한다. 이렇게 전문적인 북한선교 단체 외에도 각 교회나 교단별로 통일한국을 위한 기구나 조직이 만들어졌다. 최근에는 탈북민의 숫자가 증가하면서 그들이 설립한 선교단체도 등장했다.

---

129) 국내 NGO에 대해서는 다음의 웹사이트 참조하라. https://www.ngokr.com/up-1.

## 3. 통일을 위한 전제[130]

### 1) 통일관련 인식조사

서울대학교 통일평화연구원이 2013년에 실시한 '통일의식조사'에 따르면, 통일이 필요하다고 응답한 남한 주민은 54.8%였다.[131] 그런데 사실 남한 국민의 통일에 대한 사회적 인식의 토대는 합리적 사고가 아닌 우리 사회가 반드시 이루어야 할 민족적 과제라고 하는 정서적 당위성 때문이었다.[132] 최근 통일의 당위성에 대해 묻는 설문조사에서는 어른세대의 95%가 통일을 찬성한 반면, 젊은 층에서는 30%만 통일이 필요하다고 응답함으로써 그동안 간직하고 있던 통일에 대한 민족적 당위성마저 희미해지고 있는 상황이다.[133]

통일을 희망하는 이유에 대해서 사람들은 같은 민족이니까(41.6%), 전쟁위협을 없애기 위해(27.3%), 선진국이 되기 위해(17.7%), 이산가족의 고통해소(7.2%), 북한주민도 잘살기 위해(4.9%) 순으로 대답했다.[134] 이처럼 우리나라는 아직까지 통일에 대한 민족주의적 당위성이 가장 높게 나타났다. 그 외에도 전쟁의 위협과 막대한 군사비용을 줄이고자 하는 실용주의적 당위성과 이산가족의 고통이나 북한의 경제회복을

---

130) 최원진, "통일 한국을 향한 한국 교회의 선교적 사명,"「복음과 선교」, 제26집 (2014): 149-83을 참조.
131) 정은미, "남북한 주민들의 통일 의식 변화: 2011-2013년 설문조사 분석을 중심으로,"「통일과 평화」, 5집 2호 (2013): 80-1.
132) Ibid. 북한주민은 93.3%가 통일이 필요하다고 응답했는데, 이것은 북한의 정치, 경제, 사회적 현실을 벗어나고자 하는 필요 때문이라고 판단한다.
133) 김문자, "민주평통자문회의 캘커리지하 주최 통일 강연회" [온라인 자료] http://www.dongponews.net/news/articleView.html?idxno=24646, 12019년 2월 10일.
134) 변종현, "20대 통일의식과 대학 통일교육의 과제,"「통일정책연구」, 제21권 1호 (2012): 167.

바라는 인도주의적 당위성 때문에도 통일을 원하고 있다.

### 2) 통일을 위한 준비

한국교회는 이 통일의 문제에 어떻게 반응하고 있는가? 한국교회는 통일을 위해 재정적 헌신과 북한교회의 영적 순수성을 지켜줄 준비, 그리고 북한 주민의 인권을 보호할 준비를 해야 한다.[135] 그러나 상당수 남한의 교회가 통일을 이루기 위해 기꺼이 감수해야 하는 희생과 헌신을 외면했다. 교회는 그동안 통일이 가져올 유익과 경제적 손익만을 생각했을 뿐, 한국 교회 전체가 체계적으로 통일을 준비하지는 못했다. 북한의 수많은 영혼이 우리와 동일하게 구원받아야 할 하나님의 백성이라는 인식조차 하지 못했다. 지난 수십 년 동안 한국 교회의 북한 선교는 일부 교회나 단체에 의해서만 주도되었다. 그러나 이제는 온 교회가 북한의 복음화를 위해 준비해야 한다. 통일이 하나님의 뜻이라는 분명한 확신을 가져야 한다. 이제는 과거처럼 구태의연한 방식으로 그저 통일만을 바라며 하나님께 기도하는 것만으로는 부족하다. 오히려 구체적이고 적극적인 복음화 전략이 마련되어야 한다.

### 3) 통일의 방식

그렇다면 우리가 원하는 통일은 어떤 것인가? 통일의 방법과 시기에 따라 한국교회의 역할과 준비가 달라야 한다. 역사적으로 통일의 세 가지 모델이 언급된다. 첫 번째, 1975년 월남이 월맹식 사회주의 국가로 통일된 것처럼 무력에 의한 통일이다. 둘째, 자본주의 북예멘과

---

[135] 최윤식, 「2020-2040 한국교회 미래지도」 (서울: 생명의 말씀사, 2013), 216-8.

사회주의 국가인 남예멘이 1990년 5월 22일 평화적 협상으로 통일을 이루었다가 내전 때문에 다시 무력으로 통일된 방식이다. 그리고 마지막으로 독일의 평화적 통일 모델이다. 이 중에서 한국교회가 바라는 통일은 독일의 '평화적 통일' 모델이다.

한국교회는 남들이 하니까 나도 한다는 생각이나 주먹구구식의 선교가 아니라 체계적이고 전략적인 준비를 해야 한다. 무엇보다는 한국교회는 통일에 대한 올바른 선교철학과 방향을 수립해야 한다. 통일이라는 목표를 위해 남한의 교회나 단체가 서로 힘을 모아야 한다. '한국기독교교회협의회'와 '한국기독교총연합회'도 서로 반목과 갈등만을 일삼을 것이 아니라 함께 손잡아야 한다. 이제는 개별적인 사역보다는 한국교회가 전문인들과 함께 통일 문제를 논의하고, 구체적으로 어떻게 접근할지 고민해야 한다. 그래서 갈등과 반목, 경쟁과 다툼이 아닌 사랑과 평화의 통일이 되도록 만들어야 한다.

## 제2장 남북통일을 위한 한국교회의 역할

### 1. 남북통일의 마중물, 한국교회

하나님께서는 남한의 교회를 통해 북한을 구하기를 원하신다. 북한이 얼마나 커다란 기독교의 부흥이 있었는지에 상관없이 남한의 교회는 이제 분단 70여 년의 아픔을 딛고 남북통일을 위해 일해야 한다. 에스더 4장 13-14절에 "모르드개가 그를 시켜 에스더에게 회답하되 너는 왕궁에 있으니 모든 유다인 중에 홀로 목숨을 건지리라 생각하지 말라 이 때에 네가 만일 잠잠하여 말이 없으면 유다인은 다른 데로 말미암아 놓임과 구원을 얻으려니와 너와 네 아버지 집은 멸망하리라 네가 왕후의 자리를 얻은 것이 이 때를 위함이 아닌지 누가 알겠느냐"라고 말한다. 이것은 어쩌면 우리 남한의 교회를 향한 하나님의 음성이다. 하나님은 지금 우리에게 질문하신다. "남한아, 네 아우가 어디 있느냐?"

한국은 2017년 말 수출 1조 달러 달성으로 세계 6위 무역국이 되었다. 전 세계에서 가장 가난한 나라중의 하나였던 한국이 엄청난 속도로 급성장한 것이다. 하나님의 축복에는 이유가 있다. 바로 한국교회가 한반도 통일의 마중물 역할을 해야 하기 때문이다. 통일은 단순히 정치, 경제, 외교, 군사, 문화 통일뿐만 아니라 복음으로 하나 되어야 한다. 복음이 70여 년 분단의 상처와 아픔을 치유하고 회복할 수 있다. 복음은 영혼을 살리는 능력이 된다. 그렇기 때문에 통일한국을 위한 가장 중추적인 역할은 한국교회가 감당해야 한다.

그동안 남한의 교회는 국내에 들어와 있는 탈북민들에 대한 직접적인 연구와 이해 없이 열정만 가지고 북한 복음화를 시도했다. 북한선교 사역도 직접 북한에 들어가서 한 것이 아니라 제3국에서 간접적으로 이루어졌다. 그렇기 때문에 북한 주민의 세계관이나 정서를 이해하는데 있어서 매우 제한적일 수밖에 없었다. 그런데 하나님께서는 북한 사회와 북한 주민을 보고 배울 수 있는 기회를 주셨다. 바로 3만 명이 넘는 탈북민이다. 이제 국내에 들어와 있는 탈북민을 대상으로 한국교회는 통일한국을 위해 구체적이고 체계적인 준비를 할 수 있게 되었다. 한국교회는 하나님 앞에서 겸손하게 "자기를 부인하고 자기 십자가를 지는"(마 16:24; 막 8:34; 눅 9:23; 14:27) 연습을 해야 한다. "거저 받았으니 거저 주어야"(마 10:8)한다. 통일은 단순히 나라와 나라의 통일, 남한과 북한의 하나 됨이 아니다. 마음과 마음이 만나고, 사람과 사람이 만나야만 가능하다. 그 만남을 위해서 마중물이 필요하다. 그것이 바로 교회이다.

## 2. 신속한 통일이나 점진적 통일이 아닌 준비된 통일

　북한의 경제가 회복되고 사회적, 심리적 통일 후유증을 줄이기 위해서는 신속한 통일보다는 점진적인 통일이 더 적합하다. 그러나 사실 신속한 통일이나 점진적 통일보다는 더 절실한 것은 준비된 통일이다. 준비된 통일을 이루기 위해서는 그만큼의 시간이 필요하기 때문에 이것도 역시 점진적 통일이라고 생각할 수 있다. 그러나 역사의 주관자이신 하나님께서 언제 우리에게 통일을 허락하실지 아무도 모른다. 그렇기 때문에 한국교회는 언제가 될지 모르는 그 때를 위해 준비해야 한다. 이것은 통일비용이나 체계적으로 통일 준비만을 의미하는 것은 아니다. 남한의 교회가 북한의 복음화를 위한 준비해야 한다는 뜻이다. 한국교회는 눈앞에 보이는 이익이 아니라 미래를 바라보면서 준비하는 선견지명先見之明을 필요로 한다.

　2011년 12월 17일 김정일의 갑작스러운 사망과 김정은 체제의 등장, 북한주민들의 의식변화, 세계 각국의 북한에 대한 외교적 입장 변화 등을 고려할 때 많은 사람이 남북한의 통일이 그리 멀지 않았음을 조심스럽게 예측했다. 그럼에도 현재 한국 정부와 교회는 그에 대한 준비가 전혀 되어 있지 않은 모양새이다. 만약 우리가 통일에 대한 준비를 마쳤다면 남북이 하나 되는 것은 커다란 축복이요, 또한 부흥의 기회일 것이다. 그런데 그렇지 못한 상태에서 통일이 되면 또 다른 문제를 야기하는 재앙이 될 수도 있다. 한국교회가 어떻게 준비하고 대처하느냐에 따라 통일은 대박이 될 수도 있지만 반대로 쪽박이 될 수도 있다는 말이다. 사실 그동안 북한 선교운동의 리더는 한국 사람이 아닌 다른 민족이었고, 통일교나 다른 이단이 북한 내부에서 더 많은 영향력을 미치고 있는 실정이다.136) 이처럼 한국교회가 준비되지 않은 상태에서 통일이 된다면 북한의 교회는 급격히 세속화되고, 남한의 교회들은 극심한 분열을 겪게 될 것이다.

## 3. 북한 복음화의 일꾼, 탈북민

남북통일은 한국교회에게 남겨진 민족 최대의 과업이며, 세계복음화를 위한 반드시 거쳐야 하는 관문이다. 1990년대에 시작된 북한교회 재건운동은 '연합, 단일, 독립'이라는 원칙을 정하고, 1998년 2월 통일선교대학을 시작했다. 이는 북한 선교를 감당할 사역자를 양성한다는 취지였다. 선교는 선교지에서 자생적인 토착교회를 세우는 것을 그 목표로 한다. 그것을 위해서는 현지인이 현지인을 전도하는 것이 절실히 필요하다. 왜냐하면 남한과 북한은 70년 이상 분단된 나라로 살아가면서 언어와 세계관이 다른 타문화권 사역이 되었기 때문이다. 그러므로 남한의 교회 지도자들이 사역하는 것보다는 북한이탈주민이 더 효과적일 수 있다. 안타깝게도 한국 교회는 지금 2,400만의 북한 동포는 커녕 한국에 들어와 있는 3만 명의 탈북민을 복음화하거나 그들을 잠재적인 선교역량으로 양육하고 돌보지 못하고 있다.

많은 사람이 남북이 통일되고 고난과 핍박 가운데 생활했던 북한 동포들이 복음으로 무장되면 중국과 시베리아를 거쳐 중동, 아프리카 지역을 넘어 이스라엘까지 구원의 도구가 될 것이라고 말한다.137) 이처

---

136) Dave & Sus, 「무너지는 장벽」, 이스데반 옮김 (서울: 홍성사, 2009), 41- 2.

럼 통일이 되면 실제로 북한의 많은 자원을 통해 전 세계 복음화를 이루어 나갈 수 있게 될 것이다. 물론, 통일의 목적이 선교가 어려운 창의적 접근지역이나 제한적 접근지역 선교를 위해 북한의 그리스도인이 필요하기 때문이라고 말하는 것은 아니다. 통일은 무엇보다도 최우선적으로 북한의 복음화를 위해서이다. 그리고 북한의 복음화는 결국 세계의 복음화로 연결될 것이기 때문이다.

한국교회는 탈북민을 복음화하고 그들이 자국의 동포를 위해 일할 수 있도록 도전해야 한다. 그들 중에 지도자를 양성하여 통일목회를 위한 중요한 자원으로 양육해야 한다. 열왕기상 19장 18절에 하나님께서 이스라엘 가운데서 바알에게 무릎을 꿇지 아니한 7천 명을 남기셨던 것처럼, 하나님께서는 적어도 20만 명 이상의 북한 성도를 여전히 보호하고 계신다. 이렇듯 하나님의 주권적 통치와 섭리하심이 북한사회 전체에 걸쳐 나타나고 있음을 기억해야 한다.

## 4. 회복과 치유의 복음, 사랑

오랜 시간동안 김일성의 주체사상으로 세뇌된 북한 주민들을 변화시킬 수 있는 방법은 복음과 성육신적 사랑이다. 인본주의적 사회주의 계급투쟁과 김일성의 주체사상, 그리고 북한의 잘못된 통치 이데올로기는 북한 사회를 오랫동안 병들게 만들었다. 이것을 치유할 수 있는 방법은 오로지 하나님의 말씀, 예수그리스도의 십자가 사랑과 부활의 능력, 그리고 성령의 역사이다. 그러므로 한국교회는 그들에게 그리스도의 성육신적 섬김과 자기희생의 삶을 보여주어야 한다. 북한 교인들

---

137) 조요셉, "통일선교목회, 지금부터 준비하라! - 통일선교 지향적 교회 세우기," 제1회 북한사역목회자협의회 세미나, 2012년 9월 24일, 12.

이 북한교회 회복의 주역임을 겸손하게 인정하고, 모진 고난 속에서 꿋꿋이 신앙을 지켜낸 그들의 노고와 믿음에 감사와 찬사를 보내야 한다.138) 그리고 복음으로 그들을 회복하고 치유해야 한다. 온전한 복음으로 그들을 훈련하고, 완전한 사람으로 그들을 돌봐 주어야 한다.

## 5. 영역별로 통일을 준비해야 한다

한국의 분단은 1945년 8월 15일 해방과 동시에 38선이 그어짐으로 이루어진 영토 분단, 1948년 남북한이 자유민주주의와 공산주의로 구분된 체제 분단, 그리고 정전협정으로 고착된 정서적 분단의 '3중 분단'이 이루어졌다.139) 그렇기 때문에 통일이 담아야 할 영역은 사회·경제의 통합, 달라진 문화의 통합, 가치체계 통합 등을 포함한다. 여기에 더하여 하나님의 말씀과 복음으로 그들과 하나가 되어야 한다.

그것을 위해서 한국교회는 특별히 영역별로 일꾼을 세워야 한다. 통일선교의 영역을 경제/경영Economy & Business, 교육Education, 가정Family, 정부Government, 예술/엔터테인먼트Arts & Entertainment, 미디어Media, 종교/교회Religion의 7개 영역으로 나누어 그 특성에 맞게 리더를 세워야 한다.140) 즉 '통일 선교사'를 양성해야 한다는 것이다. '통일 선교사'란 "남북한 전쟁과 분단으로 파생된 죄와 악을 예수 그리스도의 복음으로 제거하는 일과, 복음의 화목하게 하는 생명력을 부여하여 새로운 코리아를 만들어 가는 일에 각자의 영역에서 헌신과 수고를 지속적으로 수

---

138) 김성태, "성경적 세계관에 근거한 한국교회의 통일준비," 「신학지남」, 통권75호 (2004): 255.
139) 유관지, "2013년은 어떤 해입니까? '통일선교'란." 「성광」 (2013년 2월): 62.
140) 이관우, 최은상, "영역별 통일선교사, 한국교회가 꼭 해야만 하는 통일사역입니다." 「통일코리아」 (2014년 봄): 93.

행해 나가는 하나님 나라의 일꾼"을 말한다.141)

북한은 법적으로는 종교의 자유를 인정하지만 완전히 독립된 자유를 보장하지는 않는다. 최근 국제환경의 변화에 발맞추어 1980년대부터 종교의 존재를 인정하기 시작하고, 종교정책을 바꾸어 북한 사람들이 남한 기독교인들과의 회의와 대화에 참여하기 시작했다.142) 조선기독교연맹에 의해 봉수교회(1988년)와 칠골교회(1989년)가 세워졌다. 조선기독교연맹은 2002년에 북한 기독교인은 총 1만 3,043명이고, 511개 교회가 있으며, 지하교회의 신자 수는 이보다 20배 이상이 될 것이라고 밝혔다.143) 1998년 개정된 북한의 헌법은 "공민은 신앙의 자유를 갖는다. 이 권리는 종교건물을 짓거나 종교의식 같은 것을 허용하는 것으로 보장된다. 종교를 외세를 끌어들이거나 국가 사회 질서를 해치는데 리용할 수 없다"고 말한다.144) 이처럼 북한 정부가 종교 활동에 관여하지 않고 차별도 없다고 주장하고는 있지만, 여전히 제한이 따르며, 교회나 사찰 등도 국제관계를 고려해 통제하고 있다.145) 변한 것이 있다면 반종교 선전은 줄어든 반면 주체사상의 관점에서 종교가 체계화되어 가고 있다는 것이다.146) 이런 장애를 극복하고 북한을 복음화

---

141) 평통기연, "통일선교사를 파송할 교회를 찾습니다," 「통일코리아」, (2014년 봄): 92.
142) 조은식, "남북교회 교류를 통한 선교 과제," 「장신논단」, 제21호 (2004): 337.
143) "북한 기독교인 총 1만 3043명… 조선그리스도연맹 발표" [온라인 자료] http://news.naver.com/main/read.nhn?mode=LSD&mid=sec&sid1=111&oid=005&aid=0000113195, 2019년 2월 10일. 서방 정보기관 및 선교전문단체의 비공식 조사에 따르면 북한에는 현재 30-50만 명의 지하교회 신자가 있고 그 중 10만 명은 수용소에서 억압받고 있다. 김영한, "한반도 통일의 이념적 방향," 「민족통일과 개혁신앙」, vol. 20 (2006): 26.
144) 조은식, "남북교회 교류를 통한 선교 과제," 338.
145) Ibid.
146) Ibid.

하고 북한 정부와 종교적인 교류를 갖는 것은 쉽지 않다. 그렇기 때문에 우리는 이런 북한의 변화에 주목하면서 그때마다 필요한 전략을 세워야 한다. 그리고 그 일을 감당할 통일 선교사를 키워야 한다.

경제적인 지원도 마찬가지이다. 2009년 기준으로 북한의 국민총소득(명목 GNI)은 24조 6,000억 원으로 남한의 1,068조 7,000억 원과 비교해서 37분의 1 수준이었으며, 1인당 GNI도 123만 원으로 남한의 2,192만 원과 비교하면 17분의 1 수준이었다.[147] 지난 반세기 동안 북한은 경제파탄으로 신음한 반면, 한국은 세계 12위의 경제대국이 되었다. 때문에 그동안의 통일정책은 인도주의 차원에서의 원조에 집중을 해왔다. 그것도 전략적인 지원이 아니라 다분히 감상적이고 감정적인 차원의 경제지원이 많았다. 그러나 이제는 우리나라의 재정 건전성과 탄력성을 높이고 북한의 주민과의 신뢰관계를 통해 상호 연계할 수 있는 차원에서의 교류와 지원을 해야 한다.[148] 그것을 위해서는 지금까지의 인도적인 차원의 경제협력이나 지원은 분배의 투명성이 보장되는 범위 내에서 지속하되, 근본적으로는 경제개혁이나 취약계층의 빈곤문제를 극복하도록 도와야 한다.[149]

한국교회는 정부의 통일정책이 남북한 국민들의 신앙과 양심과 자유를 보장하는 방향으로 나아가도록 감시자와 조언자의 역할을 해야 하며 국제기구와의 유대를 통해 지속적인 사랑을 실천해야 한다.[150] 이것을 위해서는 한국 교회가 더 많은 인내와 헌신을 감내해야 한다.

---

[147] 최윤식, 「2020-2040 한국교회 미래지도」, 200.
[148] 염돈재, "독일 통일의 교훈과 한반도 통일," 「한국보훈논총」, 23집 (2012): 138.
[149] 박형중, "인도주의적 대북지원의 개념과 원칙," 「북한경제리뷰」 (2011년 2월호): 8.
[150] 김영한, "한반도 통일의 이념적 방향," 27.

김정은 체제는 계속해서 김일성 세습체제의 유지를 위해 안간 힘을 쓸 것이다. 또한 '김일성 민족'을 견고히 하려는 노력도 지속될 것이다. 만약 여기서 우리가 지혜롭게 처신하지 못하면 북한과 남한의 사람들 간에 신뢰가 쌓이기 보다는 오히려 김정은 체제를 더 견고히 해주는 결과만 낳을 것이다. 교회가 복음화만을 목적으로 통일을 희망하거나 정부가 민족적, 정치적, 경제적 이득만을 따져 통일을 바라는 것은 더 많은 문제를 일으킬 수 있다. 그렇기 때문에 온전한 통일이 이루어지기 위해서는 남북한 국민 모두가 남북통일에 대한 공감대를 형성해야 한다. 그리고 통일 이후 벌어질 어떤 문제라도 능히 감내하고 이겨내겠다고 하는 각오가 있어야 한다.

## 6. 결론

통일이란 정치적 차원의 접근이나 정상회담을 통해서가 아니라 남북 주민과 교회 사이의 끊임없는 교류와 신뢰를 통해서 이루어져야 한다. 한국교회도 장차 올 통일을 기대하면서 통일과 복음화를 위한 마중물 역할을 감당해야 한다. 통일은 한국교회의 책임과 사명이다. 남한교회는 북한 복음화를 위한 책임, 우리 동포인 북한 주민들에 대한 책임감을 가져야 한다. 이제는 재정적인 지원과 구호에만 집중할 것이 아니라 체계적이고 전략적인 접근이 필요하며 무엇보다도 사람을 세우는 일을 해야 한다. 그 뿐만 아니라 통일 이후 북한을 복음화 할 수 있는 준비를 구체적이고 지속적으로 해야 한다. 그것은 결코 쉬운 일이 아니다. 많은 사람과 교회의 헌신과 수고, 기도와 눈물이 필요하기 때문이다. 그러나 이것은 어떤 대가를 치루더라도 이루어야만 하는 하나님의 뜻이요, 계획이다. 이제 우리는 하나님께서 왜 아직까지도 한국 교회에 통일을 허락하지 않으셨는지에 대해 진지하게 자문해 보아야 한다.

# 제12부
# 문밖의 선교시대
### -온 자들에게 가라!-

제1장 이주민 선교 Migrant Missions 시대
제2장 이주민 선교의 필요
제3장 한국교회 이주민 선교의 방향성

# 제12부

# 문밖의 선교시대
― 온 자들에게 가라! ―

## 제1장 이주민 선교 Migrant Missions 시대

### 1. 새로운 선교시대

　세상이 급변하고 있다. 그런데 이 급변하는 세상 속에서 나타나는 특징이 하나 있다. 바로 무관심이다. 사회가 점차로 극단적 개인주의화 되면서 이제는 다른 사람의 일에 관심을 갖지 않는다. 나와 직접적인 관련이 없으면 신경 쓰려고 하지 않는다. 그 결과 사회 구성원 간의 인간관계가 점점 단절되고 기계화 되어 간다.

　이런 사회현상을 부추기는 것 중의 하나가 스마트폰이다. 전 세계 인구 10명중 4명은 스마트폰 사용자이다. 현재 우리나라는 10명중 9명이 스마트폰을 사용하고 있다. 거의 모든 사람이 스마트폰을 들고 다니는 것이다. 이제는 신문이나 책, 전화, 메일이나 문자전송, 소셜 네트워크Social Network Service를 통한 정보공유, 인터넷 검색, 음악 감상, 영화나 TV 시청 등이 모두 손바닥 안의 자그마한 전화기에서 이루어진다. 이제는 물리적으로 같은 공간에 위치한 가족이나 친구들끼리도 카톡이나 메신저를 통해 대화한다. 그야말로 '스마트폰 중독'의 시대이다.

이런 스마트폰 중독 현상의 하나로 가족은 물론 친구도 신경 쓰지 않는 '퓨빙'phubbing 현상이 증가한다. 퓨빙은 전화기의 '폰'phone과 무시하다는 뜻인 '스너빙'snubbing의 합성어이다. 요즘 사람들이 주변을 신경 쓰지 않고 스마트폰에만 빠져 있는 현상을 일컫는 말이다. 이로 인해 사람들이 사회생활 속에서 자신도 모르게 타인과의 관계를 스스로 방치하거나, 단절되는 결과를 낳고 있다. 인터넷이나 소셜 네트워크를 통해 폭넓은 교제가 가능하다 보니 정작 자기 주변의 사람과는 소통하지 않거나 소통의 능력을 상실하고 말았다.

이제는 사람과 사람이 만나 직접 눈을 마주치고 소통하는 것이 어색하다. 4차 산업혁명 시대에 이런 현상은 더욱 심화될 것이다. 이것은 우리 사회를 점점 기계화하고 비인격적 관계로 몰고 갈 것이다. 그런데 문제는 이런 현상이 교회에서도 동일하게 나타나고 있다는 것이다. 교회가 세상의 필요와 요구에 점차 무감각해지기 시작했다. 주님은 "너희가 서로 사랑하라"고 말씀하셨지만, 사람을 만나고 사랑할 수 있는 장場 자체가 사라져 가고 있다.

최근 '디지털교회Digital Church 참석자'가 증가하고 있다. 이들은 인터넷을 통해 예배, 성경공부, 교육, 상담, 헌금 등을 한다. 그런데 이것이 과연 성경적인 교회의 모습일까? 단순히 설교 하나만을 가지고 예배라고 할 수 있는가? 설교가 예배의 중요한 요소이지만 다른 성도와 함께 드리는 찬양, 기도, 신앙고백, 성만찬 등이 있어야 온전한 예배라고 할 수 있다. 우리의 신앙은 개인적인 것이 아니라 공동체적이어야 한다. 성경은 분명하게 "두세 사람이 내 이름으로 모인 곳에는 나도 그들 중에 있느니라"고 말씀한다(마 18:20). 신앙은 주님이 세우신 교회 공동체 안에서 성장하게 되어 있다. 교회가 그리스도의 몸이고, 우리는 머리되신 그리스도를 섬기는 몸의 각 지체들이기 때문이다.

히브리서 10장 24-25절은 "서로 돌아보아 사랑과 선행을 격려하며 모이기를 폐하는 어떤 사람들의 습관과 같이 하지 말고 오직 권하여 그 날이 가까움을 볼수록 더욱 그리하자"고 강력하게 말씀한다. 주님은 "너희가 여기 내 형제 중에 지극히 작은 자 하나에게 한 것이 곧 내게 한 것이니라"고 말씀하셨다(마 25:40). 그런데 지금 우리 주변에는 이 "지극히 작은 자"가 수 없이 많다. 바로 국내 이주민, 탈북민 등이 바로 그들이다. 이제 한국교회는 그들을 돌봐야 한다. 사회는 정반대 방향으로 가고 있지만, 교회는 온전히 하나님의 말씀으로 돌아가야 한다. 한국교회는 이제 '온 자들에게 가야한다.' 그야말로 '문 밖의 선교' 시대가 되었기 때문이다.

앞서 근대 개신교 선교운동을 해안선 시대, 내지선교시대, 미전도 종족 선교시대의 3기로 구분했다. 그런데 지금은 제4기 '디아스포라 선교시대,' '이주민 선교시대'이다. 이 새로운 선교시대는 하나님께서 한국교회에 주신 또 하나의 기회이다. 그들 대부분은 복음이 들어갈 수 없는 미전도 종족에서 왔다. 한국교회가 이제 보내는 선교와 함께 그들을 향한 선교를 감당해야 한다. 인터넷의 발달과 그로 인한 관계의 파괴로 인해 교회조차 '책임감의 결여'로 이어져서는 안 된다. 한국교회는 급변하는 시대상

〈도표 1〉 근대 선교운동

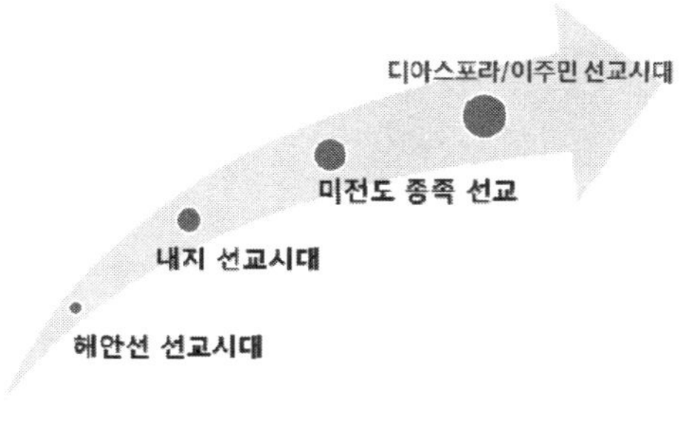

디아스포라/이주민 선교시대
미전도 종족 선교
내지 선교시대
해안선 선교시대

황 속에서도 "세상을 알고 교회의 마땅히 행할 것을 아는" 안목과 지혜가 있어야 한다(대상 12:32).

## 2. 다문화 사회화

전 세계의 지구촌화로 인해 이제는 모든 곳에서 인적 물적 자원이 자유롭게 이동하고 있다. 교통·통신의 발달은 사람들을 한 나라에서 다른 나라로 이동하는 것을 더욱 쉽게 만들었다. 우리나라도 이제는 다인종, 다민족, 다종교, 다문화로 변하고 있다. 현재 우리나라에도 전 세계 약 200여개 나라에서 들어온 외국인들이 있다. 법무부는 국내 체류 외국인 수가 200만 명을 돌파했으며, 2021년에는 300만 명을 넘어설 것이라고 발표했다. 이제 한국이 법무부는 '다문화 사회'를 "언어, 종교, 관습, 가치관, 국적, 인종, 민족 등 다양한 문화적 배경을 지닌 외국인 등이 사회 구성원으로 차별 없이 참여하여 이루어진 사회"라고 정의한다. 즉 이것은 여러 가지문화들이 섞여있는 형태를 말하며, 서로 다른 문화를 가진 사람들이 함께 어울려 살아가는 사회가 바로 다문화 사회인 것이다. 우리나라는 2006년부터 '다문화'라는 용어가 사용되었다. 그동안 한국은 화교를 제외하고는 소수민족이 없던 나라였다. 지난 수천 년간 단일민족, 단일문화를 자랑했던 대한민국이 이제 다문화 사회로 변해가고 있다. 한국이 급격히 다문화 사회가 되어 가는 이유는 출산율 저하와 고령화, 경제성장을 통한 노동자 유입, 국제결혼, 유학생의 증가 등의 이유 때문이다.

## 1) 출산율의 저하와 고령화

출산율의 저하와 고령화의 문제는 2장과 9장에서 이미 언급했다.

<도표 2> 한국의 출산율

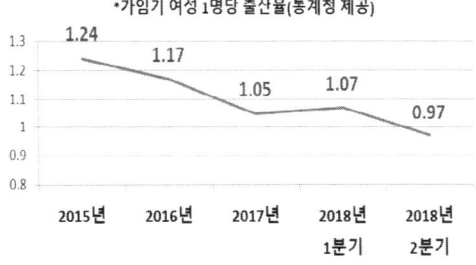

<도표 3> 한국의 노인인구 비율

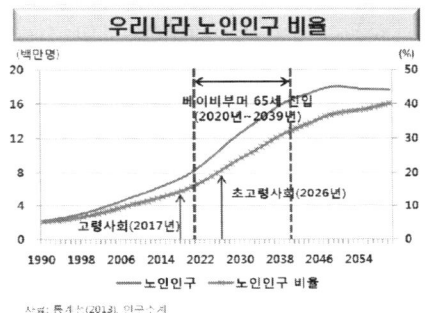

한국의 출산율은 2005년 1.09명으로 최저치를 기록한 이래 점점 낮아지고 있다. 한 국가가 기존의 인구를 계속 유지하려면 합계출산율이 최소한 2.1명이 돼야 한다. 현재 우리나라의 출산율은 합계출산율의 절반에도 못 미칠뿐더러, 경제협력개발기구OECD 35개 회원국의 평균 합계출산율(1.68명) 보다도 낮다.[151] 2018년 65세 이상 인구는 738만 1천명으로 전체 인구 중 14.3%를 차지한다.[152] 이 고령자 인구는 2060년에는 41%까지 증가할 것이다.[153] 출산율의 저하와 사회의 고령화 현상은 결국 외국 이주민의 급격한 증가로 이어질 전망이다.

---

151) "2분기 합계출산율 0.97명…세계 최초 0명대 진입 '경고등'" [온라인 자료] http://www.edaily.co.kr/news/read?newsId=04027846619309944&mediaCodeNo=257, 2018년 10월 22일 접속.
152) 통계청, "2018 고령자 통계" [온라인 자료] http://kostat.go.kr/portal/korea/kor_nw/2/6/5/index.board?bmode=read&aSeq=370779, 2018년 10월 22일 접속.
153) Ibid.

## 2) 이주 노동자의 증가

1960년대 초 필리핀의 국민소득은 170달러, 태국은 220달러였다. 그 당시 한국은 겨우 76달러에 불과했다. 지금은 상황이 완전히 역전되었다. 70년대 이후 한국이 엄청난 경제성장을 이루면서 이제는 아시아와 아프리카 등 세계 각국의 사람들이 한국으로 몰려들고 있다.

우리나라는 1991년에 해외투자 기업을 대상으로 '산업연수생' 제도를 실시했다. 2004년에는 외국인 고용허가제를 도입하면서 '외국인 근로자'나 '외국인 노동자'를 받아들였다. 여기서 '외국인'이란 용어가 차별성을 내포하고 있다고 하여 '외국인 노동자' 대신에 '이주 노동자'Migrant Worker라는 호칭을 사용했다. 그러나 이들에는 시민권을 부여하는 문제가 대두되면서 최근에는 '이주민'이란 용어를 주로 사용한다.

우리나라의 경우 생산 가능 인구의 감소와 내국인 노동자가 '3D' 업종을 기피하는 현상이 심화되면서 이주 노동자 의존도가 높아지고 있다. 현재 국내 체류 외국인의 인구는 꾸준히 증가하고 있다. 2017년의 경우 그 인구는 전체 주민등록의 3.9%를 차지했다.[154] 2007년의 929,000명과 비교했을 때 10년 사이에

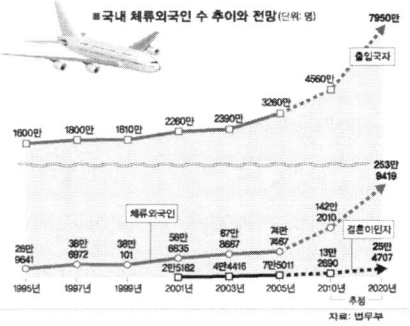

〈도표 4〉 국내 체류 외국인의 증가[155]

---

154) "3D업종 외국인 숙련공, 영구체류 가능해진다" [온라인 자료] http://plus.hankyung.com/apps/newsinside.view?aid=2017071945721&category=NEWSPAPER&sns=y, 2018년 10월 22일 접속.
155) "그들이 없으면 공장도 세상도 불편하다" [온라인 자료] http://migrant.hankyung.com/pc/, 2018년 10월 22일 접속.

두 배 이상 증가한 것이다.156)

### 3) 국제결혼의 증가

한국의 뿌리 깊은 남아선호 사상, 여성의 사회적 지위 향상, 이혼의 증가와 출산율 저하 등으로 인해 한국 남성들은 배우자를 찾는데 많은 어려움을 겪고 있다. 게다가 도시화로 인한 농촌인구 감소로 농촌 지역의 남성들이 외국인 여성과 결혼하는 사례가 늘고 있다. 통계청에 따르면, 2017년 우리나라의 국제결혼은 20,835건이었다. 한국 남자와 결혼한 외국 여자는 베트남(36.1%), 중국(26.1%), 태국(6.8%) 순이었고, 외국인 남편은 중국(25.5%), 미국(23.3%), 베트남(9.8%)이 많았다. 최근에는 예전처럼 농촌 노총각이 아니라 고학력의 스펙이 좋은 사람들도

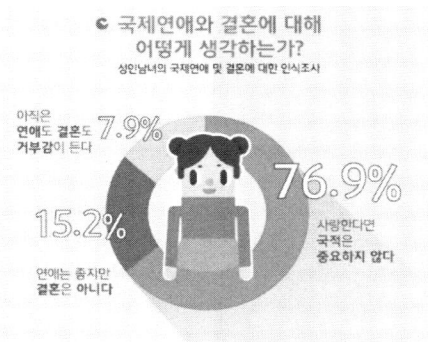

〈도표 5〉 국제결혼에 대한 인식157)

〈도표 6〉 연도별 국제결혼 건수158)

---

156) "한국에 이주해온 이주민에 대한 선교 실태" [온라인 자료] http://koinenews.com/archives/320?ckattempt=1, 2018년 10월 24일 접속.
157) "'다문화 넘어 세계화' 진화하는 국제결혼 '진단'" [온라인 자료] http://www.newsprime.co.kr/news/article.html?no=338633, 2018년 10월 22일 접속.
158) 통계청, "2017년 혼인·이혼 통계," 2018년 3월 21일 인구동향조사 보도자료.

국제결혼을 선호하는 추세이다. 또한, 1990년대 이후 불기 시작한 '한류'Korean Wave 열풍 때문에 한국 남성과 결혼하고 싶어 하는 외국 여성도 점차 증가하고 있다.

### 4) 유학생의 증가

한국은 '인구절벽'으로 인한 학령인구의 감소로 전국의 대학들은 유학생을 유치하기 위한 경쟁이 치열해졌다. 게다가 아시아와 아프리카의 많은 나라가 '한강의 기적'을 이룬 한국의 경제발전을 배우고 싶어 한다. 이로 인해 '코리안 드림'을 꿈꾸며 한국에 유학 오는 젊은 청년이 점차 늘고 있다. 2007년 우리나라 외국인 유학생은 4만 9270명이었다. 그런데 10년이 지난 2018년 중반에는 16만 1371명으로 거의 세 배 가량

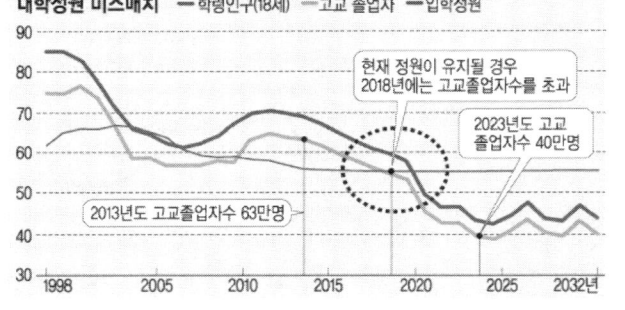

〈도표 7〉 학령인구 변화[159]

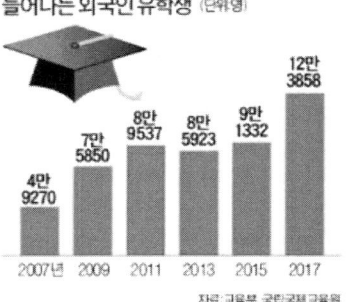

〈도표 8〉 외국 유학생 증가[160]

증가하였다.[161] 국적도 다양해졌다. 2007년에 1,000명 이상 유학생을

---

159) "학령인구 절대감소 시대 '대학간 생존통합' 본격화" [온라인 자료] http://www.usline.kr/news/articleView.html?idxno=7915, 2018년 10월 24일 접속.
160) "외국인 유학생 12만여명… 3년째 급증한 까닭" [온라인 자료] http://news.hankyung.com/article/2018020574521, 2018년 10월 22일 접속.

보낸 나라는 중국, 일본, 베트남, 몽골, 미국, 대만이었다. 그러나 지금은 우즈베키스탄, 프랑스, 인도네시아, 말레이시아, 파키스탄, 러시아 등 6개국이 더해져 12개국으로 늘어났다.162) 국내에 외국인 유학생이 증가하는 이유는 대학들의 생존 열망, 한류열풍, 한국의 경제성장 등이 맞물려 외국인 유학생의 국내유입을 촉진하기 때문이다.

## 제2장 이주민 선교의 필요

'우리나라,' '우리 엄마' 등 한국 사람은 유독 '우리'라는 말을 좋아한다. 이 '우리'라는 말로 하나가 되고 더욱더 끈끈한 울타리를 형성하며, '우리'라는 울타리에 구성원이 된다는 것만으로도 충분한 소속감과 안락함을 느낀다. 그러나 이 '우리'는 본의 아니게 타인과 우리를 구분 짓는 벽이 되기도 한다. 특별히 우리사회는 불과 몇 년 전까지만 해도 한민족이라는 단일민족국가를 자랑스러워했다. 그러나 2009년부터 교과서에서 단일민족논리는 사라졌고 "우리 사회는 다양한 문화권에서 온 사람들이 함께 사는 다문화 사회로 변화되어 가고 있다"고 가르친다. 그럼에도 불구하고 여전히 한국 사회는 '우리'라는 독특한 집단의식을 형성하고 있다.

국내 이주민의 유형은 취업, 국제결혼, 유학 등의 '자발적 이주민'과 전쟁, 자연재해, 정치 및 종교적 탄압을 피해 난민 신분으로 입국하는

---

161) "불법체류 외국인유학생 최근 3년새 98% 증가" [온라인 자료] http://news.unn.net/news/articleView.html?idxno=200724, 2018년 10월 22일 접속.
162) "외국인 유학생 12만여명… 3년째 급증한 까닭" [온라인 자료] http://news.hankyung.com/article/2018020574521, 2018년 10월 22일 접속.

'비자발적 이주민'이 있다. 여기서 이주민은 이주 노동자, 결혼 이민자, 외국 유학생, 탈북민, 난민을 포함한다. 이들은 선교사가 갈 수 없는 '창의적 접근지역'에서 온 사람들이다. 이들 중 이주 노동자나 외국 유학생은 언젠가는 본국으로 돌아가야 한다. 그들이 만일 한국에 있는 동안 복음을 받아들일 수만 있다면 현지에 선교사가 들어가서 사역하는 것보다 훨씬 더 효과적일 수 있다.

## 1. 이주민 선교의 성경적 근거

인간은 모두 하나님의 형상으로 지음을 받았다. 사도행전 17장 26절은 "인류의 모든 족속을 한 혈통으로 만드사 온 땅에 살게 하셨다"고 말씀한다. 창세기 1장에서 언급하고 있는 것처럼 이주민 역시 우리와 같은 '하나님의 형상' *Imago Dei*으로 지음 받았다. 그러나 모든 인류가 아담의 범죄 함으로 인해 죄인이 되었다(롬 3:23). 그래서 모든 인간은 예수 그리스도의 십자가와 부활의 능력으로 말미암아 구원받아야 한다. 모든 사람은 하나님의 형상으로 지음 받았기 때문에 비판과 저주의 대상이 아니라 사랑과 구원의 대상이다(약 3:9). 이것이 바로 교회가 이주민에게 복음을 전하고 선교사역을 하는 기본적인 토대가 되어야 한다. 즉 이주민 선교의 당위성은 하나님의 창조와 구속의 관점에서 조명되고 발견되어야 한다.

## 1) 하나님이 나그네(이방인)를 돌보셨다

성경은 가난한 사람과 외국인을 돌보아야 한다고 말한다.[163] 구약성경에는 나그네를 사랑하라는 구절이 많이 등장한다.

> 출애굽기 23장 9절 "너는 이방 나그네를 압제하지 말라 너희가 애굽 땅에서 나그네 되었었은즉 나그네의 사정을 아느니라."

> 레위기 19절 34절 "너희와 함께 있는 거류민을 너희 중에서 낳은 자 같이 여기며 자기 같이 사랑하라 너희도 애굽 땅에서 거류민이 되었었느니라."

> 신명기 10장 18-19절 "고아와 과부를 위하여 정의를 행하시며 나그네를 사랑하여 그에게 떡과 옷을 주시나니 너희는 나그네를 사랑하라 전에 너희도 애굽 땅에서 나그네 되었음이니라."

> 시편 146편 9절 "여호와께서 나그네들을 보호하시며 고아와 과부를 붙드시고 악인들의 길은 굽게 하시는도다."

> 열왕기상 8장 41-43절 "또 주의 백성 이스라엘에 속하지 아니한 자 곧 주의 이름을 위하여 먼 지방에서 온 이방인이라도 그들이 주의 크신 이름과 주의 능한 손과 주의 펴신 팔의 소문을 듣고 와서 이 성전을 향하여 기도하거든 주는 계신 곳 하늘에서 들으시고 이방인이 주께 부르짖는 대로 이루사 땅의 만민이 주의 이름을 알고 주의 백성 이스라엘처럼 경외하게 하시오며 또 내가 건축한 이 성전을 주의 이름으로 일컫는 줄을 알게 하옵소서."

구약 룻기에 보면 유다 베들레헴의 한 사람 엘리멜렉이 아내 나오미와 두 아들(말론 기룐)과 함께 모압 지방에 살게 된다. 그런데 남편을

---

163) 이태웅, 「한국교회의 해외선교」 (서울: 죠이선교회출판부, 1997), 179-80.

잃자 나오미는 며느리들에게 자기 집으로 돌아가라고 말한다. 그런데 두 며느리 중 오르바는 떠나고 룻은 자기 백성 모압 민족이 섬기던 신을 버리고 여호와 하나님을 받아들인다. 그녀는 결국 보아스를 만나게 되고 그의 가정은 하나님의 놀라운 축복을 받게 된다. 이뿐만 아니라 다윗의 족보에 올라 메시야의 조상이 된다. 이 룻기의 이야기는 다문화 가정의 정착과 선교적 실천방안을 아주 잘 보여주고 있다. 특별히 "어머니의 하나님이 나의 하나님이 되시리니"(룻 1:16)라고 룻이 시어머니에게 한 말에 주목할 필요가 있다.

구약의 나그네에 대한 강조는 신약성경에서 "하나님을 사랑하고 네 이웃을 네 몸과 같이 사랑하라"는 말씀과 연관된다. 요한삼서 1장 5절에서도 "사랑하는 자여 네가 무엇이든지 형제 곧 나그네 된 자들에게 행하는 것은 신실한 일이니"라고 말씀한다. 예수님께서도 고아와 과부를 긍휼히 여기셨다. 예수님께서 말씀을 선포하시고, 가르치시고, 치료하셨던 것처럼 교회도 이주민을 전인적으로 돌봐야 한다.

### 2) 주님의 명령: "네 이웃을 사랑하라"(눅 10:25-37)

이 본문을 분석해 보면 다음과 같다.

| 첫 번째 대화(25-28) | | 두 번째 대화(29-37) |
|---|---|---|
| "선생님 내가 무엇을 하여야 영생을 얻으리이까"(25) | 율법사 | "내 이웃이 누구니이까"(29) |
| "율법에 무엇이라고 기록되었으며 네가 어떻게 읽느냐"(26) | 예수님 | "이 세 사람 중에 누가 강도 만난 자의 이웃이 되겠느냐"(30-36) |

| 첫 번째 대화(25-28) | | 두 번째 대화(29-37) |
|---|---|---|
| "네 마음을 다하고 목숨을 다하며 힘을 다하며 뜻을 다하여 주 너의 하나님을 사랑하고 또한 네 이웃을 네 자신과 같이 사랑하라 하였나이다"(27) | 율법사 | "자비를 베푼 자니이다"(37) |
| "네 대답이 옳도다 이를 행하라"(28) | 예수님 | "가서 너도 이와 같이 하라"(37) |

이 본문에서 율법사는 지금 영생을 어떻게 받는지 몰라서 예수님께 질문하는 것이 아니다. 율법사는 지금 진리를 알기 위한 열정에서가 아니라 예수를 시험하기 위해 영생에 대해 질문하고 있다. 여기서 "시험하여"를 뜻하는 헬라어 '에크페이라조' $ἐκπειράζω$는 신약성경에서 4회 사용되는데(마 4:7; 눅 4:12; 고전 10:9), 모두가 하나님 또는 예수님을 악의적으로 시험할 때 사용되었다. 교활한 마음을 품고 예수께 나온 율법사는 어떻게 영생을 얻을까에 관한 난해한 질문을 통해 예수님께서 이단적 발언을 하시기를 마음속으로 바라고 있었다. 왜냐하면 예수가 정통 유대인들이 중시하는 율법을 경시하고 잘 지키지 않는다는 소문을 들었기 때문이다. 그런데 예수님께서는 직접 대답하지 않으시고 율법사가 스스로 답하도록 유도하시면서 "네가 알고 있고, 믿고 있는 대로 행하라"고 말씀하셨다. 이어서 예수님은 선한 사마리아인의 비유를 말씀하신다.

예수님의 이 비유에는 3유형의 사람이 등장한다. 첫째, 강도들이다. 이들은 인간을 목적으로 다루지 않고 하나의 도구나 수단으로 생각하는 사람이다. 교회는 인간을 '효율'과 '기능'적 차원에서만 볼 것이 아니라 하나님의 형상으로 창조된 구원의 대상으로 봐야 한다. 성경은

"누구든지 자기 친족 특히 자기 가족을 돌보지 아니하면 믿음을 배반한 자요 불신자 보다 더 악한 자니라"(딤전 5:8)라고 경고한다. "그러므로 우리는 기회 있는 대로 모든 이에게 착한 일을"(갈 6:10) 행해야 한다.

둘째, 제사장과 레위인이다. 이들은 그럴듯한 이유로 자신의 의무에서 도피한다. 제사장과 레위인이 강도 만나 죽어가는 유대인을 돕지 않고 피해 지나간 것은 자신들도 강도를 만나게 될지도 모른다는 두려움 때문이었을 수 있다. 또는 그 사람이 이미 죽었다고 판단하고 시체를 만져서 자기를 더럽혀서 율법을 어겨서는 안된다고 판단했을지도 모른다(레 21:1-3). 그러나 이들이 강도 만나 죽어가는 사람의 생사조차 확인하지 않았다는 것은 너무나도 비인간적인 행동이다. 그것도 사랑을 몸소 실천해야 하는 종교지도자로서 해서는 안 될 행동이었다(민 18:1-31).

요즘 사람들은 바쁘다는 말을 입버릇처럼 달고 산다. 그런데 '바쁘다'BUSY는 말은 '사탄의 멍에 아래 있다는' 것이다Being Under Satan's Yoke. 이처럼 가끔 우리는 의미 없이 사탄에 속아 바쁘게 살고 있다. 그러나 바쁘고 긴급한 일이 반드시 중요한 일은 아님을 기억해야 한다. 누가복음 10장에 보면 마리아와 마르다의 이야기가 등장한다. 본문에서 마르다는 예수님을 집으로 초대하고 저녁식사를 맛있게 대접하고 싶었던 모양이다. 그래서 그녀는 지금 식사 준비로 무척이나 마음이 분주했다. 그런데 눈치 없는 동생 마리아는 가만히 앉아서 주님의 말씀만 듣고 있다. 이때 마르다의 마음이 갑자기 불편해졌다. 그래서 예수님께 불만을 토로한다. 그런데 놀라운 것은 마르다가 동생 마리아에게가 아니라 예수님께 불만을 토로하고 있다는 사실이다. 사실 마르다는 동생 마리아에게만 말하면 된다. 그런데 마르다는 예수님을 향하여 자기도 좀 봐달라고 말하고 있는 것이다. 이때 예수님께서는 "네가 많은 일로 염려하고 근심하나 몇 가지만 하든지 혹은 한 가지만이라도 족하니라"고 말씀하신다. 그리고 한 술 더 떠서 "마리아는 좋은 편을 택하였으니 빼앗기지 않을 것이라"고 하셨다(42).

  이 본문은 우리에게 많은 깨달음을 준다. 우리의 문제는 어쩌면 열심이 없거나 바쁘게 일하지 않아서가 아니라 열심히 분주하게 일하기는 하는데 하나님을 떠나서 일하는데 있다. 언젠가부터 우리는 말씀을 떠나서 일하고 있다. 또한 우리는 늘 하나님과 동행하면서 하나님을 사랑했던 마리아보다도 수고하고 무거운 짐을 진 마르다가 되기를 원했고, 실제로 그렇게 살고 있다. 그러다 보니 제사장이나 레위인처럼 그럴듯한 이유를 대면서 종종 하나님의 뜻을 외면한다. 우리 가까이 있는 이웃을 돌보지 않는다. 이것은 어떤 일보다 지금 하는 일이 너무나도 바쁘고 중요하다고 생각하기 때문이다.

  셋째, 선한 사마리아인이다. 본문 35절에서 "이튿날에"를 시리아어 시내역 사본에서는 "그날 새벽에"라고 번역하고 있다. 선한 사마리아인이 새벽에 나갔다는 것은 사마리아인도 제사장이나 레위인처럼 매우 바쁜 사람이었다는 것을 짐작할 수 있다. 그가 할 일이 없고 시간이 남아서 유대인 남자를 돌봐 준 것이 아니라 무척 바쁜 사람이었음에도 불구하고 도움을 절실히 요청하는 사람을 위해 자신의 바쁜 시간과 물질을 희생했다는 것이다. 이런 사람은 꼭 있어야 하는 사람, 우리에게 절대로 필요한 사람이다. 하나님께서는 나의 신분, 경력, 재산이 아니라 내가 하는 일에 더 관심을 갖고 계신다. 그렇기 때문에 우리에게는 이 선한 사마리아인처럼 1) 불쌍한 사람을 볼 수 있는 눈, 2) 불쌍히 여기는 마음, 3) 행동할 수 있는 발, 4) 섬길 수 있는 손, 5) 자신을 희생하려는 결의(돈, 시간 등)가 있어야 한다. 우리도 예수님처럼 보고, 느끼고, 이해하고, 행동해야 한다(눅 7:12-14; 마 14:14). 교회는 무조건적인 사랑을 보여주었던 선한 사마리아인이 되어야 한다.

예수님께서는 또한 이 '선한 사마리아인'의 비유를 통해 "누가 강도 만난 자의 이웃이 되겠느냐"(36)고 질문하셨다. 이에 대해 율법사는 사마리아인이라 말하지 않고 '자비를 베푼 자'(37)라고 답변한다. 여기서 우리는 한국교회의 모습을 보게 된다. 하나님의 관점이 아닌 우리의 생각과 가치관으로 우리에게 온 이주민을 무시하거나 멸시한다. 우리는 세 유형 중에 어떤 사람인가? 강도들인가? 제사장이나 레위인과 같은 사람들인가? 아니면 선한 사마리아인인가? 어쩌면 우리 사회는 외국인 이주민들에게 강도와 같은 존재는 아니었을까? 하나님께서는 선한 사마리아인과 같은 교회를 원하신다. 나를 인정해 주기는 커녕 미워하고 나에게 해(害)를 가한다 할지라도 다가가서 진정한 이웃이 되어 줄 수 있는 그런 선한 사마리아인 교회, 우리는 그런 교회가 되어야 한다. 지금도 하나님께서는 그런 교회를 찾고 계신다.

이 비유에서 예수님께서 반복적으로 말씀하시는 것이 있다. 그것은 "이를 행하라"(마 10:28)와 "가서 너도 이와 같이 하라"(마 10:37)이다. 한국교회는 하나님께서 무엇을 원하시는지 이미 알고 있다. 성경이 무엇을 이야기 하는지도 안다. 문제는 한국교회가 알고 있는 그것을 행해야 한다는 것이다. 이것이 바로 주님의 명령이며, 한국교회에 주어진 사명이다.

## 2. 이주민 선교의 구체적인 모델

### 1) 구심적 선교 모델의 구현

신약의 선교가 '원심적'遠心的이었다면 구약의 선교는 구심적求心的 선교였다. 신약시대에는 복음 전파자가 직접 복음을 들고 나가는 형태의 선교였다면, 구약시대는 하나님께서 이스라엘을 선택하시고 그들에게 복 주시면서 이방 민족이 '와서 보도록 하는' 선교였다. 한국교회는 그동안 원심적 선교를 주로 해 왔다. 그런데 이제는 선교사를 파송해 해외에서 이루어지는 사역과 함께 타문화권에서 들어온 사람을 대상으로 한 사역이 양방향으로 이루어 져야 한다.

최근 한국의 경제성장과 발전 때문에 세계 각국의 젊은이가 한국으로 몰려든다. 그들은 물질적인 부와 더 나은 삶을 위해 한국에 온다. 그렇기 때문에 이제는 '모든 곳에서 모든 곳으로'from everywhere to everywhere의 개념과 구심적 선교의 구체적인 모델이 다시 모색되어야 한다. 즉 이제는 구약의 '구심적'centripetal 선교와 신약에서의 '원심적'centrifugal 선교가 모두 필요한 시대가 되었다. 이주민에 대한 사랑은 구심적 선교의 대표적인 모델이다. 이 땅에 들어온 이주민들이 이곳에서 복음을 듣고 한국 교회를 향해 "당신들의 하나님은 나의 하나님입니다"라고 고백한다면 얼마나 가슴 벅차겠는가?

### 2) 성경적 모델로서의 안디옥 교회

사도행전의 안디옥 교회는 이주민 선교의 대표적인 모델이다. 안디옥 교회는 예루살렘에서 일어난 박해 때문에 흩어진 사람들이 복음을 전하면서 생겨난 이방인 최초의 교회였다. 당시 안디옥은 로마, 알렉산드리아와 함께 세계 3대 도시 중 하나였다. 그것을 반영이라도 하듯 안디옥 교회의 구성원이 국제적이다. 사도행전 13장 1절에 보면 "안디옥 교회에 선지자들과 교사들이 있으니 곧 바나바와 니게르라 하는 시므온과 구레네 사람 루기오와 분봉 왕 헤롯의 젖동생 마나엔과 및 사울이라"고 기록한다. 여기서 바나바는 구브로Cyprus 태생의 레위 사람으로 유대인이다. '니게르라 하는 시므온'은 '니게르'란 말이 '검은'이란 의미를 가지고 있는 점을 고려할 때, 아프리카 흑인임을 알 수 있다. '구레네 사람 루기오'도 오늘날 북아프리카에 해당하는 리비아 사람이다. '헤롯왕의 젖동생 마나엔'은 왕족이나 귀족이었을 것이다. 왜냐하면 '젖동생'이란 말은 유모가 같다는 말이기 때문이다. 그리고 마지막으로 사울이 있었는데, 사울은 오늘날 터키지역인 길리기아 다소 출신이다. 이처럼 다양한 민족, 다양한 문화, 다양한 계층의 사람이 모인 교회가 안디옥교회였다. 그리고 이 안디옥교회가 이방인 선교의 전초기지가 되었다.

　마찬가지로 한국에 온 이주민들에게 복음을 전해 그들이 다시 온 열방에 흩어져 복음을 전할 수 있다면 과연 어떤 일이 일어날까? 스가랴 8장 20-22절은 이렇게 말한다. "만군의 여호와가 이와 같이 말하노라 다시 여러 백성과 많은 성읍의 주민이 올 것이라 이 성읍 주민이 저 성읍에 가서 이르기를 우리가 속히 가서 만군의 여호와를 찾고 여호와께 은혜를 구하자 하면 나도 가겠노라 하겠으며 많은 백성과 강대한 나라들이 예루살렘으로 와서 만군의 여호와를 찾고 여호와께 은혜를 구하리라."

## 제3장 한국교회 이주민 선교의 방향성

한국교회는 세상의 변화를 파악하고 그 속에서 하나님의 뜻을 분별하는 지혜가 필요하다. 그리고 그 뜻에 순종하는 실천적 활동이 필요하다. 하나님의 백성인 우리는 이 땅에서 나그네의 삶을 살아가지만(벧전 2:11), 또한 한편으로 나그네를 환대하라는 명령에 순종해야 한다(출 22:21; 23:9).

### 1. 국내 이주민 선교 현황

'이주민선교 기초조사'에 따르면, 이주민을 대상으로 선교활동을 펼치는 교회와 기관 등 270여 곳의 업무 담당 실무자 수는 1명이 21%, 2명이 18%, 4-5명이 17% 순이었다. 급변하는 상황 속에서 국내 이주민 사역의 현황을 보면, 7곳 중 1곳은 사역 전담자가 없으며, 이주민 선교의 형태는 '교회 부설'(28%), 이주민 기관(17%), 이주민 센터

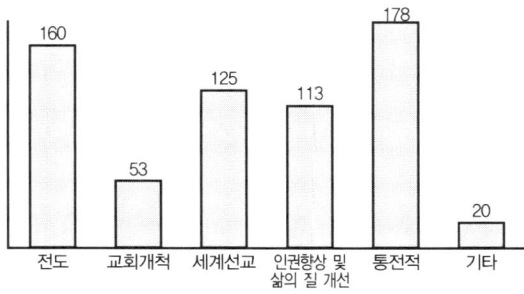

〈도표 9〉 국내 이주민 선교 단체의 사역 목적[164]

---

164) "한국에 이주해 온 이주민에 대한 선교 실태" [온라인 자료] http://koinenews.com/archives/320?ckattempt=1, 2018년 10월 24일 접속.

(16%), 이주민 교회(10%) 등이었다. 이주민 선교에 참여하는 개인, 교회, 선교단체, 협의회 등이 이미 국내에만 수백여 곳이 넘는다. 하지만 이주민의 3.3%만이 교회나 선교단체의 돌봄을 받고 있는 실정이다. 즉 아직도 턱없이 부족한 상황임을 우리는 인지해야 한다.

이주민 선교단체의 사역목적을 보면 통전적 선교가 가장 많고 다음으로 세계선교와 전도가 그 뒤를 이었다. 그리고 많은 경우 인권의 문제와 이주민의 실질적 필요를 채우는 사역이 많은 것으로 드러났다. 이 통계를 보면 교회나 단체가 저마다 다양한 목적과 방향성을 갖고 사역을 진행하는 것으로 보인다. 한국교회는 이제 지금보다 구체적이고 체계적인 전략을 모색해야 한다. 이와 더불어 국내 이주자 선교를 위한 실제적인 선교훈련도 필요하다.

에녹 완Enoch Wan은 디아스포라 선교를 크게 네 가지 유형으로 나누어 설명한다.165) 그것은 '디아스포라에 대한 선교'Missions to the Diaspora, '디아스포라를 통한 선교'Missions through the Diaspora, '이주자에 의한 그리고 이주자를 넘어서는 선교'Missions by and beyond the Diaspora, '디아스포라와 함께 하는 선교'Missions with the Diaspora이다. 한국교회는 아직까지는 이주민에 대한 선교와 이주민을 통한 선교를 하고 있다. 그러나 여전히 세 번째와 네 번째 유형의 선교는 쉽게 이루어지지 않는다. 간혹 탈북민을 선교동력화 해서 통일이 된 이후 그들과 함께 한반도는 물론 세계의 복음화를 위해 일하는 것을 꿈꾸고는 있지만 아직까지 현실화 되지는 않았다.

한국교회의 이주민 선교는 이제 첫 번째부터 네 번째 유형까지 순차적으로 진행되어야 한다. 국내에 들어온 이주민에게 그들의 필요를 채

---

165) Enoch Wan, "Introduction," *Diaspora Missiology: Theory, Methodology, and Practice*, edited by Enoch Wan (Portland: Institute of Diaspora Studies, 2011), 6.

우고 복음을 전해 제자로 만들어야 한다. 그리고 그들을 통해 또 다른 이주민에게 복음을 전하고 선교해야 한다. 더 나아가 그들과 함께 손잡고 전 세계 복음화를 위해 협력해야 한다.

## 2. 이주민 선교를 위한 전략적 제안

국내외적 상황으로 볼 때, 이주민 선교의 기회와 가능성은 나날이 증가할 것이다. 국내 이주자들은 다양한 인종, 언어, 종교, 문화를 가지고 한국에 온 사람들이다. 그들은 이주하는 과정에서 종교성이 약화되고 빠른 세속화가 이루어질 가능성이 높다. 그러나 오랜 기간 동안 형성된 그들의 문화와 세계관에서 완전히 벗어나기는 어렵다. 그럼에도 이들의 복음의 대한 수용성은 본국에서 보다 높을 것이므로, 타문화권 선교의 관점에서 이들에게 접근해야 한다.

한국교회는 이주민 선교를 위해 그동안의 타문화권 선교경험과 노하우를 활용해야 한다. 이주민 선교는 단순히 복음을 전하고 그들을 제자로 만드는 것 이외에, 그들의 경제, 사회, 신체, 문화, 법적인 필요를 채워주는 총체적 선교Wholistic Mission가 되어야 한다. 그것을 위해서는 무엇보다도 먼저 이주민을 바라보는 시각이 바뀌어져야 한다.

### 1) 경계의 대상이 아닌 선교의 대상으로

국내 이주민은 중국 동포, 이주노동자, 결혼이주자, 유학생, 난민 신청자 순이다. 사역의 유형은 이주노동자 선교(32%), 결혼이민여성 선교(29%), 다문화가정 선교(19%), 유학생 선교(15%), 난민 선교(5%) 순이었다. 한국이 빠른 속도로 다문화 사회가 되어 가고 있지만 여전히 이들 이주민을 바라보는 시각이 곱지만은 않다. 특별히 이슬람권 이주민의 경우 세계 각지에서 일어나는 여러 폭탄테러와 범죄 등으로 인해 우려의 목소리가 높다. 그래서 여전히 이주민에 대한 시각은 냉담할 수밖에 없다. 그러나 이주민은 경계와 공포의 대상이 아니라 사랑과 선교의 대상임을 분명히 해야 한다.

### 2) 인내를 가지고 지속적으로

우리나라 속담에 "밑 빠진 독에 물 붓기"라는 말이 있다. 밑이 빠진 (뚫린) 독에는 물을 부어도 독을 채울 수 없는 것처럼 아무리 시간과 노력을 들여도 보람이 없을 때 쓰는 표현이다. 그런데 어떤 의미에서는 선교가 "밑 빠진 독에 물 붓기"이다. 계속해서 쏟아 부어도 끝없는 낭비처럼 보일 때가 있다. 마가복음 14장 3-9절에 보면 예수께서 베다니 나병환자 시몬의 집에서 식사하실 때 한 여자가 매우 값진 향유를 가지고 와서 옥합을 깨뜨려 예수의 머리에 붓는다. 이때 어떤 사람이 화를 내며 "어찌하여 이 향유를 허비하는가 이 향유를 삼백 데나리온 이상에 팔아 가난한 자들에게 줄 수 있었겠도다"라고 말하면서 여자를 책망한다. 이 향유 옥합은 보통 당시의 여인들이 결혼 지참금으로 오랜 세월동안 준비하는 것이었다. 한 데나리온이 당시 노동자의 하루 품삯이었던 점을 감안한다면 삼백 데나리온은 노동자 한 명의 1년 수입에 해당하는 아주 비싼 것이다. 지금 이 여인은 주님을 위해 '거룩한 과소비'를 한 것이다. 그리고 평상시에 가난한 자들의 친구였던 예수님께서도 이 여인을 책망하신 것이 아니라 오히려 이 일을 칭찬하셨다. 이는 하나님의 은혜에 대한 감사와 헌신의 의미로 드려진 것이기 때문이었다.

신명기 24장 19-21절에는 "네가 밭에서 곡식을 벨 때에 그 한 뭇을 밭에 잊어버렸거든 다시 가서 가져오지 말고 나그네와 고아와 과부를 위하여 남겨두라 그리하면 네 하나님 여호와께서 네 손으로 하는 모든 일에 복을 내리시리라 네가 네 감람나무를 떤 후에 그 가지를 다시 살피지 말고 그 남은 것은 객과 고아와 과부를 위하여 남겨두며 네가 네 포도원의 포도를 딴 후에 그 남은 것을 다시 따지 말고 객과 고아와 과부를 위하여 남겨두라"는 말씀이 있다. 이 하나님의 명령은 상식적으로 따져볼 때 적잖은 낭비요, 손실인 것처럼 보인다. 그러나 하나님께서는 객과 고아와 과부를 위해 그 '거룩한 과소비'를 하라고 말씀하신다.

이주민 선교는 이처럼 '밑 빠진 독에 물 붓기'요, '거룩한 과소비'이다. 그들이 한국교회에 어떤 이득을 주거나 도움이 되지 않을 수도 있다. 오히려 한국교회는 끊임없이 그들에게 퍼주어야 하고 베풀어야 한다. 교회가 세상을 사랑하는데 있어서 손익계산을 해서는 안 된다. 그리스도의 사랑은 조건 없이 주어진 것이고, '그럼에도 불구하고'의 사랑이기 때문이다.

고린도전도 13장을 보면 사랑은 "오래 참고"로 시작해서 "오래 견디느니라"로 끝이 난다. 끝까지 인내하면서 사랑하는 것이 진짜이다. 이주민 선교는 지금 당장 어떤 이득이나 성과를 기대할 수는 없다. 그럼에도 불구하고 하나님의 말씀에 순종하여 지속적으로 해야 한다. 끝까지 사랑해야 한다. 당장 손해를 보더라도 주님의 명령이기에 지속되어야 한다. 이주민 선교는 하나님께서 한국교회에게 주신 또 한 번의 기회요, 축복이다.

## 가슴으로 품은 선교이야기 2

### 선교사는 나그네: 세 가지 단상斷想

임수재(FMB, 국내지부)

**1. 일시적인 일**A transitory Work

책을 읽다 멜빈 호지스Melvin L. Hodges가 선교사의 삶에 대해 말하는 것을 듣고 문득 글을 쓰고 싶은 생각에 사로잡히게 된다. "선교사가 너무 영구적인 것은 아닌가?"라는 제목의 글이었다. 내용을 잠시 요약해 보면 다음과 같다.

왜 토착적인 교회를 만드는데 실패하는가? 아마도 다음과 같은 이유들 중의 하나 때문일 것이다. 우선 무엇보다도 선교사가 자신의 일에 대한 분명한 개념을 인지하지 못하기 때문일 것이다. 한 지역에서의 선교사의 사역이 갖는 일시적인 측면the transitory aspect을 이해하지 못했기 때문일 것이다. 선교사역은 마치 건축현장의 비계와 같다. 건물을 완공하고도 무너질까봐 비계를 남겨둔다면 솜씨 좋은 목수는 아닐 것이다. 선교사는 일을 주도하고 그의 개인적인 역량에 의지하여 필요한 투자금을 모으고 건축을 완성할 수 있을 것이다. 그는 그 일에 있어서 필수 불가결한 사람이 될 수 있을 것이다. 현지인들은 모든 것에 그를 의지해야 한다는 것을 곧 배우게 될 것이다. 결과적으로 현지인들은 주동성을 발휘할 필요가 없게 되고 사역은 결코 선교사의 도움 없이 홀로 서는 단계에까지 이르지 못할 것이다. 성공적인 선교사는 그가 그 곳에 더 이상 필요하지 않게 일을 마무리 하는 그런 사람이다. 그는 현지의 회심자들에게 일을 이양할 수 있어야 한다. "선교사는 다른 사람의 삶에 영원한 요인a permanent factor이 되려고 의도하지 않는다. 그의 사역은 그리스도가 영원한 요인이 되게 하는 것이다. 그 자신은 가능한 빨리 다른 개척지로 넘어가야 한다. 현지들을 영구적인 사역에 묶어 두는 조직체계는 그 자체로서 위험한 편의expedients일 수 있다"Alexander McLeish. 진정한 성공의 기준은 선교사가 사역지에 있을 때 이룬 업적이 아니라 그가 떠났을 때에도 여전히 건재하게 서있는 것에 있다.[166]

건축현장이 비계飛階, Scaffolding와 같은 것이 선교사역의 본질이다. 건축이 마무리 되면 제거 되어 흔적으로 남는 것이 선교여야 한다. 만일 건물이 무너질 것이 우려되어 제거할 수 없는 비계가 있다면 그것은 건축에 문제가 있다는 뜻이다. 선교사역은 비계를 쌓는 것처럼 일시적인 일이다. 만일 선교사가 이러한 본질을 망각한다면 그 사역은 가치를 잃게 된다. 그럼에도 인간적인 본성이 선교사로 하여금 사심私心을 가지고 사역을 하게 한다. 종종 자신의 존재감을 확인하고자 하는 욕구로 인해 자신이 선교지 현지에서 영원한 필요로 남아있고 싶어 한다. 그리고 자신의 제2의 고향을 만들려고 한다. 온갖 삶의 편의便宜을 마련해 놓고 인생을 그곳에서 마무리 하고 싶은 욕구를 가지게 된다면 문제가 있다. 선교사의 자랑은 자신이 유지하고 있는 사역이 아니라 사역의 흔적으로 남아있는 것들이다. 천국에는 전도가 없고, 설교가 없다고 하였다. 그리고 선교도 없다. 선교사역은 일시적인 일이라는 말이 마음에 울림을 남긴다. 인간 존재가 그러하고 모든 피조물이 그러하듯 영원한 것은 없다. 모든 것은 잠시일 뿐이다.

가끔 그런 생각을 해본다. 새로운 지구로 이사 가서 대륙하나를 차지하고 살면 신나겠다. 거주지가 불안할 때면 항상 이러한 몽상에 잠기게 되곤 한다. 그런데 현실은 이렇다. 가장 가까이 있는 지구와 같은 행성은 지구로부터 4광년의 거리에 있다. 1광년이 빛이 1년을 가야 하는 거리이니 9조 Km쯤 된다. 4광년이면 KTX 타고 멈추지 않고 천이백만 년을 가면 도착한다.

---

166) Melvin L. Hodges, "Why indigenous church principles," *in Dynamic Indigeneity*, eds. Charles H.Kraft and Tom N. Wisley (Pasadena: William Carey Library, 1979), 11.

인류 역사가 오천년인데 천만년이면 인류 역사가 2천 번은 사라졌다 생겼다 할 수 있는 긴 시간이다. 백년도 못사는 사람에게는 비현실적인 시간이다. 이렇게 보면 인생은 진정으로 잠시이다. 그 짧은 인생 동안 무엇을 가졌다 해도 잠시 일 뿐이다. 무엇을 잃었다 해도 잠시일 뿐이다. 그러므로 자만할 일도 원망할 일도 없다. 잠시 기다리면 된다. 인생도 그러하고 선교사로서의 삶의 도리도 그러하다. 잠시 있다 가는 것이다. 그러니 욕심 낼 일이 무에 있겠는가?

## 2. 보석을 담은 삶

선교사로 20여년 젊은 시절을 다 보내고 이제 초로初老의 나이가 되어 스스로 만족하는 점이 있다면 그것은 남들과 다른 나만의 경험을 가졌다는 것이다. 문득 언젠가 보았던 영화의 한 대사가 생각난다. 블레이드 러너라는 영화의 마지막 엔딩 신Ending Scene에 나오는 독백과 대사이다.

> 비속의 눈물 독백
> 내가 … 보았던 것들은…… 너희 인간들은 믿을 수 없을 거야. 오리온 별자리의 어깨 쪽
> 별들을 날려 버리는 전투선. 나는 보았다. C 광선이 … 탄하우저문 근처의 어둠속에서의 번쩍임. 그 모든 … 순간들은 사라지겠지 … 시간이 되면 … 마치 눈물이 … 비속으로 사라지듯이.
> 시간이다 … 죽을.
> ……
> 사나이 같이 일을 끝냈군, 경관. 내 생각에 당신 일 끝난 것 같은데, 어? 그 여자 죽게 돼서 안됐어. 그런데 다시 생각해 보면, 영원히 사는 사람이 있나?

영원한 것은 없고 누구나 다 한번은 죽음의 문을 넘어가야 한다. 그 순간에 무엇으로 만족할 수 있을까? 내가 보고 느끼고 경험한 것들이 아닐까? 만일 그것이 나만의 독특함이라면 그 또한 멋있게 산 것이 아닌가 싶

다. 선교지에서 겪은 신기함과 기쁨과 즐거움, 또 괴롭과 고통과 아픔들은 누구도 대신할 수 없는 것이다. 오직 선교사 자신만의 몫이다. 설혹 믿을 수 없는 일들을 경험하였다 하여도 타인은 온전히 공감하기 어려운 것이 있다. 그러한 것들이 나의 인생을 가치 있게 만들어 주는 것이라 스스로 안위한다. 조금 덜 가져도 무방하다. 조금 손해를 보아도 괜찮다. 조금 어렵게 산다고 내 인생이 초라해질 필요는 없다. 진정 아쉬운 것은 내 속에 나만의 즐거움이 없다는 것이리라. 예수님과의 추억들, 사역의 희열들, 친구들, 사역현지의 동생들, 아내와 아이들, 교회들, 가족들 내 뇌리에 남겨진 추억의 흔적들이 나의 보석이요 보배이다. 가끔씩 남 몰래 꺼내 회상해 보면 입가에 미소를 머금게 하는 그러한 나만의 보석이다. 남 부러울 것이 없다. 남들은 돈을 주고도 세상 어디에서도 그러한 보석들을 살 수는 없을 것이다.

### 3. 은은한 불빛을 내는 삶

나는 인생의 찬란함을 믿는다. 인생은 살아있기에 아름다운 것이다. 다만 인생의 갖는 현실적인 한계성도 직시한다. 어쩌면 인생이 가장 아름다울 때는 혼신의 힘을 다해 일하다 마지막순간에 내 뿜는 불꽃과 불빛일 것이다. 「왕과 나」Margaret Landon, *Anna and the King of Siam* 라는 소설의 헌정 페이지에서 언급한 은은한 불빛lovely light이 그러할 것이다.

> Her spirit burned away the flesh
> Until its calm and lovely light
> Became a beacon on the way
> Where pilgrims warmed their
> hearts at night
>
> 그녀의 영혼이 그녀의 육체를 불사르게 하였다.
> 그 불이 다 타서 고요해지고

그 여운을 담은 은은한 불빛이 생겨날 때 까지 타들어 갔다.
그리고 결국에는 길가의 화롯불이 되었다.
그리고 어둠이 내리는 저녁에
그 곳을 지나는 나그네들이 지쳐서 차가워진 그들의 가슴을
그 불빛에 녹였다.

　세상에서 멀어져 있는 외지에서 자신의 세계를 추구한다는 것은 외롭고 힘든 일이다. 그 것은 마치 육체가 불살라지는 것과 같다. 그리고 다 타서 재가 될 때쯤이면 불꽃은 수그러들어 잔잔해지고 그 불빛은 은은한 숯불에서 나오는 것처럼 사랑스러워진다. 무엇인가를 추구하는 사람의 삶을 지켜보는 것도 같은 감상을 준다. 험악한 삶을 살지만 그들의 뿜어내는 삶의 불꽃과 불빛은 세상의 그 어떤 불빛 보다 은은하고 사랑스럽다. 그리고 그 불꽃은 인생의 길에서 방황하며 헤매는 나그네들의 가슴을 녹이기에 충분하다. 사람들은 그러한 개척자의 정신과 삶에 감동되어 가슴이 따뜻해지고 벅차오름을 느낄 것이다. 그리고 그 불빛은 나그네들에게 인생의 길을 알려주는 하나의 봉화 불빛이 되어줄 것이다. 사람들은 그 불빛을 보고 자신들의 갈 길을 정하게 될 것이다.
　누구나 편하고 안락한 삶을 원할 것이다. 그러나 인생은 결코 평범할 수 없는 것이다. 인생에는 평범이라는 평균적인 기준이 있을 수 없다. 각 사람은 세상의 유일한 존재이고 그 만큼 특별한 인생이다. 각 사람이 살아가야할 삶도 고유할 수밖에 없다. 같음을 추구하지만 정확히 말하면 비슷해지려고 하나 결코 같아질 수는 없다. 그러므로 각각의 인생은 평범이 아닌 비범이다. 자신의 비범함을 잘 발휘한다면 다른 사람들에게 큰 도전이 될 것이다. 자신의 확신과 굳건한 의지로 살아가는 삶이 아름다운 불꽃 같을 것이다. 그 노년에 그 열정이 만들어 낸 여운은 마치 숯불에서 나오는 보라색 은은한 불꽃처럼 아름다울 것이다. 그러한 불꽃은 격렬한 불꽃을 이겨내고 탄생한 숯에서만 볼 수 있는 것이다. 나의 갈 길을 알고 흔들림 없이 가야 한다.

선교사로서의 삶은 자족하는 마음이 있을 때 행복하다. 자신의 소신에 따라 한 평생 잘 살다 가면 곁에서 지켜보던 누군가는 자신의 인생에 등대를 만나듯이 기뻐할 수도 있을 것이다. 그러면 족하다고 생각된다. 내 스스로 즐겁고 죽어서도 남을 도울 수 있는 삶보다 멋지고 가치 있는 인생이 있겠는가! 혹여 누군가가 선교사의 삶을 꿈꾸고 있다면 나는 주저하지 않고 잘한 선택이라 격려해 주고 싶다. 다만 현실적인 아픔을 미리 생각해 보고 처음부터 마음을 단단히 먹고 시작했으면 좋겠다. 남이 알아주어서가 아니라 자신의 내면세계에 기쁨의 근원을 갖고 있어야 살아갈 수 있는 것이 아름다운 나그네 인생이다.

제13부
결 론

## 제13부

## 결 론

"너희는 가서 땅 끝까지 이르러 내 주인이 되라"고 주님께서 말씀하셨다. 초대교회 사도들은 이 명령에 순종하여 흩어졌고 복음을 전하다 순교했다. 바울은 "내가 달려갈 길과 주 예수께 받은 사명 곧 하나님의 은혜의 복음을 증언하는 일을 마치려 함에는 나의 생명조차 조금도 귀한 것으로 여기지 아니하노라"고 고백했다(행 20:24). 지금도 수많은 주의 종들과 선교사들이 복음을 들고 믿음의 경주를 하고 있다. "새벽 이슬 같은 주의 청년들이" 거룩한 옷을 입고 즐거이 헌신하고 있다(시 110:3). 그렇다면 우리는 과연 이 일을 언제까지 계속해야 하는가? 우리는 언제까지 달려가야 하는가?

성경은 "민족들과 나라들이 함께 모여 여호와를 섬기는" 때까지라고 말한다(시 102:22). "각 나라와 족속과 백성과 방언에서 아무도 능히 셀 수 없는 큰 무리가 나와 흰옷을 입고 손에 종려 가지를 들고 보좌 앞과 어린 양 앞에 서서 큰 소리로 외쳐 이르되 구원하심이 보좌에 앉으신 우리 하나님과 어린 양에게 있도다"라고 외치는 그 날까지이다(계 7:9-10). 그리고 이 일은 반드시 성취될 것이다. 주님께서 이미 "이 천국 복음이 모든 민족에게 증언되기 위하여 온 세상에 전파되리니 그제야 끝이 오리라"고 말씀하셨다(마 24:14). 이제 우리는 예수 그리스도께서 다시 오시는 그 날까지 이 경주를 계속해야 한다. 왜냐하면 이 사명은 아직도 미완성 상태이기 때문이다Job is not done.

전 세계 복음화를 지연시키거나 방해하는 요소는 너무나도 많다. 인구의 급속한 증가, 빈민화, 도시화, 이슬람을 비롯한 타종교의 부흥, 서구의 세속화, 정치적 변화, 교회가 가지고 있는 선교의 구조적인 문제들, 원리주의와 근본주의 새로운 부상, 종교다원주의 등이 그것이다. 이제 한국 선교는 이러한 거대한 도전 앞에 우리가 준비해야 할 것, 그리고 가지고 나가야 할 것이 무엇인가에 대해 고민해야 한다.

첫째, 한국교회는 지난 30여 년의 선교역사를 통해 배운 시행착오와 그로 인한 교훈을 바탕으로 21세기 선교현장에 맞는 전략을 연구하고 개발해야 한다. 그리고 그것을 한국 선교사들에게 맞게 상황화 시켜야 한다. 이것이 '전략의 상황화'이다. 복음이 피선교지의 상황에 맞게 전달되어야 하는 것처럼, 우리가 사용하는 전략도 사용하는 사람이 적용하기 쉬워야 하고 익숙한 것이어야 한다. 그런 전략들을 연구 개발하여 선교현장에서 적용해야 한다.

사무엘상 17장에 보면 사울은 자신의 군복, 놋 투구, 그리고 갑옷을 다윗에게 입히고 칼을 군복위에 차게 한다. 그러나 다윗은 시험적으로 몇 걸음 걸어 보다가는 익숙하지 못하다 하여 벗어 버리고 손에 막대기와 매끄러운 돌 다섯 개, 그리고 물매를 가지고 블레셋 사람에게 나아간다. 그리고 그 물매로 골리앗을 쓰러뜨린다. 여기서 두 가지가 발견된다. 하나는 다윗이 입고 몇 걸음 걷다가 벗어버린 사울왕의 군복과 놋 투구, 갑옷, 그리고 칼은 이스라엘 안에서 가장 잘 만들어 진 가장 완벽한 무기였을 것이다. 그러나 그렇게 잘 만들어졌고 완벽해 보이는 갑옷과 무기도 다윗에게는 불편하고 거추장스런 물건이었다. 그리고 반대로 다윗이 들고 나간 막대기와 매끄러운 돌 다섯 개, 그리고 물매는 골리앗과 대항하여 싸우기 위한 무기로는 상상할 수도 없이 형편없는 것이었다. 그러나 그것이 결국 골리앗을 넘어뜨리는 가장 유용한 무기가 되었다. 이제 우리에게 필요한 것은 어쩌면 다윗이 골리앗과 싸우러 나갈 때 가지고 나갔던 막대기와 매끄러운 돌 다섯 개, 그리고 물매일지 모른다. 전 세계 복음화라고 하는 이 거대한 지상과업 앞에 서 있는 한국 교회와 선교사가 우선적으로 찾아야 하는 것이 바로 이것이다.

둘째, 한국교회는 스스로의 약점을 인정할 수 있는 겸손이 필요하다. 한국 선교사는 무엇을 하든 잘 해낼 수 있는 끈기와 열정을 가지고 있다. 그렇다고 해서 한국교회가 무엇이든 다 완벽하게 할 수 있는 그런 슈퍼맨 같은 존재는 아니다. 한국 선교사들이 보편적으로 탁월하게 잘 하는 사역과 역할이 있는가 하면, 어떤 분야에서는 약점을 가지고 있다. 그 대표적인 것 중의 하나가 바로 계획을 세우고 그 계획에 따라 선교사역을 수행하는 일과 새로운 전략을 만드는 일, 그리고 자료를 수집하고 정리하는 일 등이다. 한국 선교사들은 이처럼 체계적이고 계획적인 전략수립이나 자료정리 및 문서작업에 있어서는 취약점을 보이지만, 교회개척 만큼은 아주 탁월하게 잘한다. 그리고 문화적 이해의 부족, 권위주의적 태도(나이, 교육, 지위에 따른 차별), 팀 사역, 성취 지향적 성향 등도 약점으로 지적된다. 이제 한국 선교사들은 이런 약점과 실수를 겸손히 인정해야 한다. 우리는 뭐든지 잘할 수 있고 또 잘하고 있다고 말하는 식의 근거 없는 자만에서 벗어나야 한다. 이제는 한국교회가 혼자 독주하는 시대가 아니다. 함께 가야하고 연합해야 한다. 선교는 한국 교회에만 유일하게 위임된 사명이 아니라 전 세계

교회가 함께 이루어 나가야 하는 사명이다.167) 비록 유럽과 북미의 교회들이 쇠퇴해 가고는 있지만 우리는 그들의 오랜 경험과 노하우를 배워야 한다. 그리고 그들과 연합할 수 있는 부분이 있다면 서로 간의 약점을 보완해 가면서 함께 동역해야 한다. 한국일도 "한국교회 선교의 시급한 과제는 즉흥성, 일과성, 선전성이 아닌 연합정신과 장기적 계획, 전략의 구축"이라고 말한다.168) 이를 위해서는 한국 교회가 자신들의 역량과 약점을 정확히 알아야 한다.

셋째, 한국 교회가 가진 좋은 전통들과 장점들을 적극적으로 개발해야 한다. 초창기 한국 교회의 순수한 열정과 헌신, 그리고 순교의 신앙을 회복해야 한다. 그동안 한국교회는 교회성장에 대한 이론과 전략에 대해서는 관심이 많았지만 정작 값진 유산은 모두 잃어버렸다. 한국 선교사들의 강점은 헌신, 끈기, 교회개척, 적극성, 경험(역사적인 국가 경험), 기도, 명백한 비전, 복음주의적 전통, 열정, 헌신, 적응력 높은 교육수준, 영성, 안정적 교회지원, 공동체적 가치 이해, 근면성, 성실성, 비서구 문화 접근성 등이다.169) 우리는 이러한 강점들을 적극적으로 개발하고 발전시켜야 한다.

오늘날 한국교회와 선교사는 세계 복음화의 길목에서 도저히 넘어갈 수 없을 것 같은 거대한 도전들 앞에 직면해 있다. 이제 우리는 21세기 새로운 '히스토리 메이커'History Maker가 되어야 한다. 4차 산업혁명시대에 인공지능이 아무리 발전한다 해도 열방 가운데서 하나님 아

---

167) 김상근, "한국교회의 해외선교, 어디로 갈 것인가?," 「대학과 선교」, 13 (2007): 34.
168) 한국일, "선교 120년과 한국선교의 미래," 「선교와 신학」, 14 (2004): 127.
169) NCOWE V 광범위리서치 팀, "하나님의 선교행적 찾기," 181-96; 조명순, "한국형 선교(Korean Aspect Mission) 리더십," 100. 한국일, "선교 120년과 한국선교의 미래," 136-37과 비교해 보라.

버지의 마음을 가지고 살아가야 하는 '히스토리 메이커'가 여전히 필요하기 때문이다. 하나님의 구원의 대상은 생명 없는 로봇이 아니라 하나님의 형상을 가진 사람이다. 그렇기 때문에 교회는 계속해서 세상을 깨우고 회복시켜야 한다. 지난 수십 년 동안 하나님께서는 한국교회의 순종을 들어 쓰셨다. 그리고 지금도 여전히 우리를 들어 쓰시길 원하신다.

한국 교회는 이런 하나님 아버지의 마음을 가슴 깊이 새기고 이 땅 가운데서 살아야 한다. 우리 모두는 이미 하나님으로부터 보냄 받은 사람들이다. 우리 중에서 누군가는 하나님의 소명을 받고 특정 문화권에 가서 복음을 전해야 한다. 그러나 세상에서 부름 받은 우리 모두는 교회 안에서 몸을 이루고, 이 땅 가운데서 선교사적 삶을 살아가야 한다.

선교사적 삶을 산다는 것이 무슨 의미인가? 첫째, 선교사적 삶을 산다는 것은 이 땅 가운데서 그리스도의 대사로 사는 것이다. 왜냐하면 우리는 하나님께서 우리를 부르시고 보내셨기 때문이다. 둘째 선교사적 삶을 산다는 것은 우리가 보냄 받았기 때문에 보냄 받은 사람으로서의 분명한 정체성을 갖고 살아야 한다는 것이다. 셋째, 선교사적 삶을 산다는 것은 보냄을 받은 우리가 보내신 분이 항상 기뻐하시는 일을 행하며 살아야 한다는 것이다. 마지막으로, 선교사적 삶을 산다는 것은 우리가 세상의 빛과 소금이 되어야 한다는 것이다. 우리가 신앙의 연륜이 쌓이고 직분이 높아지면서 세상의 소금이 되고 빛이 되는 것이 아니라 우리는 이미 세상의 빛과 소금이다. 그렇기 때문에 빛으로, 소금으로 살아야 한다. 세상과는 구별되어야 한다. 세상을 썩지 않게 하고, 어두운 세상을 빛으로 비추어야 한다. 이것이 바로 우리에게 주어진 사명이다.

이제 우리 모두는 하나님께서 열방을 구원하시기 위해 수행해 가시는 구속사역에 동참해야 한다. 그 하나님의 선교를 위해 우리를 부르셨고, 지금 우리가 서 있는 그 자리에 보내셨기 때문이다. 단순한 호기심과 열정만을 가지고 달려들 것이 아니라 그 분의 계획과 목적을 분명히 알아야 한다. 그리고 그 하나님 아버지의 마음을 가지고 오늘 하루를 살아가야 한다. 우리 주님이 다시 오시는 그 날까지 ……

"Vision without Action likes merely a dream,
Action without Vision passes the time,
Vision with Action can change the world."

"행동 없는 비전은 일장춘몽—場春夢이고,
비전 없는 행동은 허송세월과 같아 곧 잊혀지지만,
비전을 행동에 옮길 때 비로소 세상은 변화될 수 있다."
- 영국의 어느 설교자

"너희는 가서 모든 민족을 제자로 삼아 아버지와
아들과 성령의 이름으로 침례를 베풀고
내가 너희에게 분부한 모든 것을
가르쳐 지키게 하라"(마 28:19-20)

# 인투미션(in2Mission)
## 하나님의 선교 vs 우리의 선교

| | |
|---|---|
| 1쇄 발행 | 2019년 2월 15일 |
| 2쇄 수정 발행 | 2024년 2월 15일 |

저 자 **최 원 진**
발행인 **피 영 민**
발행처 **하기서원**
    대전광역시 유성구 북유성대로 190(하기동 산14)
    042-828-3255, 3257 • Fax. 042-828-3256

인쇄처 **도서출판 이화**
    대전광역시 중구 선화동 229-2번지 장헌빌딩 2층
    042-255-9708 • Fax. 042-255-9709

ISBN 979-11-89528-13-3 93230
정가 18,000원

※ 무단복제나 전재를 금합니다.
※ 잘못 만들어진 책은 바꾸어 드립니다.